ATENCIOSAMENTE...

SEJA AUTÊNTICO NA LIDERANÇA E NA VIDA

Margarita Mayo

ATENCIOSAMENTE...

SEJA AUTÊNTICO NA LIDERANÇA E NA VIDA

TRADUÇÃO
UBK Publishing House

ubook ubk
Publishing House

ubook UBK Publishing House

COPIDESQUE Mariá Moritz
REVISÃO Pérola Paloma | Rafael Otatti
CAPA E PROJETO GRÁFICO Bruno Santos
IMAGEM DE CAPA Siora Photography

Dados Internacionais de Catalogação na Publicação (CIP)
(Câmara Brasileira do Livro, SP, Brasil)

Mayo, Margarita
Atenciosamente...: seja autêntico na liderança e na vida / Margarita Mayo ; tradução UBK Publishing House. -- Rio de Janeiro : Ubook Editora, 2019.

Título original: Yours Truly : Staying Authentic in Leadership and Life.
Bibliografia.
ISBN 978-85-9556-093-2

1. Desenvolvimento pessoal 2. Desenvolvimento profissional 3. Finanças 4. Liderança 5. Liderança - Aspectos psicológicos 6. Líderes I. Título.

19-28793 CDD-658.4092

Ubook Editora S.A
Av. das Américas, 500, Bloco 12, Salas 303/304,
Barra da Tijuca, Rio de Janeiro/RJ.
Cep.: 22.640-100
Tel.: (21) 3570-8150

Para Marco e Monica.

Sumário

Prefácio

Prezado leitor,

Tenho refletido sobre o papel dos líderes nos negócios e na sociedade em geral por duas décadas. Nesse tempo, fui encorajada pelas muitas histórias que ouvi de vários deles, quer fossem CEOs de multinacionais, fundadores de startups ou líderes de organizações criativas, instituições de caridade ou ONGs.

Em meio ao que está sendo descrito como uma crise de liderança, é emocionante descobrir que alguns dos líderes mais autênticos são muitas vezes pessoas de quem ninguém ouviu falar. Um dos propósitos de escrever este livro é trazer esses heróis anônimos para o centro do palco e aprender com eles. Espero que você ache as histórias deles tão inspiradoras quanto eu. Acredito que elas são um espelho no qual podemos ver o melhor de nós mesmos.

Para mim, escrever *Atenciosamente* tornou-se um exercício de autoconsciência, permitindo-me ver partes de mim mesma nos esforços desses líderes genuínos. Minha esperança é que você também possa ver partes de si em suas vidas extraordinárias.

Todas as histórias deste livro me tocaram pessoalmente.

Eu conheci Rafael de la Rubia, cuja paixão pela vida e por tudo o que faz é contagiante. O que mais me impressionou nele, no entanto, foi seu planejamento. Parece que ele já havia projetado sua vida muito tempo antes e tudo estava apenas indo de acordo com o plano.

Quando falei com Hiroko Samejima, fiquei impressionada com a sua ética, coragem e autoconfiança. Ela estava deixando um trabalho como designer na Chanel para começar sua própria empresa na Etiópia, por causa de suas fortes crenças em princípios éticos e em *slow fashion*, a moda sustentável.

Ouvir Carlo Volpi contar a emocionante história de seu negócio e de sua família foi uma fonte particular de inspiração e motivação. Todos devem ter uma história pessoal de que tenham orgulho. Conectar os pontos de nosso passado nos permite crescer no futuro.

Eu poderia facilmente me identificar com os medos e as esperanças com as quais Rakesh Aggarwal lidou ao se mudar da Índia, sua terra natal, para a Austrália, em busca de uma vida melhor para ele e a família. Falar com ele reavivou minhas lembranças da mudança da Espanha para os Estados Unidos nos meus vinte e poucos anos.

Aqueles de vocês com família certamente concordarão que Dena Schlutz é uma heroína, mesmo que ela fale de sua vida como se fosse a de qualquer outra pessoa. Sua ambição e dedicação ao próximo quando confrontada com a adversidade fazem dela um modelo para muitas mulheres que lutam para encontrar uma autenticidade equilibrada no trabalho e na família.

Ficou claro para mim que Angel Ruiz é um sobrevivente quando falamos sobre os muitos desafios que ele teve que enfrentar na vida. Mas é a sua atitude resiliente e o seu controle sobre o próprio destino, juntamente com a vontade de partilhar suas vulnerabilidades, que mais admiro.

Talvez a história da PERI, uma empresa de construção multinacional, seja a mais emotiva para mim, porque remonta à minha infância. Todas as manhãs, o meu pai saía de casa às sete para trabalhar num estaleiro de construção, pendurado em um andaime inseguro. Quando os executivos da PERI me contaram sobre o compromisso que tinham com a segurança e o bem-estar de seus trabalhadores, desejei que o meu pai pudesse ter trabalhado em uma empresa como esta.

O respeito e a admiração que o *millennial* Francisco Rebelo expressou pela história da empresa de sua família, combinados com a abordagem responsável e humanista que ele aplica em seu negócio como um jovem consultor, me dá confiança de que a nova geração de líderes vai fazer do mundo um lugar melhor.

Ana Botín está liderando uma transformação cultural em um banco lendário, e busca deixar um legado de propósito social com executivos fortemente comprometidos. Espero que todos possamos embarcar em algo que nos permita deixar uma impressão, marca ou selo que dê orgulho a outras pessoas.

Quero aproveitar esta oportunidade para expressar a minha gratidão aos protagonistas deste livro por terem me dado o presente mais precioso de todos — suas histórias de vida. Foi uma verdadeira honra conversar com eles e aprender como podemos permanecer fiéis a nós mesmos na liderança e na vida.

Eu me esforcei o máximo que pude para trazer a vocês as experiências inspiradoras deles, entrelaçadas com os resultados de mais de vinte anos de pesquisa acadêmica. Espero que gostem desse livro tanto quanto eu gostei de escrevê-lo.

Atenciosamente,
Margarita

Introdução

Mas, sobretudo, sê a ti próprio fiel; segue-se disso, como o dia à noite, que a ninguém poderás jamais ser falso.

WILLIAM SHAKESPEARE, *HAMLET*, ATO I, CENA 3

"Atenciosamente" é uma assinatura usada em cartas para se referir a si mesmo como o autor — a pessoa que está falando ou escrevendo. Esse termo captura a essência da autenticidade, que em sua raiz grega "*authentes*", significa "autêntico": ser fiel a si mesmo.

Como Shakespeare observa, ser fiel a si mesmo — ou autêntico — é uma condição para ser fiel aos outros, e tem sido sinônimo de autoridade moral ao longo da história. Hoje, a necessidade de autenticidade e liderança autêntica é fácil de entender: líderes autênticos dão às pessoas ao redor um senso de controle e agenciamento sobre o futuro coletivo que lhes permite se sentirem melhor sobre si mesmos e sobre o que estão fazendo, provocando mudanças e transformações.

Ao mesmo tempo, uma das questões mais urgentes que enfrentamos é a falta de confiança em nossos líderes: é cada vez mais improvável que confiemos em alguém só porque essa pessoa ocupa um cargo de chefia. Os estudiosos da liderança concordam que a autenticidade — ou a falta dela — está próxima do cerne da crise de confiança na liderança corporativa contemporânea.[1]

Temos uma força de trabalho que não confia nos líderes. No *Edelman Trust Barometer* de 2017, pesquisa feita em 28 países, os entrevistados relataram um nível de confiança em líderes empresariais de 37%, seis pontos a menos que em 2015 e quinze a menos que em 2011.[2] "Estamos vendo uma evaporação da confiança", observa Richard Edelman. Afinal, não foi a crise financeira que nos fez perder a fé nos líderes, mas a própria atitude dos líderes que levou as pessoas ao ceticismo.

Creio que aqueles de nós que procuram liderar podem encontrar na autenticidade o antídoto para este ceticismo. Os líderes são a cola que mantém as empresas unidas e fazem parte do tecido da nossa sociedade. No passado, eles adquiriram confiança com base em posições formais, mas hoje dependem de relações autênticas. *Atenciosamente* explora e explica a dinâmica psicossocial fascinante por trás da autenticidade e da liderança autêntica.

Ser um líder autêntico não significa apenas ser você mesmo, mas também tornar-se a sua melhor versão e ser verdadeiro com os outros. A liderança autêntica nunca pode ser estática ou egoísta. Para que seja verdadeiramente bem-sucedida, precisa ter um fundamento e estar em constante evolução e cooperação. Líderes autênticos reinventam a si mesmos e suas organizações para lidar com as demandas emocionais e sociais de seus subordinados, sem deixar de permanecer fiéis ao seu eu autêntico.

Neste livro, recorro a entrevistas que realizei com executivos de multinacionais, fundadores de startups, políticos e atletas em quase duas décadas de pesquisa, para examinar e explicar o elo que falta no estudo sobre liderança autêntica: como líderes autênticos chegam ao sucesso, à excelência coletiva e à renovação constante, enquanto mantêm aqueles que consideram ser seus princípios fundamentais.

ATENCIOSAMENTE: OS 3 HS DA LIDERANÇA AUTÊNTICA

O que torna um líder autêntico? Para responder a essa pergunta, identifiquei três características que distinguem os líderes autênticos: *heart, habit* e *harmony* [coração, hábito e harmonia], descritos na figura 1.0. Eu encorajo você a explorar estas áreas em sua vida e liderança para identificar atitudes e comportamentos que lhe permitirão tornar-se autêntico e permanecer assim pelo resto de sua carreira.

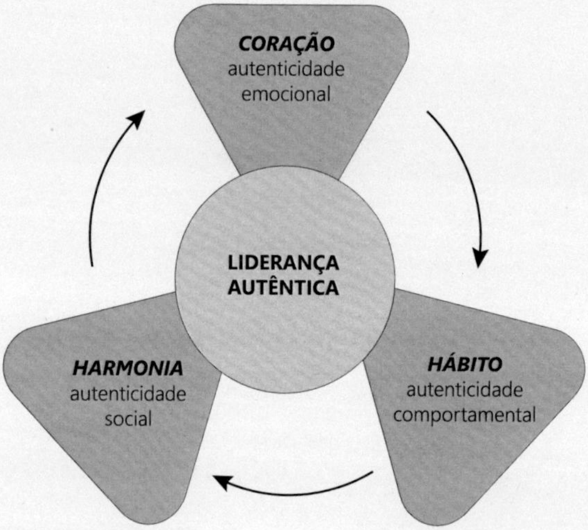

Fonte: figura 1.0. Os 3 Hs da liderança autêntica.

Coração: O fator emocional que caracteriza os líderes autênticos. Aprenda a olhar para dentro de si mesmo de forma a encontrar e cultivar a paixão. Infecte seus seguidores com o vírus da paixão e conquiste seus corações para encontrar a motivação interior deles.
Hábito: O hábito de aprender é o principal elemento comportamental dos líderes autênticos. Procure um feedback honesto e desenvolva uma

mentalidade de crescimento. Peça feedback crítico para se adaptar, crescer e progredir.

Harmonia: Esta é a característica final dos líderes autênticos, que garante o enriquecimento social das organizações. Cuide dos outros. Procure uma unidade harmoniosa entre você e os demais para construir um contexto autêntico dentro do qual seja possível trabalhar com seus seguidores. Desta forma, você terá uma influência duradoura.

Os líderes autênticos abraçam um processo de enriquecimento emocional, comportamental e social para conquistar os corações alheios, criar o hábito de aprender e construir harmonia entre eles e os outros. Sua autenticidade faz com que seus seguidores se sintam bem consigo mesmos e com as realizações que têm.

Primeiro, a autenticidade emocional inclui maneiras de aumentar a autoconsciência através de um processamento imparcial de pontos fortes e fracos, cultivando uma paixão e transmitindo-a aos outros com humildade, além de usar partes de sua história de vida para ressaltar o fator genuíno de sua liderança.

Em segundo lugar, autenticidade comportamental significa agir de acordo com seus princípios e, ao mesmo tempo, criar o hábito da mudança ao promover uma visão otimista enquanto se mantém no controle do próprio destino.

Finalmente, a autenticidade social descreve os modos de construir organizações autênticas com mentalidade de cuidado e de identidade coletiva, criando uma comunidade que muda de acordo com a época e alcança o equilíbrio entre as responsabilidades e a convivência.

Atenciosamente capta a essência da liderança autêntica para transformar organizações.

Cada capítulo conta uma história inspiradora, combinada com estudos e pesquisas, ferramentas de autoavaliação e um guia prático de dez passos para ajudá-lo a permanecer fiel ao seu eu autêntico.

RESOLVENDO OS TRÊS PARADOXOS DA AUTENTICIDADE

A liderança autêntica virou moda. Seu argumento principal aponta que líderes devem ser fiéis aos seus valores e princípios para serem coerentes e bem-sucedidos. Supõe que a autenticidade é imutável e individual, uma questão de escolha e crença pessoal. Mas minha pesquisa nas últimas duas décadas sugere que, por trás da autenticidade, encontram-se forças sociais e contradições poderosas, dinâmicas e amplamente ignoradas. Autenticidade não é simplesmente ser verdadeiro consigo mesmo, mas também com o seu eu versátil, evolutivo e social. Se você busca desenvolver e aproveitar seu poder autêntico, compreender o processo multidimensional que leva à autenticidade é fundamental. Autenticidade não é simplesmente expressar seu "verdadeiro" eu. Em vez disso, trata-se de identificar e resolver tensões e paradoxos.

A pergunta no cerne desse livro é simples, mas desafiadora: como os líderes autênticos se reinventam permanecendo fiéis a si mesmos?

Como mostra meu argumento, autenticidade e mudança podem andar de mãos dadas:

- Como uma empresa pode passar por uma transformação autêntica? O CEO da PERI, uma empresa multinacional alemã de construção civil, decidiu melhorar a comunicação para superar os desafios de seu rápido crescimento internacional com uma forte identidade organizacional: *Nós somos PERI*.
- Como uma dona de casa pode se reinventar? Dena Schlutz, filha de um fazendeiro do Colorado, mudou de papel e passou de esposa motivadora a alta executiva na Hewlett Packard, tornando-se, em seguida, uma empresária de sucesso no mercado imobiliário após o trágico acidente de seu marido.
- Como um designer pode confeccionar produtos extremamente autênticos? Hiroko Samejima deixou a Chanel e sua cidade natal no Japão para fundar uma empresa de moda na Etiópia que produz bolsas de couro seguindo seus princípios éticos de *slow fashion*.

O que essas três histórias têm em comum? O CEO de uma multinacional alemã, uma empresária do ramo imobiliário dos Estados Unidos e uma designer de moda do Japão possuem histórias de pessoas em busca de autenticidade. São exemplos de liderança autêntica durante os difíceis tempos modernos: uma organização que quer crescer internacionalmente, uma empresária que se mantém fiel a si mesma enquanto enfrenta a adversidade e alguém que passa por uma transformação pessoal para se tornar uma designer de sucesso.

Os líderes com quem falo neste livro abrem caminho para transformações poderosas, resolvendo os três paradoxos da autenticidade.

Primeiro, resolvem a tensão entre o eu versátil e a fidelidade ao eu autêntico. Eles revisam as próprias vidas para descobrir e cultivar suas paixões, abraçando todos os lados de suas histórias para desenvolverem autocompreensão e firmeza moral.

Depois, eles mudam com o tempo, encontrando o equilíbrio entre crescimento e autenticidade, buscando no passado soluções para um novo futuro. Conectar os pontos os impulsiona a aprender e experimentar com seus possíveis eus.

Por último, causam um impacto duradouro, porque encontram harmonia na tensão entre o eu pessoal e o social. Eles constroem plataformas, estabelecem diretrizes e promovem metas que continuam prosperando mesmo quando eles não estão presentes.

Com essas histórias inspiradoras, você aprenderá a lidar de maneira eficaz com os três paradoxos da autenticidade: como se manter fiel ao seu eu versátil, evolutivo e social.

PARTE UM

O fator *coração:* seja você mesmo com humildade apaixonada

William James, considerado por muitos o pai da psicologia social, argumentou que uma das três principais características do eu são os sentimentos e emoções que ele desperta. O coração é o componente emocional da autenticidade. Desenvolvemos sentimentos sobre nós mesmos, e ser apaixonado por quem somos é um elemento-chave da autenticidade. Assim, a primeira regra da autenticidade é o fator coração — seja você mesmo, apaixonadamente.

A capacidade de tornar sua paixão contagiosa é uma das características vitais para ser um líder autêntico. Uma das coisas que se descobre ao falar com líderes autênticos é que eles abraçam suas histórias pessoais e são capazes de repassar o que aprenderam com cada uma de suas experiências de vida. Têm um senso de autocrítica imparcial, dando uma atenção muito equilibrada aos seus pontos fortes e fracos numa variedade de papéis. Isso é importante, porque uma visão humilde e balanceada ganha o respeito e a confiança dos seguidores. Líderes usam suas histórias de vida para ensinar seus valores, suas crenças e sua filosofia de gestão, e assim motivam os outros com paixão e apelo emocional, desenvolvendo uma visão inspiradora para que o sigam.

Apresentarei a vocês Rafael de la Rubia, cuja paixão por uma vida multitarefada, — ele é atleta, estrela de rock e empresário — nos ensina como permanecer fiel a múltiplas identidades. Vocês também conhecerão Hiroko Samejima, e apreciarão mais o poder de heróis anônimos, entendendo como ela motiva outras pessoas com sua paixão contagiosa pela criação de produtos éticos na indústria da moda japonesa. E, finalmente, Carlo Volpi vai compartilhar sua história de vida em uma vinícola italiana para ilustrar como usar sua própria biografia para liderar e desenvolver uma visão inspiradora.

Você aprenderá lições sobre paixão, humildade e a magia de contar histórias. Eu ofereço orientação prática sobre como aplicar estas lições e contar partes de sua história pessoal para desenvolver autenticidade, alcançar a autoconsciência, encontrar e cultivar uma paixão, demonstrar vulnerabilidade e desenvolver uma visão edificante. Você também encontrará ferramentas de autoavaliação, para poder responder a perguntas como: qual é a minha autenticidade genuína? E a minha inautenticidade? Eu me comporto com coerência em situações diversas? Quão humilde sou em um papel de liderança? Qual é o meu nível de narcisismo? E como percebo a história da minha vida? Lembre-se, para ser um líder autêntico, não é necessário ser um super-herói. Em vez disso, pense como um herói anônimo.

1
Autenticidade sincera: tenha uma visão multidimensional do seu verdadeiro eu

Não há coisa maior que você possa fazer com sua vida e seu trabalho do que seguir suas paixões — de uma forma que sirva ao mundo e a você.

RICHARD BRANSON

Richard Branson é considerado um dos mais importantes empresários dos últimos cinquenta anos.[1] Não apenas pela amplitude e sucesso de suas atividades empresariais, que incluem a Virgin Records, a Virgin Airlines e a Virgin Mobile, entre outras; mas porque ele coloca o coração em seus negócios. Branson tem mostrado que "é possível viver uma vida com aventura, realização, família, filantropia, propósito... e muita diversão".

Mas o seu estilo de liderança idiossincrático e bem-sucedido permanece um mistério. Como Richard Branson obteve sucesso em situações em que outros falharam? A resposta é que a autenticidade depende muito do envolvimento emocional. Esta é a essência de *Atenciosamente*. Este capítulo trata do aspecto emocional da autenticidade; de como as pessoas descobrem e cultivam muitas paixões na vida para encontrar seu propósito.

RAFAEL DE LA RUBIA: PAIXÃO EM UMA VIDA MULTITAREFADA (ESPANHA)

Ele corre, cavalga, compõe, canta e passa seis meses do ano navegando pelas Ilhas Baleares fazendo amigos. Rafael de la Rubia é apaixonado pela vida e tem um espírito jovem que desmente os seus 57 anos.

Um convidado regular em minhas aulas de liderança. Ao ser perguntado sobre o significado de sucesso, Rafael explica por que permanecer fiel a si mesmo ao longo dos anos e através de vários caminhos é gratificante.

— Sou apaixonado por tudo. Minha vida está dividida em diferentes áreas; é como viver três vidas em uma só. Passo sete meses correndo e fazendo música e cinco meses velejando — diz ele.

Quando era atleta profissional, Rafael ficou em segundo lugar nos campeonatos mundial e europeu de 4x200m e em primeiro no campeonato espanhol. Ele também ficou em segundo lugar no campeonato espanhol de pentatlo.

— Eu bati sete recordes espanhóis nos cem, duzentos e quatrocentos metros. O atletismo é mais do que uma carreira, é uma escola da vida — diz. — Ele te ensina a trabalhar dia após dia para atingir objetivos de médio e longo prazo.

Ele corre em competições até hoje, ainda em busca de bater novos recordes.

Sua segunda carreira, como empresário velejador, começou como um prazer, mas tornou-se um negócio quando ele fundou a Ibiza Vela Charters, uma empresa de turismo de iates nas Ilhas Baleares.

Agora, pouco a pouco, a sua carreira como músico está vindo à tona. Quando a filha o apresenta às pessoas como empresário, ele a corrige: "Sou músico." A corrida e a música ocupam a maior parte do seu tempo atualmente.

Atleta, estrela de rock e empresário

— A minha vida se divide em dois capítulos principais — diz Rafael. No primeiro capítulo de sua vida, ele trabalhou duro por muitos anos. No segundo, percebeu que tem três amores: o mar, o esporte e a música.

— Quando você vem de uma família pobre, passa a ver a vida de um ponto de vista econômico.

Rafael passou a juventude trabalhando para uma empresa de carros e abrindo vários negócios, mas seu objetivo principal sempre foi assumir o controle da própria vida e dedicar-se à música e ao esporte.

O pai dele trabalhava em uma fábrica e a mãe era dona de casa. Ele abandonou o ensino médio e, aos treze anos, iniciou um negócio de flores: comprava-as em um viveiro da província de Almería, no sul da Espanha, e revendia a supermercados. Rafael diz que sempre trabalhou com pessoas dedicadas, mas que, ao se aposentarem, embora fossem muito ricas — e algumas poderosas —, tinham poucos amigos e ainda menos prazeres. Logo no início, ele percebeu que não era isso que queria.

Ele gostava de esportes e música desde pequeno, mas não conseguia se dedicar a nenhum dos dois, pois não tinha o tempo nem os recursos necessários. Uma vez que suas obrigações com os filhos foram cumpridas e ele estava financeiramente estável, decidiu realizar uma mudança radical. Aos 43 anos, Rafael tomou a decisão mais difícil de sua vida e rompeu com o passado. Ele vendeu a maior parte de sua empresa para seus sócios para se dedicar exclusivamente ao negócio da vela. Nesta hora, "todos os demônios foram libertados", ele recorda. Finalmente, tinha realizado seu sonho.

Uma década mais tarde, Rafael dedica metade do seu ano à Ibiza Vela Charter, e afirma que gosta de estar perto de pessoas relaxadas e de férias:

— Quando você compartilha um barco com outras pessoas durante uma semana, elas praticamente acabam se tornando seus amigos.

Mas o que dá a pessoas como Rafael uma paixão por explorar coisas diferentes? A resposta está no aspecto fundamental da autenticidade — um sentimento positivo sobre si mesmo, ser apaixonado por quem você é. Quando sentimos que nossos valores e objetivos são consistentes, experimentamos uma emoção positiva — autenticidade. Em contraste, experimentamos a inautenticidade como uma emoção desagradável quando percebemos que nossos valores e objetivos não estão em harmonia.[2]

AUTENTICIDADE E BEM-ESTAR SINCEROS: A EVIDÊNCIA EMPÍRICA

O que torna alguém autêntico? O primeiro (e mais óbvio) critério é que as pessoas autênticas se sentem bem consigo mesmas. São pessoas determinadas, que vivem segundo seus próprios padrões e parecem escolher e criar contextos que destacam seus pontos fortes, projetando uma imagem de autorrealização. A autenticidade tem sido historicamente considerada por psicólogos humanistas e existenciais como a essência do bem-estar.[3] No entanto, a pesquisa empírica sobre autenticidade é incompleta. Apenas recentemente acadêmicos desenvolveram medidas para avaliar os sentimentos de autenticidade e da falta dela: a inautenticidade.

Um grupo de pesquisadores da Universidade de Manchester, liderados por Alex Wood, criou um exemplo muito bom da forma como as pessoas autênticas funcionam. Eles fizeram uma série de estudos para desenvolver uma medida de autenticidade e testar se ela está relacionada com o bem-estar. Em poucas palavras, de acordo com Wood, ser autêntico envolve "ser verdadeiro consigo mesmo na maioria das situações e viver de acordo com seus valores e crenças". Isto é o que os pesquisadores chamaram de "vida autêntica". Além disso, eles desenvolveram outra escala para medir a *inautenticidade*, ou sentimentos de autoalienação, que se referem à "experiência subjetiva de não conhecer a si mesmo ou de não se sentir em contato com o seu eu verdadeiro".

Em um dos estudos, a equipe de Wood explorou a relação entre sentimentos de autenticidade e inautenticidade com base em dois indicadores de bem-estar subjetivo: estresse e felicidade. Eles pediram que os participantes indicassem com que frequência, no mês anterior, consideraram suas vidas imprevisíveis ("ficaram incomodados com algo que aconteceu inesperadamente"), incontroláveis ("foram incapazes de controlar situações estressantes") e esmagadoras ("sentiram que não tinham controle sobre a própria vida"),[4] e perguntaram-lhes o que acreditavam ser felicidade.[5] Os resultados desse estudo mostraram um padrão interessante — a autenticidade estava positivamente relacionada à felicidade e negativamente relacionada ao estresse. Mas as correlações de inautenticidade com menos felicidade e maior estresse foram particularmente notáveis.

Este princípio aplica-se igualmente a outras medidas de bem-estar subjetivo, como a autoestima e a gratidão. Os pesquisadores descobriram que aqueles que se sentiam subjetivamente autênticos relataram níveis mais elevados de autoestima e gratidão com correlações significativas.

Talvez o mais surpreendente é que os sentimentos subjetivos de inautenticidade estavam mais fortemente correlacionados com emoções menos positivas em relação a si mesmos e a outras pessoas. Aqueles que se sentiam subjetivamente inautênticos relataram menor autoestima e menos sentimento de gratidão. Ter gratidão pela própria sorte é algo claramente reforçado pela autenticidade. Em geral, sentir-se bem, feliz, interessado, animado e entusiasmado é mais comum para pessoas que se sentem autênticas. Por outro lado, a inautenticidade reduz todos esses sentimentos positivos. Esses resultados ilustram o primeiro princípio da autenticidade — o fator coração.

Em um segundo estudo, a equipe utilizou o teste de bem-estar psicológico desenvolvido pela psicóloga e especialista em envelhecimento Carol Ryff, da Universidade de Wisconsin, para entender a ligação entre autenticidade e felicidade.[6] Em 1989, Ryff identificou e mediu os seis elementos da felicidade: autonomia, domínio do ambiente, crescimento pessoal, relações interpessoais positivas, propósito na vida e autoaceitação. A equipe de Wood descobriu que os sentimentos de autenticidade estão fortemente relacionados com o primeiro elemento do bem-estar psicológico — a autonomia. Pessoas autênticas são autônomas: elas priorizam a fidelidade a si mesmas; são independentes, resistentes às pressões sociais para agir ou pensar de maneira convencional, e ajustam seu comportamento de dentro para fora.

Estes são exemplos das respostas que as pessoas autênticas dão às perguntas de Ryff sobre autonomia:

- Não tenho medo de expressar minhas opiniões, mesmo quando estão em oposição às opiniões da maioria.
- Estar feliz comigo mesmo é mais importante para mim do que ter outros me aprovando.
- As pessoas raramente me convencem a fazer coisas que não quero fazer.
- Tenho confiança nas minhas opiniões, mesmo que sejam contrárias ao consenso geral.
- Não sou o tipo de pessoa que cede a pressões sociais para pensar ou agir de certa maneira.
- Julgo-me pelo que considero importante, não pelos valores que os outros pensam ser importantes.

No caso de Rafael de la Rubia, sua autenticidade é um reflexo da sua forte necessidade de independência e de aproveitamento efetivo das oportunidades que o rodeiam.

Este senso de domínio do ambiente é o segundo elemento do bem-estar psicológico, e está correlacionado de maneira significativa com a autenticidade no estudo de Wood. Isto é surpreendente. A premissa por trás da autenticidade é que *descobrimos* nossas motivações interiores, como o desejo de independência. Mas a questão sobre pessoas autênticas é que, perseguindo cada oportunidade, elas também mudam e crescem, como veremos em mais detalhes na Parte 2.

Estes são exemplos de respostas às perguntas de Ryff sobre o domínio do ambiente, em que pessoas autênticas se destacam:

- Em geral, sinto-me responsável pela situação em que vivo.
- Sou muito bom em gerir as muitas responsabilidades da minha rotina.
- Se eu estivesse infeliz com minha vida, daria passos eficazes para mudá-la.
- Geralmente, faço um bom trabalho ao cuidar das minhas finanças e assuntos pessoais.
- Sou bom em gerenciar meu tempo para encaixar tudo o que precisa ser feito.
- Minha rotina é frenética, mas tiro uma sensação de satisfação do fato de conseguir lidar com tudo.
- Eu construí um lar e um estilo de vida que me satisfazem muito.

QUAL É A NOSSA AUTENTICIDADE SINCERA — E A NOSSA INAUTENTICIDADE?

Você pode, agora, fazer o teste desenvolvido por Wood e sua equipe. Indique em que medida estes itens o descrevem, de 1 (Não me descreve de forma alguma) a 7 (Me descreve muito bem):

- Defendo sempre aquilo em que acredito.
- Sou fiel a mim mesmo na maioria das situações.
- Acho melhor ser eu mesmo do que ser popular.
- Vivo de acordo com meus valores e minhas crenças.[7]

Em seguida, você pode responder os seguintes itens para avaliar o outro lado da moeda — seus sentimentos de inautenticidade:

- Sinto que não me conheço muito bem.
- Sinto que estou fora de contato com o meu "eu verdadeiro".
- Sinto que estou alienado de mim mesmo.
- Não sei como me sinto por dentro.[8]

Entreguei esse teste para mais de cem estudantes de MBA da IE Business School em Madri como parte do "Estudo longitudinal de autenticidade e bem-estar" com meu aluno de doutorado Sam Samoulidis. Os participantes estão todos na casa dos vinte anos e cerca de metade são mulheres. Replicamos os resultados do primeiro estudo de Wood e sua equipe: a relação entre autenticidade/ inautenticidade, estresse e felicidade usando as mesmas escalas. Como mostra a figura 1.1, encontramos um padrão semelhante: a autenticidade está associada a menos estresse no início do programa de MBA e a mais satisfação com a vida após três meses; e a relação entre inautenticidade, menos satisfação e mais estresse é particularmente significativa, continuando por cerca de três meses.

Em outro estudo, exploramos como o bem-estar psicológico, uma característica dos líderes autênticos, é transformado em bem-estar social ou capital social. Mais de noventa estudantes de MBA completaram a medida do bem-estar psicológico de Ryff.[9] Para medir o capital social dos alunos, fornecemos uma lista com os nomes de seus colegas de classe e pedimos que eles indicassem aqueles que buscam para tirar dúvidas sobre as aulas. Usando análises de rede, descobrimos que o "centro de aconselhamento" — quão popular cada indivíduo é como fonte de aconselhamento entre os seus colegas — está positivamente correlacionado com o bem-estar psicológico — em termos de domínio do ambiente, crescimento pessoal e propósito na vida.[10]

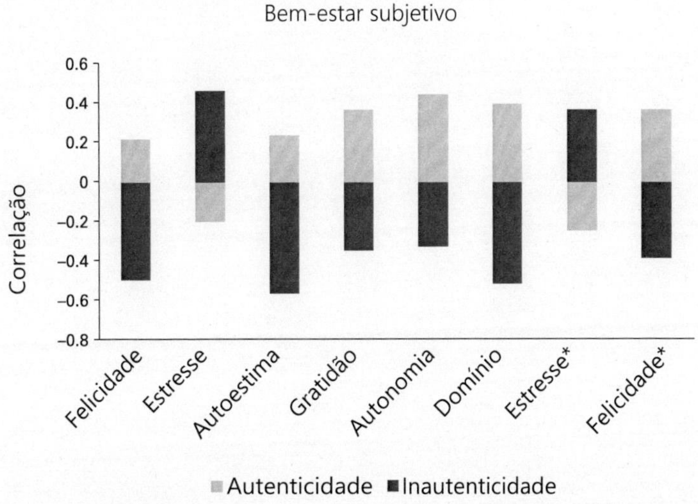

Fonte: figura 1.1. Correlações de autenticidade e inautenticidade sinceras com o bem-estar subjetivo.

Mas por que isso ocorre? Na construção do capital social, ser valorizado por outros como uma fonte influente de conhecimento é bem mais comum quando o indivíduo se sente autêntico. Pessoas autênticas experimentam um bem-estar maior — se sentem no controle de seu ambiente, têm um propósito na vida e um senso de crescimento pessoal. Esses sentimentos de bem-estar nos tornam socialmente atraentes. Por outro lado, sentimentos de inautenticidade — não ter um propósito claro na vida, ter pouco controle sobre nosso ambiente e pouco interesse em crescimento pessoal — aumentam nossos níveis de estresse, tornando-nos menos atraentes socialmente e menos influentes aos olhos dos outros.

Esta ideia da importância dos sentimentos na autenticidade do bem-estar tem enormes implicações na forma como organizamos a nossa vida profissional. Vejamos como Rafael de la Rubia desenvolveu sua carreira no esporte, no empreendedorismo e na música, se reinventando no processo e mantendo-se fiel ao seu eu autêntico.

Uma carreira no esporte

O esporte é uma parte essencial da vida de Rafael desde sua infância, e ele começou a competir aos dezesseis anos. Quando começou a correr em sua cidade natal, Aranjuez — uma pequena comunidade, famosa por seu palácio real, cerca de 95 quilômetros ao sul de Madri — alguns rapazes atiraram-lhe pedras, enquanto seu pai, que desaprovava a ideia, exigia saber por que Rafael não jogava futebol como as outras crianças da sua idade. Mas ele não se desencorajou e admite que sempre foi um rebelde.

Felizmente, assim que seu interesse pelo atletismo começou a desaparecer, sua escola, que era bastante focada no esporte, ajudou-o a manter o curso. A escola fechava as salas de aula por uma semana durante o ano para organizar suas próprias mini-Olimpíadas. Ao longo dos anos, ela tem produzido vários atletas de nível mundial, e meio século depois ainda organiza essas mini-Olimpíadas. Participando desses jogos, Rafael percebeu que estava correndo mais rápido que os outros e que tinha talento.

Em 1978, depois de completar o ensino médio aos dezoito anos, ele decidiu entrar para a Academia da Força Aérea Espanhola. Suas habilidades no atletismo não passaram despercebidas, e ele foi convidado a competir nos campeonatos universitários da Espanha, tornando-se campeão universitário da academia militar nos cem e duzentos metros sem qualquer treinamento formal, reforçando sua crença de que tinha os ingredientes de um atleta profissional. Um ano depois, ele deixou a academia, rejeitando a natureza hierárquica dos militares, voltou para Aranjuez e ingressou no clube atlético do qual agora é presidente. No clube, ele começou a treinar, competir sistematicamente e ganhar competições.

Rafael passou do atletismo para o pentatlo graças a uma oportunidade que recebeu quando tinha apenas nove anos: o regimento de cavalaria de Paviá decidiu convidar jovens locais que queriam aprender a montar gratuitamente.

Aos 16 anos, ele já ganhava dinheiro com suas habilidades de equitação. Residentes ricos com grandes propriedades na área frequentemente tinham dois ou três cavalos que precisavam ser exercitados: Rafael montava até doze cavalos aos finais de semana em várias fazendas, se tornando um cavaleiro experiente:

— Se você sempre montar o mesmo cavalo, nunca aprenderá todas as formas como um cavalo pode reagir.

Aos trinta anos, uma nova oportunidade esportiva apresentou-se a ele, ao ser convidado a participar de uma competição de saltos de obstáculos, que ganhou. Entre os que assistiram ao evento, estavam representantes da federação espanhola de pentatlo, esporte que envolve atletismo, natação, esgrima, tiro com pistola e equitação. A abordagem da federação era registrar atletas e nadadores que pudessem facilmente aprender esgrima e tiro. No entanto, a equitação continuava a ser um problema. A maioria dos atletas havia aprendido montando um único cavalo, mas os competidores de pentatlo não podem montar o próprio cavalo. O animal é atribuído por sorteio e tudo o que lhes é dado é um aquecimento de dez minutos.

Poucos atletas satisfaziam as exigências, então a federação de pentatlo decidiu mudar a estratégia e recrutar cavaleiros que poderiam ser treinados nas outras modalidades do evento. Os oficiais que viram a prova de Rafael ficaram impressionados quando souberam que ele era um bom atleta e um forte nadador. Eles o contrataram e o mandaram para um centro de treinamento de alto rendimento em Madri. Lá, ele foi treinado em suas duas disciplinas mais fracas: esgrima e tiro, as quais treinava três vezes por dia. Das 6h às 8h, ele treinava na pista de atletismo. Durante seu intervalo de duas horas para o almoço, ele nadava longas distâncias, e das 21h às 22h30 alternava entre esgrima e tiro. Nos fins de semana, ele continuava a montar.

Empresário

Rafael sabia que nunca ganharia dinheiro com o atletismo, então começou a procurar trabalho, começando em uma empresa de máquinas, onde trabalhou sem remuneração por vários meses enquanto se familiarizava com o negócio em diferentes departamentos. Nesse período, ele aprendeu sobre administração de empresas e percebeu que era apaixonado por vendas.

Em 1985, aos 25 anos, ele soube que a SEAT, uma empresa espanhola de automóveis, estava abrindo uma concessionária em Aranjuez, de propriedade de uma figura local bem conhecida. Um dia, ao passear pela cidade, ele viu o recém-nomeado diretor da SEAT em um cabeleireiro. Sem perder tempo, entrou e se apresentou. O homem ficou tão surpreso com sua abordagem ousada que o entrevistou enquanto cortava o cabelo.

Rafael então foi convidado para uma reunião naquela noite, em que lhe foi oferecido um emprego. Ele treinou por três meses com a SEAT e começou a trabalhar na concessionária recém-inaugurada. Seis meses mais tarde, foi nomeado chefe de vendas, e dois anos depois tornou-se diretor administrativo da SEAT, Audi e Volkswagen na Espanha. Este foi o mundo em que trabalhou durante os treze anos seguintes, liderando cerca de 25 pessoas com mão livre para gerir o negócio.

— Mesmo quando eu trabalhava para outros, sentia que estava trabalhando para mim mesmo, porque tinha muita liberdade.

Ao mesmo tempo, Rafael começou a pensar nas longas horas que passava trabalhando: alguns dias, só saía das reuniões à meia-noite. O negócio era um sucesso, mas a maior parte do lucro ia para os proprietários. Ele se perguntava que áreas lhe ofereceriam mais oportunidades, já que sua única experiência era no setor automotivo. Aos 38 anos, tomou a segunda decisão mais importante de sua vida e deixou a SEAT para montar o próprio salão de exposições de carros usados. Ele sempre quis gerir o próprio negócio, e sentiu que uma fase de sua vida tinha chegado ao fim.

Foi uma decisão difícil, mas Rafael confiava muito em si mesmo e nas suas capacidades. O atletismo lhe ensinou a necessidade de acreditar em si e que, embora talento seja essencial, não é nada sem disciplina e perseverança.

— As coisas vão mal quando competimos, porque nossa abordagem está errada, porque estamos lesionados ou por outras circunstâncias. Em uma competição, o cronômetro toma a decisão por você, e muitas vezes está abaixo das suas expectativas — diz ele.

A filosofia de Rafael diz que só há duas opções ao deparar-se com uma falha: vá embora, ou volte para a pista para ver no que você falhou e continue trabalhando para melhorar. Quando isso acontece várias vezes ao longo de uma temporada, "você aprende a continuar e a acreditar que as coisas vão acabar bem".

O negócio de carros usados deslanchou e Rafael conseguiu pagar seus empréstimos de oito anos em apenas três. Em vez de gastar seus lucros, ele investiu na empresa.

— A empresa sempre foi bem-dotada de recursos — diz, explicando que seu orçamento era tão apertado que ele se recusou a comprar uma nova televisão, preferindo esperar um ano.

Rafael diz que aprendeu a ideia de reinvestir na própria empresa com seu primeiro chefe, o diretor da SEAT. Ele falava com o patrão não só sobre o trabalho, mas também sobre a vida. O sucesso de seu negócio residia no fato de ter um grande estoque de carros usados que podia distribuir a parceiros de outras concessionárias. Essa rede de parceiros manteve as suas despesas gerais baixas e as vendas altas, com boas margens de lucro. Nos sete anos seguintes, a empresa cresceu e consolidou-se.

Com o tempo, Rafael decidiu vender sua empresa e dedicar-se a si mesmo. Aos 43 anos, já não tinha medo de se lançar em uma nova aventura. Financeiramente seguro, ele passou algum tempo pensando sobre o que realmente queria fazer e quanto isso custaria.

— Precisava de um projeto que me agradasse e que não me tomasse muito tempo — concluiu.

Velejar em Ibiza cumpria ambos os requisitos. Ele decidiu trabalhar quatro ou cinco meses por ano em algo que realmente gostava e passar o resto do ano com suas outras paixões.

Rafael vendeu seu estoque de veículos aos parceiros que o tinham ajudado, alugando as suas instalações. O aluguel dessas propriedades ainda fornece uma renda regular, que lhe compra um tempo inestimável. Sua vida pessoal também passou por uma mudança, pois se separou de sua esposa. Ela viu sua vida indo em uma direção diferente, diz ele, acrescentando que a paixão havia desaparecido ao longo dos anos com a rotina. Da mesma forma, Rafael aceita que não é fácil estar em uma relação com alguém que, quando não está no mar por cinco meses do ano, está treinando e trabalhando em sua música.

Carreira musical

Rafael diz que, ao investir em uma carreira musical, teve a sensação de ter encontrado seu eu verdadeiro. Ele aprendeu a tocar guitarra com canções como "Stairway to Heaven", de Led Zeppelin, indo ao cinema várias vezes para ver *The Song Remains the Same.*

Ele já compõe há vários anos, e tem material suficiente para encher um porta-malas. No início de sua carreira, contatou um familiar que tinha um pequeno estúdio de gravação em Madri e mostrou-lhe timidamente o conteúdo que havia produzido. A partir daí, o par juntou alguns arranjos e começou a gravar. As suas primeiras canções foram gravadas por uma jovem cantora amadora. À medida que gravava mais músicas, Rafael começou a levar essa arte mais a sério, decidindo, então, cantar seu próprio material. Com o nome artístico *Perro Gris* (Cachorro Cinza), admite que não é um cantor particularmente bom, mas sente que consegue expressar suas músicas melhor do que ninguém. Até agora, ele gravou cinco álbuns.

Rafael diz que o mais ama na música é a fase criativa, o processo de construção de algo que o apaixona:

— Trabalhar nos arranjos, ver o que funciona e o que não funciona, tentar transmitir a ideia que quero... Explorar como as coisas soam quando se combina a voz com todas aquelas horas de ensaio...

Agora, ele tem um pequeno estúdio em casa, e de vez em quando convida um amigo para tocar suas últimas composições. Afirma que não gasta dinheiro em marketing e que seu maior prazer vem do tempo que passa ensaiando e gravando.

— No dia em que vou gravar, estou tão entusiasmado que não me importo com mais nada; mal me importo se o álbum será um sucesso. — Há uma autenticidade nas suas canções: — Quando você escreve as palavras de uma canção, você as sente como suas. — Mesmo quando fala sobre as experiências de outras pessoas, ele as transforma nas suas, cantando na primeira pessoa e empatizando com os fãs. — Tento relacionar experiências que façam as pessoas enxergarem dentro de si mesmas.

Ao escrever uma canção, Rafael diz que quer que o ouvinte se identifique com sua experiência pessoal. O tema recorrente em suas músicas, a maioria composta na praia, é a paixão: apaixonar-se e desapaixonar-se. Ele parte para Ibiza antes do início da temporada de navegação, à procura de um lugar com wi-fi mínimo, e passa dias e noites escrevendo canções. A maioria já estava se formando em sua cabeça nos meses anteriores, ainda em Madrid. O que ele procura é paz e sossego para poder escrever.

Às vezes, os clientes de Rafael se abrem enquanto navegam com ele, e ele se torna não apenas um capitão, mas também um coach.

— É um bom lugar para conversar, as pessoas estão de férias, relaxadas e pensam que nunca mais vão te ver — diz ele.

Outras músicas são inspiradas em coisas que aconteceram com amigos próximos, como o seu companheiro de equipe, Marc. Uma noite, em Ibiza, Rafael recebeu uma ligação de Marc, que estava desesperado depois de terminar com a namorada. Aos trinta e poucos anos, Marc amava sua liberdade e falta de compromisso. Ele havia conhecido uma mulher com uma carreira estabelecida e que buscava estabilidade, mas a ideia o assustou e ele decidiu terminar o relacionamento. Dois meses depois, tentou retomá-lo, mas ela tinha seguido em frente. Ligou então para Rafael, aos prantos, e perguntou o que podia dizer à ex-namorada para convencê-la a voltar. Naquela noite, Rafael escreveu uma música chamada "My soul is for you", que aparece em seu terceiro álbum.

Ele gravou a música naquela noite, acompanhado de seu violão. Depois, a cantou para o amigo pelo telefone, e disse: "É isso que você tem que dizer para ela". Marc confessou à namorada que esta era a melhor maneira de expressar seus sentimentos. Agora, eles vão se casar. Rafael, claro, foi convidado para o casamento.

MÚLTIPLOS EUS: MUDANDO O ROTEIRO DA AUTENTICIDADE

Um eu ou múltiplos eus? A tensão entre o eu verdadeiro e os múltiplos eus é importante. Como vimos, Rafael tem múltiplos eus, que ele ativa dependendo da situação. Todos nós temos máscaras diferentes que usamos nos papéis que desempenhamos no nosso dia a dia. A autenticidade não é um modo fácil de simplesmente ser o seu eu verdadeiro. Envolve resolver paradoxos, como o de ter múltiplos eus e o de escolher representar o seu eu verdadeiro em diferentes situações ao longo da vida. Mas podemos ser autênticos mesmo com a necessidade de se criar múltiplos eus?

Susan Harter, professora emérita em psicologia da Universidade de Denver e pioneira em pesquisa autoconceitual, desenvolveu um exercício chamado Procedimento de Seres Múltiplos: pense em cinco ou seis contextos relacionados. Por exemplo, sua função como mãe/ pai, empregado, colega de trabalho, amigo, cônjuge, companheiro ou amante e membro de um clube esportivo. Em seguida, pense em atributos que o descrevam nesses diferentes contextos: carinhoso, extrovertido, introvertido, feliz, nervoso, falador e assim por diante. Em seguida, identifique se algum par de atributos reflete opostos (por exemplo, extrovertido com amigos, mas introvertido com chefes). Alguma inconsistência entre situações é normal, mas um conflito excessivo pode criar sentimentos de ansiedade. Vejamos o exemplo de uma adolescente entrevistada por Harter:

— Eu realmente me considero amigável e aberta às pessoas, mas, por causa da maneira que as outras meninas agem, sou forçada a me tornar uma pessoa introvertida, mesmo sabendo que esse não é o meu eu verdadeiro.

A ideia por trás do jogo é tentar ligar sentimentos de autenticidade em diferentes contextos.

Hoje em dia, a sociedade nos encoraja a criar *múltiplos eus*, associados a diferentes papéis ou ambientes. Não só isso, mas muitos de nós podem ter experiências diferentes dependendo do contexto. Por exemplo, "uma pessoa pode ser triste com os pais, alegre com um grupo de amigos, tímida com um interesse romântico, aberta com um amigo íntimo, trabalhadora na escola, responsável no trabalho, bagunceira e menos responsável com os colegas, e assim por diante", explica Harter. Dada esta complexidade, as pessoas usam a autenticidade como um atributo pessoal relevante em suas conversas diárias para descrever o comportamento do eu verdadeiro com expressões como "o verdadeiro eu interior", "dizer o que você realmente pensa ou acredita", "expressar a sua opinião honesta" e "dizer a alguém como você realmente se sente". A linguagem da inautenticidade, por sua vez, é frequentemente usada para descrever o comportamento do "eu falso", como "ser falso", "esconder seus verdadeiros pensamentos e sentimentos" e "dizer o que você acha que *os outros* querem ouvir, não o que você realmente pensa".

Então, como reagimos à possibilidade de múltiplos eus?

Por um lado, "a criação de múltiplos eus para se conformar com as exigências de um relacionamento pode comprometer a sensação de que a pessoa tem um eu interior imóvel que é autêntico, lançando assim a dúvida sobre a sua verdadeira identidade", diz Harter. No entanto, uma situação alternativa é que "a multiplicidade pode dar às pessoas um sentido de otimismo e possibilidade enquanto navegam nas suas águas interpessoais". A pergunta chave, então, é o que significa ser verdadeiro consigo mesmo.

Um grupo de psicólogos da Universidade de Rochester, liderado por Kennon Sheldon,[11] contrastou duas respostas alternativas a esta questão: a visão comportamental e a visão contextual. Eles escrevem:

> Na visão comportamental, assume-se que as pessoas têm disposições de personalidade transcontextuais que permanecem altamente es-

> táveis ao longo do tempo, das situações e dos papéis sociais. Nossos comportamentos não só nos caracterizam, mas também podem ser a nossa própria essência. Já na visão contextual, as pessoas nem sempre agem de acordo consigo mesmas; pelo contrário, elas variam de situação para situação na medida em que entram em contato com seus verdadeiros sentimentos e valores e os executam. Ser fiel a si mesmo dentro de um papel é ser capaz de se comportar de maneiras que sejam pessoalmente expressivas.

Para testar esses dois pontos de vista, Sheldon e sua equipe realizaram dois estudos. Primeiro, mediram a autenticidade e a personalidade dos participantes em termos dos "cinco grandes" papéis: estudante, empregado, criança (filho/filha), amigo e parceiro romântico.[12] No segundo estudo, os participantes também avaliaram a quantidade de conflitos que experimentaram entre cada papel (por exemplo, "até que ponto um papel entra em conflito ou desacordo com outro?").

Os resultados desses dois estudos ofereceram suporte para ambas as visões: a contextual e a comportamental. Por um lado, as pessoas mostraram certa inconsistência entre os papéis. Elas variavam suas expressões de si mesmas de acordo com os papéis que incorporavam e ainda se sentiam autênticas. Por exemplo, os participantes relataram ser "relativamente mais extrovertidos no papel de amigo, mais neuróticos no papel de estudante, mais conscientes no papel de empregado, mais abertos à experiência no papel de parceiro romântico e menos agradáveis nos papéis de estudante e criança".

Dito isto, os participantes demonstraram uma forte consistência de papéis cruzados em todas as cinco grandes medidas de personalidade. Por exemplo, os indivíduos extrovertidos tendiam a estar acima da média em todos os papéis, mas expressaram sua extroversão em um grau mais elevado ao desempenhar o papel de amigo e mais baixo quando estavam no papel de estudante. Indivíduos altamente meticulosos são sempre confiáveis, especialmente no papel de funcionário, mas relaxam mais quando estão com amigos. Além disso, não foi surpreendente que os participantes tenham se sentido em conflito entre esses cinco papéis: quanto menos autênticos se sentiam, menos bem-estar experimentavam em suas vidas.

O que é interessante nessas duas visões de autenticidade é que elas não são exclusivas: são compatíveis. Quando dizemos que uma pessoa é autêntica, podemos estar pensando em alguém com múltiplos papéis e paixões, que adapta seu comportamento às situações imediatas sem conflito de papéis. Em 1974, Mark Snyder, um psicólogo da Universidade de Minnesota, desenvolveu o conceito, agora popular, de automonitorização, que indica até que ponto as pessoas são consistentes na maneira que agem em diferentes situações.[13] Aqueles que se observam muito adaptam suas ações de acordo com as demandas imediatas de cada situação; já aqueles que se observam pouco são menos capazes ou dispostos a modificar seu comportamento.

Aqui está, então, o motivo de Rafael de la Rubia ter múltiplos eus e ainda se sentir autêntico sobre seus valores e objetivos: ele valoriza, por exemplo, a liberdade acima do sucesso financeiro, e isso é consistente em todas as suas múltiplas funções profissionais. Quando compete no esporte, dirige seus negócios e toca música, ele adapta seu comportamento à situação em questão, mas o valor subjacente da independência está presente em todos os seus papéis.

Você se observa muito ou pouco?[14]

Faça este questionário para descobrir o quanto você muda sua personalidade em diferentes contextos. Sua tarefa é indicar o quanto concorda com cada afirmação, usando uma escala de 1 (Discordo fortemente) a 5 (Concordo fortemente):

1. Em situações sociais, tenho a capacidade de alterar meu comportamento se sentir que isso é necessário.
2. Tenho a capacidade de controlar a forma como os outros me veem, dependendo da impressão que quero passar.

3. Quando sinto que a imagem que estou transmitindo não está funcionando, posso facilmente mudá-la para algo que funcione.
4. Tenho dificuldade em mudar meu comportamento para me adaptar a pessoas e situações diferentes.
5. Mesmo quando pode ser vantajoso para mim, tenho dificuldade em passar uma boa impressão.
6. Descobri que posso ajustar o meu comportamento para satisfazer as exigências de qualquer situação em que me encontre.
7. Quando sei o que uma situação exige, é fácil para mim regular minhas ações de acordo.[15]

Velejar nas águas da autenticidade

Rafael de la Rubia usa a analogia de um capitão de navio para visualizar a liderança autêntica.

— Alguns líderes são treinados para administrar e comandar um grupo com base em sua capacidade técnica, mas um líder autêntico tem um carisma especial que faz com que as pessoas confiem nele — diz. — Um líder autêntico é capaz de dizer que vamos passar por um caminho perigoso e ainda o seguimos, porque ele inspira a confiança de que vamos conseguir completar a travessia. Um líder autêntico dá essa paz de espírito de que tudo vai dar certo, de que você vai chegar a um lugar seguro.

Ao longo de sua vida multitarefada, os ídolos de Rafael foram poucos, mas autênticos. No esporte, seu herói é Carl Lewis, um atleta que se destacou em diferentes modalidades. Além disso, ele mostrou que, quando derrotado, trabalhava ainda mais para vencer. O tenista Rafa Nadal, particularmente por sua humildade, também provou ser uma inspiração:

— Essa é uma qualidade admirável para alguém que é considerado o melhor do mundo no que faz.

O ídolo musical de Rafael é John Lennon — não apenas por suas músicas, mas por liderar pessoas tão talentosas. Paul McCartney é um exemplo de músico cujo sucesso se manteve constante.

Rafael vê os negócios de duas maneiras: uma através de pessoas como Steve Jobs, um homem que começou algo do nada e dominou o mundo; e outra caracterizada pelo sacrifício, pela dedicação e pela generosidade dos pequenos empresários, que ele realmente admira: "Os desconhecidos, as pessoas que se levantam todos os dias e trabalham longas horas para sustentar suas famílias."

O sucesso é o caminho a seguir, e não há como olhar para trás. Recentemente, Rafael furou um pneu do carro. Ao procurar pelo estepe, encontrou a medalha que ganhou pelo segundo lugar nos duzentos metros de atletismo. Os troféus que ganhou ao longo de sua carreira no esporte estão guardados em caixas, e não expostos. Limpando sua casa na primavera, encontrou uma gaveta cheia de taças e medalhas. Quando Rafael ganha uma medalha, usa-a pelos poucos segundos em que está no pódio. Quando desce, a retira e a guarda, já focado na próxima competição. Houve uma época em que era importante ganhar troféus, mas com o tempo ele diz que se tornou consciente de que, se você se importar com o que as pessoas pensam, o bem que elas podem fazer por você quando está em ascensão pode ser igual à dor que te causam quando você cai.

Olhando para o futuro, ele diz que quer continuar com o que faz. O presente é o futuro de Rafael e ele não se preocupa com o que os outros pensam: se o fizesse, se tornaria um escravo do sucesso. Em vez disso, prefere ser um viajante. Como escreveu o poeta espanhol Antonio Machado, "Caminhante, não há caminho; faz-se o caminho ao andar".

Dez maneiras de permanecer autêntico alimentando suas múltiplas paixões

1. *Onde está o seu coração?* Podemos descobrir nossas múltiplas paixões enquanto escrevemos nossa história de vida e pensamos sobre decisões passadas. No segundo capítulo de sua vida, Rafael de la Rubia percebeu que tem três amores: o mar, o esporte e a música. No entanto, a paixão por si só não é suficiente. Precisamos cultivar nossas paixões com perseverança, paciência, sacrifício e

disciplina. Em um artigo com minhas colegas Maria Kakarika, da NEOMA Business School, de Paris, e Marina Biniari, da Universidade Aalto, de Helsinki, discutimos como gerenciar transições de papéis e ainda manter a paixão empresarial.[16] Quando o fracasso acontece, a paixão de Rafael pelo que faz lhe dá a motivação para "se rearmar e se renovar".

2. *Abraçar a contradição*. Altere o roteiro da autenticidade para gerenciar várias identidades em situações e épocas diversas. Podemos encontrar múltiplas identidades que se complementam mutuamente. Por exemplo, Rafael encontra complementaridade entre seu eu atleta e seu eu músico. "Correr alimenta o corpo, e a música alimenta a alma", diz ele.

3. *Estar ciente da importância de nossos múltiplos eus*. Um papel social como músico, empresário ou pai é autodefinido, ou seja, é usado para se definir em diferentes situações. Ser fiel a si mesmo requer autoconsciência.

4. *Imaginar o seu próprio conceito*. Reflita sobre o papel social que te define melhor — o que mais se destaca em sua mente — e coloque-o no topo de uma estrutura hierárquica. Por exemplo, Rafael coloca o papel de músico no topo de seu próprio conceito nesta fase da vida profissional.

5. *Envolver-se em uma negociação de identidade ativa*. Diga aos outros como você se vê para evitar dissonâncias decorrentes de discrepâncias entre sua identidade e a definição que eles lhe dão. Por exemplo, quando a filha de Rafael o apresenta às pessoas como empresário, ele a corrige: "Eu sou músico".

6. *Gerir a confirmação da identidade*. Procure apoio de outros para firmar a sua identidade, envolvendo-se em atividades que correspondam à sua maneira de ver a si mesmo. Isto pode fazer de você um rebelde. Quando Rafael começou a correr, alguns meninos atiraram pedras nele, e seu pai, que não aprovava a corrida, queria que ele jogasse futebol como o resto das crianças da época.

7. *Procurar ambientes saudáveis.* Encontrar um contexto que se afirme por si mesmo nos dá confiança e vitalidade para experimentar com possíveis eus e perseguir nossas paixões. Rafael não desistiu de seu esporte favorito, mas passou do atletismo para o pentatlo, buscando todas as oportunidades possíveis. Em seu papel de empresário, ele era apaixonado por vendas e foi atrás do trabalho na SEAT de maneira incansável.

8. *Gerir transições de papéis profissionais e de vida.* Seja claro sobre suas metas e crie um plano de longo prazo para alcançá-las. Por exemplo, Rafael classifica a liberdade acima do sucesso, e sua paixão pelo que faz lhe dá motivação interior. Quando chegou a hora de romper com o passado, ele tinha um plano e vendeu seu outro negócio para os sócios.

9. *Encontrar enriquecimento em meio a seus múltiplos papéis.* As habilidades e os valores que você aprende em uma função podem ser aproveitadas para outras funções. Por exemplo, Rafael diz que seus valores são forjados na pista e no campo e depois ele os aplica a uma nova aventura empresarial. Isso aumenta a autoconfiança e a capacidade de se reinventar.

10. *Enfrentar o dilema de ser você mesmo em múltiplos papéis.* Desenvolva uma auto-observação para encontrar o pedaço de si mesmo que melhor se adapta ao ambiente em que você se encontra. Ter inteligência política não o torna menos autêntico.

Em seu livro autobiográfico *Losing my Virginity*, Richard Branson explica como sobreviver, se divertir e fazer fortuna gerindo negócios de uma maneira genuína e autêntica. Isso pode ser algo difícil de se imitar, mas se Branson e De la Rubia têm uma coisa em comum é o fato de serem igualmente apaixonados pelo que fazem. E isso é algo que podemos tentar imitar.

2
Humildade confiante: o poder dos heróis anônimos

A beleza começa no momento que você decide ser você mesmo.
O ato mais corajoso ainda é pensar por si mesmo. Em voz alta.
Tempos difíceis despertam um desejo instintivo de autenticidade.
COCO CHANEL

Coco Chanel é a única estilista na lista das cem pessoas mais influentes do século XX segundo a revista *Time*. Ela é admirada por suas ideias revolucionárias, personalidade, determinação e vitalidade, mas poucas pessoas sabem de seu humilde começo. Filha de uma agricultora com um vendedor ambulante, Chanel foi colocada em um orfanato gerido por um convento após perder a mãe aos doze anos, onde ficou até completar dezoito anos. A austeridade do convento inspirou seu gosto por preto e branco, sua filosofia de beleza como simplicidade e sua ética de trabalho.

O segredo por trás do luxo de Chanel era "trabalho inacreditavelmente intenso", de acordo com Karen Karbo em seu livro *O evangelho de Coco Chanel: Lições de vida da mulher mais elegante do mundo.* Chanel se reinventou e desenvolveu uma habilidade natural para o *networking.*

Ela é um exemplo do poder das ideias simples, porém revolucionárias. O pensamento por trás do "vestidinho preto" na década de 1920 era proporcionar às mulheres uma elegância acessível.

HIROKO SAMEJIMA: PAIXÃO CONTAGIANTE POR IDEIAS ÉTICAS (JAPÃO-ETIÓPIA)

Como Coco Chanel, Hiroko Samejima tem uma paixão revolucionária e contagiante pela moda. Ela é fundadora, CEO e designer-chefe da andu amet, uma marca de bolsas feitas com um incrível couro de ovelhas etíopes. "Andu amet" significa "um ano" na Etiópia, um nome que reflete a paixão de Hiroko pela ética. Fui apresentada a Hiroko através de Hidemi Takano, que foi voluntária na empresa dela e minha ex-aluna. Hidemi trabalhou *pro bono* para Hiroko nas fases iniciais de criação, para ganhar experiência e satisfazer sua paixão pela moda ética. Depois de se formar com um MBA, Hidemi agora trabalha na Amazon.

Quando perguntei à Hidemi por que ela dedicou seu tempo e talento nesse novo empreendimento, ela respondeu:

— Hiroko é uma das melhores empresárias do Japão e atualmente atrai muita atenção no país. A sociedade japonesa está inundada de cosméticos e os consumidores têm mais de dez ou vinte desses produtos em casa, e certamente não usam todos. — Ela admira a filosofia e a motivação de Hiroko: — Hiroko sentia por vezes que produzia "lixo bonito", apesar de ter feito um enorme esforço para criar esses produtos. Ela sentiu que as pessoas estavam perdendo a paixão e que não apreciavam seus produtos. — Além disso, Hidemi respeita a decisão de Hiroko de tomar medidas para resolver esse problema. — Ela acreditava que os consumidores japoneses desejavam novos conceitos e valores, que se distinguissem da produção e do consumo em massa.

Quando Hiroko decidiu criar a andu amet, Hidemi não tinha dúvidas de que queria fazer parte deste projeto animador.

Liderança autêntica é mais do que criar um ambiente de trabalho positivo. Os líderes autênticos são apaixonados pelo que fazem, e esta é sua verdadeira motivação: o que fazem os torna quem são. Sua paixão contagiosa é absorvida por seus seguidores e empregados. A paixão e o entusiasmo dos líderes autênticos despertam criatividade nos outros.

Exercício experimental: a paixão é contagiosa

A paixão de Hiroko pelo que faz e sua crença no luxo ético são contagiantes. Isso não é tão surpreendente, porque sabe-se que a felicidade pode ser contagiosa, como mostram James Fowler, da Universidade da Califórnia, e Nicholas Christakis, da Faculdade de Medicina de Harvard, no livro *Connected*.[1] Eles rastrearam indivíduos durante duas décadas (1983-2003) perguntando-lhes sobre várias emoções, incluindo a felicidade, e encontraram grupos de indivíduos felizes e infelizes. O grupo de 2000 está representado na figura 2.1. O branco representa "feliz", o preto, "triste", e o cinza, um meio termo. Os semelhantes costumam se atrair, mas os pesquisadores também descobriram que pessoas felizes podem fazer os outros mais felizes. Em psicologia, isto é conhecido como contágio emocional.

Nossa felicidade é influenciada pelas pessoas com quem estamos diretamente conectados. A felicidade é uma "debandada emocional" entre os humanos, diz Christakis.

É fácil explorar nosso grupo de amigos para descobrir o quanto compartilhamos sentimentos positivos com eles. Como é possível ver na figura 2.2, as emoções podem ser descritas em duas dimensões: tom hedônico (sua natureza positiva ou negativa) e intensidade (seu nível de ativação), conhecido como o circumplexo de Randy Larsen e Ed Diener.[2]

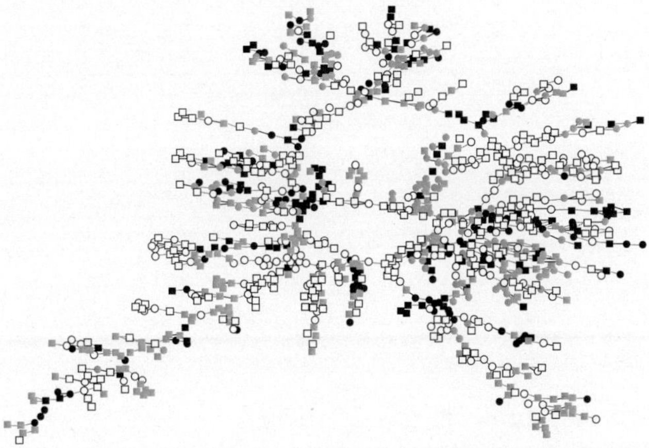

Fonte: figura 2.1. A felicidade é contagiosa.

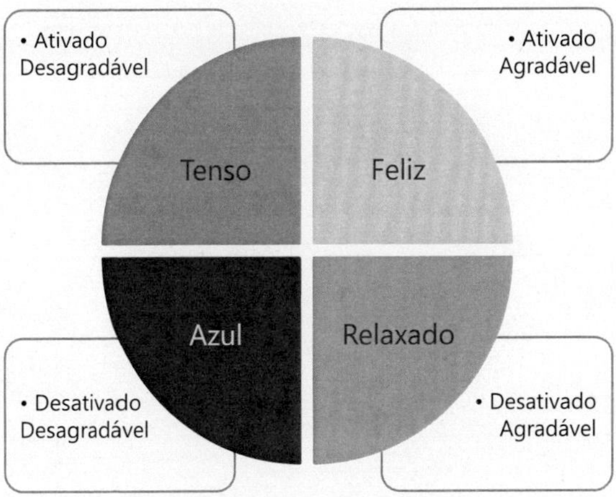

Fonte: figura 2.2. O círculo de emoções.

Responda como cada um dos seguintes adjetivos descreve sua personalidade, usando uma escala de resposta de cinco pontos: 0 = nada preciso, 1 = pouco preciso, 2 = moderadamente preciso, 3 = muito preciso, 4 = extremamente preciso. Faça o mesmo para avaliar qualquer outra pessoa que você tenha escolhido.

Animado	Energético	Entusiasmado
Relaxado	Calmo	À vontade
Medroso	Nervoso	Ansioso
Cansado	Preguiçoso	Entediado[3]

Autenticidade pelo design: *slow fashion*

Hiroko fala devagar e calmamente, pensando em suas respostas. Ela é exatamente como na foto no site da empresa: feliz, atenta e atraente. Segura a bolsa de couro que projetou como uma mãe segurando seu bebê.

Em 1º de fevereiro de 2012, Hiroko lançou a andu amet no Japão. Ela então apareceu perante o Banco Mundial em 10 de julho de 2014 como "fundadora, CEO e designer-chefe da andu amet Ltd.". Sua ideia e seu entusiasmo com *slow fashion* se espalhou por meio das redes sociais.

A andu amet é uma marca de couro cujos produtos são feitos de couro de ovelhas etíopes, considerado o melhor do mundo por sua suavidade sedosa e sua durabilidade. Hiroko ganhou vários prêmios por seus empreendimentos, incluindo o de Mulher do Ano pela revista *Nikkei Woman* em 2013 e de Jovem Inovadora da APEC (Cooperação Econômica Ásia-Pacífico). Em 2014, acompanhou o primeiro-ministro Shinzo Abe em sua visita de Estado à Etiópia.

A fabricação de produtos autênticos

Mesmo sendo reconhecida no Japão pelo sucesso da andu amet, Hiroko é uma pessoa humilde. Quando questionada sobre o segredo do seu sucesso, ela responde imediatamente, "a nossa empresa é muito pequena e não pode ser considerada um sucesso". A andu amet tem apenas quinze funcionários na Etiópia e dois funcionários em tempo integral no Japão, além de quinze voluntários.

No entanto, conversando com ela, se torna claro que o segredo está em seu compromisso de entregar o "produto mais autêntico possível". Com sua atitude positiva, Hiroko mostra confiança em suas ideias, planos e princípios, sempre vendo oportunidades a serem aproveitadas. O processo de fabricação da empresa é "ético" e "bonito". Há um princípio global de beleza nos produtos autênticos: "belo material, design e processo".

O primeiro princípio é o material. A pele de carneiro etíope é usada por empresas líderes como a Mercedes-Benz para produzir capas para assentos de automóveis.

— Usamos o melhor couro do mundo — afirma Hiroko, e explica que, devido às associações negativas que muitos ainda fazem com a Etiópia, o país não promove o próprio couro: ele é frequentemente exportado para países como a Itália e vendido como um produto italiano.

Além disso, a autenticidade da andu amet reside no design: Hiroko começou sua carreira há vinte anos, na Chanel. Ela também se inspirou em outras grandes marcas de moda, como a Dior, bem como por empresas éticas do Japão, como a HASUNA e a People Tree — a pioneira da moda *fair trade*. Seu sonho era criar os próprios designs, combinando a elegância das melhores marcas, as paletas de cores africanas e as técnicas do artesanato japonês.

E por fim, o processo de fabricação da andu amet segue os princípios éticos da cultura de gestão japonesa, baseados no método Kaizen. Quando Hiroko acompanhou Shinzo Abe à Etiópia em 14 de janeiro de 2014, ela representava muitas das ideias do primeiro-ministro japonês. Em um discurso proferido perante a União Africana em Adis Abeba, o sr. Abe explicou o princípio do Kaizen, que começa por "organizar" — eliminar os desperdícios — e "preparar" — definir as ferramentas para facilitar o trabalho. E continuou:

— Ao organizar e preparar uma marca, ela se torna exemplar em aparência e desempenho. Qualquer um reconhece a beleza dessa marca e tem um sentimento de realização, independentemente das fronteiras nacionais ou das diferenças culturais.

Como resultado, o Kaizen é também uma abordagem que "fomenta a autoestima", de acordo com Hiroko:

— Nesse sentido, o Kaizen é aplicável a qualquer país ou cultura como um tipo de filosofia administrativa. Mas isso não é tudo. À medida que as pessoas se envolvem no processo Kaizen, uma cultura de valorização da criatividade e da engenhosidade começa a permear o local de trabalho, o que mostra a natureza profunda do método.

Atualmente, a Etiópia é o único país do mundo com um Instituto Kaizen fora do Japão.

O início: transformar paixão em ação

Os primeiros passos da andu amet foram difíceis.

— Comecei como uma empresa muito pequena, era só eu. Não tive uma empresa nos primeiros dois anos na Etiópia; estava trabalhando como revendedora. Comprei um pequeno número de bolsas lá e as vendi no Japão — explica Hiroko. Durante esses dois primeiros anos, ela descobriu como produzir o melhor produto possível, fazendo amostras e aprendendo sobre como fazer negócios na Etiópia. Sua paixão persuadiu outros a se juntarem a ela.

A paixão de Hiroko pela moda ética nasceu quando trabalhava na Chanel.

— As pessoas são muito atraídas pela Chanel: seus produtos, sua história, e assim por diante — diz ela, acrescentando que queria criar uma marca como a Chanel: — Foi muito difícil, mas tentamos alcançar a melhor qualidade possível com produtos autênticos.

Para ela, este é um dos fatores de sucesso.

Quando se juntou à Chanel, Hiroko já tinha decidido começar o próprio negócio. Ela desenvolveu a ideia durante os três anos de trabalho voluntário que fez na Etiópia com a Agência de Cooperação Internacional do Japão.

Quando perguntei a Hiroko como ela se manteve motivada durante aqueles tempos difíceis, ela se surpreendeu, respondendo com confiança:

— Eu simplesmente sabia que conseguiria.

Ela diz que sabia que o couro que tinha encontrado era o melhor e que confiava em si mesma como designer e nas habilidades de seus artesãos. Logo, os prêmios e o reconhecimento vieram.

Um momento decisivo: tornar-se uma celebridade nacional

Em 9 de janeiro de 2014, Hiroko apareceu em um programa de televisão popular no Japão, tornando-se uma celebridade nacional instantânea. Como resultado, houve tanta demanda por produtos andu amet que todo o seu estoque em boutiques e lojas de departamento esgotaram, e seu site na internet ficou tão sobrecarregado que caiu por um tempo.

— Houve um grande interesse — Hiroko lembra, atenuando a situação. — Havia um lado bom e um lado ruim nisso — continua. A empresa atraiu um grande número de clientes, mas tinha acabado de rescindir um contrato com sua parceira comercial na Etiópia.

Quando perguntei a ela sobre as razões para encerrar o relaciona mento com a parceira de negócios etíope, Hiroko explicou que ela não era mais capaz de atender aos seus padrões éticos.

A líder da equipe etíope estava motivada e trabalhava pesado, mas Hiroko começou a ter problemas com uma série de questões, entre elas o planejamento e o processo de fabricação. Hiroko tinha planejado ampliar a unidade de produção, mas a parceira discordou e mudou-se para outro local sem consultá-la. Ela enviava apenas um ou dois e-mails por ano, tornando muito difícil para Hiroko monitorar o progresso e os níveis de produção na Etiópia.

Depois de findar a parceria, Hiroko iniciou um novo processo de fabricação, criando sua própria empresa na Etiópia em 2014. Estrangeiros precisam investir pelo menos vinte mil dólares para estabelecer um negócio no país, o que era um investimento enorme para Hiroko. Mas ela diz que não sente ressentimento de sua antiga parceira de negócios e que, na verdade, é grata, pois aprendeu muito com ela.

Um novo começo: o renascimento da andu amet

Hiroko teve, então, que contratar seus próprios artesãos etíopes, o que acabou consumindo muito tempo. Depois de sua aparição na televisão japonesa, ela teve que parar de aceitar encomendas de lojas durante dois anos e encomendas feitas pelo site da empresa por um ano.

Sua abordagem era contratar aprendizes e também trabalhadores mais experientes de outras empresas, que foram treinados por um artesão japonês contratado por Hiroko. A fábrica da Etiópia tem agora quinze empregados em tempo integral. A andu amet começou a fabricar novamente em dezembro de 2015, fornecendo produtos em sua loja online e, desde março de 2016, voltou também às lojas físicas.

O renascimento da marca é notável. Toda vez que visito seu site, fico impressionada não só com a beleza e a sofisticação dos produtos, mas também com a variedade. Por trás desse renascimento há muito trabalho e compromisso. Ao longo de dois anos, Hiroko passou onze meses por ano na Etiópia e apenas um no Japão — quinze dias em julho e quinze em dezembro.

Pergunto-me como os clientes japoneses reagiram quando o negócio dela parou durante dois anos. Esqueceram-se dos produtos andu amet? Ou ficaram ainda mais ansiosos para comprá-los?

— Muitos clientes esperaram calmamente, mas alguns cancelaram — diz Hiroko. Mas mesmo o pequeno número de cancelamentos criou problemas. Antes de 2014, havia um tempo de espera de cerca de seis meses para os produtos da andu amet. Estes clientes tinham pago por suas mercadorias previamente, em lojas de departamento. Quando as encomendas foram canceladas, a andu amet tinha de pagar taxas de serviço às lojas; em alguns casos, o valor era de mais de 30% do preço dos produtos, uma despesa significativa para a empresa.

A filosofia de gestão da andu amet: da paixão à compaixão

Hiroko superou essas dificuldades com uma filosofia de gestão clara, cujo primeiro princípio é entregar apenas produtos autênticos. Como mencionado anteriormente, este valor aplica-se não só à concepção, mas também aos materiais e ao processo de fabricação. O segundo princípio, explica Hiroko, é não produzir apenas bolsas, "mas também algo que dê alegria àqueles que investem na empresa: nossos clientes, designers, fabricantes, artesãos e vendedores".

Para seus funcionários na Etiópia, a maioria dos quais tem apenas uma educação de nível básico, felicidade significa treinamento, um bom salário e uma vida estável. No Japão, sua equipe é composta por dois empregados que trabalham em tempo integral, um que trabalha meio-período e quinze voluntários.

— Eles são muito motivados por nossa missão e nossos produtos — diz Hiroko, que contrata apenas voluntários altamente empenhados e dispostos a trabalhar por pelo menos um ano.

Um membro da equipe *pro bono* explica suas razões:

— Isto não é uma questão de dinheiro, eu realmente amo o conceito da andu amet. No futuro, gostaria de começar a minha própria empresa.

Hiroko acredita que outras pessoas se juntaram ao seu projeto por causa de um interesse na África. Para a maioria dos japoneses, a África ainda é um lugar desconhecido, e trabalhar na andu amet é uma oportunidade para conhecer um continente fascinante — alguns de seus empregados *pro bono* visitaram a fábrica na Etiópia.

Igualmente importante é a oportunidade de aprender. Alguns dos voluntários querem iniciar negócios semelhantes à andu amet na indústria da moda ética. Em vez de uma ameaça, Hiroko os vê como futuros parceiros de negócio, ressaltando que trabalhou *pro bono* para a marca de jóias éticas HASUNA antes de lançar a andu amet.

Tal colaboração é uma relação de benefício mútuo, diz ela:

— Se minha marca está expandindo o mercado de moda ética no Japão, esta é uma grande notícia, e podemos dar conselhos uns aos outros.

Hiroko me disse que a moda ética é mais do que apenas o comércio justo ou a utilização de materiais orgânicos. Quando trabalhava na indústria da moda tradicional, ela enfrentava o desafio de criar um novo produto a cada estação. Como resultado, as pessoas tendiam a descartar suas roupas e seus acessórios a cada três ou seis meses.

— Isto significa que o trabalho dos designers que tiveram seus produtos eliminados foi inútil; os clientes gastam muito para acompanhar a moda e nós desperdiçamos recursos naturais.

Para que a *slow fashion* de Hiroko seja um sucesso, é preciso mudar os hábitos e a mentalidade de consumo. No Japão, o terremoto de março de 2011 suscitou nos consumidores um interesse crescente por bens éticos e de comércio justo. Ao mesmo tempo, cada vez mais pessoas ficaram interessadas na história da andu amet. É uma tendência positiva e interessante, diz Hiroko, mas ela não tem a certeza de quanto tempo vai durar.

Entretanto, ela continua a contar a história de sua empresa aos clientes através de uma estratégia de marketing bem desenvolvida. Depois do design do produto, o marketing é sua segunda área de atuação, tendo trabalhado nessa área para a Chanel. Ela mantém uma presença ativa nas redes sociais através dos perfis da andu amet no Facebook, Twitter e Instagram. Ela também tem uma revista para assinantes, e Hiroko dá várias palestras sobre moda ética em universidades e empresas japonesas. Sua própria empresa também organiza eventos para divulgar seus produtos, história e marca.

POR QUE PESSOAS HUMILDES SÃO LÍDERES MELHORES?

A pesquisa é clara: quando escolhemos pessoas humildes e despretensiosas como nossos líderes, o mundo à nossa volta se torna um lugar melhor.

Líderes humildes melhoram o desempenho de uma empresa a longo prazo, porque criam ambientes mais colaborativos. Eles têm uma visão equilibrada de si próprios — tanto das suas virtudes quanto dos seus defeitos — e uma forte apreciação dos pontos fortes e das contribuições dos outros, ao mesmo tempo que estão abertos a novas ideias e opiniões. Esses heróis anônimos ajudam os que os rodeiam a construir autoestima, superar expectativas e criar uma comunidade que canaliza os esforços individuais em um grupo organizado que trabalha para o bem do coletivo.

Um estudo realizado em 2015 por Amy Y. Ou, David A. Waldman e Suzanne J. Peterson examinou 105 pequenas e médias empresas na indústria de *software* e *hardware* de computadores dos Estados Unidos.[4] Suas descobertas revelaram que, quando um CEO humilde está à frente da empresa, os empregados da alta gerência são mais propensos a colaborar e compartilhar informações, aproveitando ao máximo os talentos da companhia.

Outro estudo, conduzido por Bradley Owens, Michael Johnson e Terry Mitchell, conversou com mais de setecentos funcionários de uma grande organização de serviços de saúde dos Estados Unidos.[5] Os participantes avaliaram a humildade de seus líderes e seu nível de engajamento no trabalho (por exemplo, o quanto eles se entregam ao trabalho, mostrando dedicação e vitalidade). Quando os líderes demonstram humildade ao reconhecer os pontos fortes e as contribuições dos outros, em vez de tomarem todo o crédito pelo sucesso, seus funcionários relatam maior engajamento. Seguindo o trecho do brilhante livro de Susan Cain, *O poder dos quietos*, os autores listaram uma abordagem de liderança "mais silenciosa" baseada na escuta, na transparência sobre limitações pessoais e na valorização dos pontos fortes e das contribuições dos empregados como formas eficazes de engajar os funcionários.

Aqui está outro exemplo das nuances da humildade: Bradley Owens e David Hekman mostraram que a humildade de um líder pode ser contagiosa: quando os líderes se comportam humildemente, os seguidores imitam sua atitude modesta.[6] Um estudo com 161 equipes constatou que funcionários que seguem líderes humildes são mais propensos a admitir seus erros e suas limitações, compartilhar os holofotes elogiando outras pessoas e estar abertos a novas ideias, conselhos e feedback.

Em um experimento inteligente, os autores manipularam a humildade dos líderes para tentar entender como os seguidores imitavam seu comportamento, criando um clima compartilhado de humildade grupal. Eles contrataram e treinaram quatro pessoas que atuariam dentro da pesquisa como aliados dos pesquisadores — desempenhariam os papéis de líder e de um membro da equipe. Os roteiros dos líderes humildes/não humildes incluíam falas para o líder e para o membro da equipe aliado. Na condição de líder humilde, ele está aberto às ideias dos outros e reconhece suas contribuições. Aqui está o segmento na íntegra:

> *Líder humilde:* Vamos começar. Como vocês acham que devemos fazer a classificação? Não sou um especialista em RH, mas tenho uma sugestão: que tal fazer o ranking em ordem crescente? Classificando os itens de 1 a 20, das práticas mais valiosas às menos valiosas.
> *Membro da equipe aliado:* Tenho outra ideia. Que tal começarmos colocando um "mais" ao lado das que gostamos e um "menos" ao lado das que achamos ruins? Então, fazemos um primeiro recorte dos itens e, depois disso, analisamos cada um individualmente.
> *Líder humilde:* Sim, grande ideia! O que vocês acham? Embora eu seja o líder, posso não ser o que mais entende de RH, então agradeço as suas sugestões.
> (Espera que os outros respondam, escuta e acena com a cabeça.)
> *Membro da equipe aliado:* Fazer esse recorte dos itens torna as coisas mais fáceis.
> *Líder humilde:* Eu aprecio muito suas ótimas ideias. Vamos fazer o que a Sarah sugeriu.
> *Membro da equipe aliado:* Sim!
> *Líder humilde:* Ótimo! Vamos começar!

Em contraste, no teste com o líder não-humilde, ele toma uma posição unilateral. Aqui está o segmento:

> *Líder não-humilde:* Vamos começar. Como sou o líder, espero que vocês possam seguir a minha sugestão. Podem começar classificando tudo em ordem crescente? Ou seja, classificar os itens de 1 a 20, desde as práticas mais valiosas até as menos valiosas.

Membro da equipe aliado: Tenho outra ideia. Que tal colocar um "mais" ao lado das que gostamos e um "menos" ao lado das que achamos ruins? Então fazemos um primeiro recorte dos itens e, depois disso, analisamos e classificamos cada um individualmente.
Líder não-humilde: Não, vamos seguir a minha sugestão. Acho que é melhor. Estou tão contente por ter sido escolhido como o líder. Esse papel realmente combina com a minha personalidade.
Membro da equipe aliado: Mas acho que o meu jeito também é bom.
Líder não-humilde: Não, só faça o que eu disse. Vamos começar.

É aqui que o estudo se torna interessante. A coisa mais importante sobre os líderes autênticos é que eles são humildes e influenciam seus seguidores, contagiando-os com seu comportamento. Como mostrado na figura 2.3, o que os diferencia é que eles criam ambientes colaborativos em que a contribuição de todos é considerada. "Líderes que expressam humildade podem ajudar suas equipes a transcender a lente social comparativa-competitiva que muitas vezes leva alguém a superestimar a si mesmo e subestimar os outros, o que é indiscutivelmente uma base fraca para o trabalho em equipe eficaz." Esses resultados sugerem que a humildade está "longe de ser um sinal de fraqueza... ela mantém os indivíduos em contínuo estado de adaptação". Além disso, o estudo ressalta a importância de liderar pelo exemplo e o motivo de os funcionários verem a humildade dos líderes como uma motivação para mantê-los focados no sucesso. Funcionários se sintonizam com líderes que estão alinhados com o seu "eu autêntico e verdadeiro". Assim, os líderes devem agir de maneira virtuosa se desejam que a virtude se espalhe entre seus seguidores.

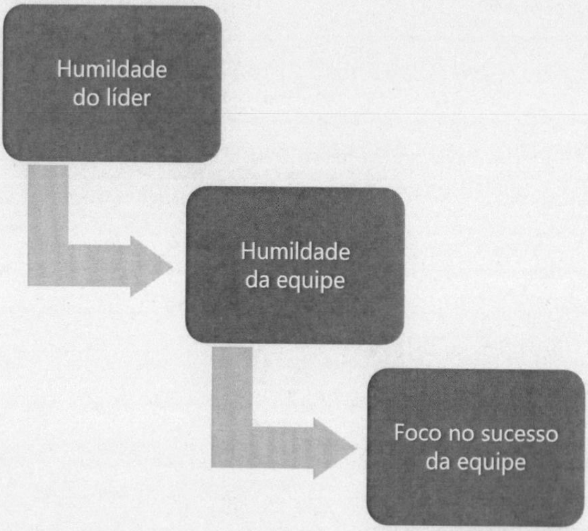

Fonte: figura 2.3. O contágio social da humildade de um líder.

O lado positivo: quão humilde você é em um papel de liderança?
Indique até que ponto você concorda com as seguintes afirmações, baseadas no sistema desenvolvido por Bradley Owens, usando uma escala de 1 ("Discordo totalmente") a 5 ("Concordo totalmente"). Você também pode dar esta pesquisa para alguém próximo e pedir que ele(a) a complete para você:

1. Eu procuro feedback ativamente, mesmo que seja uma crítica.
2. Admito quando não sei fazer algo.
3. Reconheço quando os outros têm mais conhecimentos e habilidades do que eu.
4. Reparo nos pontos fortes dos outros.
5. Muitas vezes, elogio os outros pelos seus pontos fortes.
6. Demonstro apreço pelas contribuições únicas dos outros.
7. Estou disposto a aprender com os outros.
8. Estou aberto às ideias dos outros.
9. Estou aberto aos conselhos dos outros.[7]

O lado negativo: qual é o seu nível de narcisismo?

Em contraste com o teste anterior, você pode agora classificar o seu nível de narcisismo não clínico usando esta escala de nove itens de narcisismo desenvolvida por Daniel Jones e Delroy Paulhus, da Universidade da Columbia Britânica, especialistas na Tríade sombria da personalidade.[8] Indique o seu nível de concordância com as seguintes afirmações usando a escala de 1 ("Discordo totalmente") a 5 ("Concordo totalmente").

1. As pessoas me enxergam como um líder natural.
2. Adoro ser o centro das atenções.
3. Atividades em grupo costumam ser chatas sem mim.
4. Sei que sou especial porque todos me dizem isso.
5. Gosto de conhecer pessoas importantes.
6. Não me sinto envergonhado se alguém me elogiar.
7. Fui comparado a pessoas famosas.
8. Não sou uma pessoa normal.
9. Insisto em ter o respeito que mereço.[9]

SE PESSOAS HUMILDES SÃO LÍDERES MELHORES, POR QUE NOS ENCANTAMOS POR NARCISISTAS CARISMÁTICOS?[10]

A palavra grega *kharisma* significa "dom divino". Carisma é a qualidade de charme, magnetismo e presença extraordinários que tornam uma pessoa capaz de inspirar outras. O sociólogo alemão Max Weber definiu o carisma como "de origem divina ou exemplar e, com base nele, o indivíduo em questão é tratado como um líder". Pesquisas sobre liderança carismática revelam que pessoas carismáticas são mais propensas a serem endossadas como líderes devido a seus níveis de energia e comportamento não convencional.

Embora o carisma seja propício para orquestrar transformações positivas em larga escala, pode haver um lado sombrio na liderança carismática, como explicam Jay Conger e Rabindra Kanungo no livro

Charismatic Leadership in Organizations: "Os líderes carismáticos podem ser propensos a um narcisismo extremo que os leva a promover objetivos grandiosos que só servem a eles."[11] Estudos clínicos mostram que, quando o carisma se junta ao narcisismo, os líderes tendem a abusar do poder e a se aproveitar de seus seguidores. Outro estudo, conduzido por Benjamin Galvin na Universidade de Washington, indica que líderes narcisistas tendem a apresentar uma visão ousada do futuro, o que os torna mais carismáticos aos olhos dos outros.[12]

Por que esses líderes são mais propensos a chegar ao topo? Algumas pesquisas sugerem que, apesar de serem percebidos como indivíduos arrogantes, os narcisistas irradiam "a imagem de um líder eficaz". Líderes narcisistas sabem como chamar a atenção para si. Eles gostam da visibilidade. Leva algum tempo para que as pessoas vejam que esses primeiros sinais de competência não são comprovados, e que o narcisismo de um líder reduz a troca de informações entre os membros da equipe e muitas vezes afeta negativamente o desempenho do grupo.

Não é que pessoas carismáticas e narcisistas não possam ser bons líderes. Em algumas circunstâncias, elas podem. Por exemplo, o estudo da equipe de Galvin descobriu que os CEOs narcisistas "favorecem ações ousadas que chamam a atenção, resultando em grandes vitórias ou grandes perdas". Um líder narcisista pode, assim, representar uma proposta de alta rentabilidade e alta recompensa.

Da mesma forma, os líderes humildes podem ser carismáticos. Os pesquisadores concordam que poderíamos classificar os líderes carismáticos como "negativos" ou "positivos", dependendo de sua inclinação para perseguir os próprios objetivos ou os do grupo. Esses dois lados da liderança carismática também foram chamados de carisma *personalizado* e *socializado*. Embora o líder carismático *socializado* tenha a aura de um herói, ele é contrabalanceado pelo baixo autoritarismo e por um interesse genuíno no bem-estar coletivo. Em contraste, a percepção de heroísmo do líder carismático *personalizado* é combinada com alto autoritarismo e alto narcisismo. É quando os seguidores estão confusos e desorientados que ficam mais propensos a formar relações personalizadas com um líder carismático; as relações socializadas, por outro lado, são estabelecidas por seguidores com um conjunto claro de valores e que veem o líder carismático como um meio para alcançar a ação coletiva.

Os líderes carismáticos negativos têm uma visão grandiosa de si mesmos, baixa empatia, são dominantes em relação aos outros, acreditam que têm direito a tudo e tendem a transformar os ambientes em que estão inseridos em uma competição, o que também torna seus seguidores pessoas egoístas, dando origem ao narcisismo organizacional.

A hipótese da liderança romantizada, apresentada pelo falecido psicólogo social James Meindl, da Universidade Estadual de Nova York (SUNY), sugere que temos um costume tendencioso de entender eventos sociais em termos de liderança, e tendemos a romantizar a figura do líder.

Minha própria pesquisa mostra que nossos estados psicológicos também podem influenciar nossa percepção de líderes carismáticos.[13] A emoção pode nos dar fome de carisma. Como resultado, contextos estressantes ou de equipes empolgadas aumentam não apenas a busca por líderes carismáticos, mas também a nossa tendência de *perceber* o carisma em nossos líderes. Na SUNY, testamos essa ideia com uma experiência incomum. Manipulamos a intensidade das emoções, fazendo com que os participantes andassem de bicicleta ergométrica enquanto assistiam ao vídeo de um líder empresarial com certo apelo carismático. Os resultados foram fascinantes. Indivíduos altamente emocionais, aqueles que andaram de bicicleta em maior velocidade, deram classificações significativamente mais altas de carisma para o líder empresarial do que indivíduos menos emocionais.

As crises econômicas e sociais tornam-se, assim, um campo experimental único para esse tipo de líder. Elas criam condições de empolgação e incerteza que parecem ser ideais para a ascensão de figuras carismáticas. Mas, ao mesmo tempo, também nos deixam mais vulneráveis a escolher o líder errado. Crises e outros eventos emocionalmente carregados aumentam nossa propensão a romantizar a visão grandiosa de líderes narcisistas. O paradoxo é que podemos, então, apoiar líderes que têm menos probabilidade de nos trazer sucesso. A humildade do líder é muitas vezes considerada mais benéfica durante os desafios de rotina, em tempos de estresse, pressão ou ameaça de baixos a moderados. Em uma crise, é mais fácil ser seduzido por super-heróis que poderiam vir e nos resgatar, mas que poderm, também, nos mergulhar em um perigo maior.

Embora essa situação possa parecer dramática, há outra maneira de olhar para ela. Essencialmente, conseguimos os líderes que merecemos e nos tornamos os líderes que queremos ser. Coletivamente, selecionamos e construímos nossos líderes para satisfazer *nossas* necessidades e desejos. Assim, temos o poder de escolher se devemos seguir heróis anônimos ou super-heróis. Individualmente, temos a opção de nos tornarmos líderes humildes apaixonados ou narcisistas carismáticos.

O PODER DOS HERÓIS ANÔNIMOS: ADERIR A VALORES ÉTICOS

Digo a Hiroko que ela é um exemplo maravilhoso de líder autêntica — humilde e apaixonada pelo que faz — e depois pergunto:

— O que significa liderança para você?

Ela pensa um pouco e então responde, modestamente:

— Eu era apenas uma designer antes de começar este negócio. — Mas, depois de criar sua empresa, o ponto de vista de Hiroko sobre liderança mudou drasticamente. Até então, ela se concentrava apenas em projetar o produto, mas agora precisa olhar para o panorama geral. É claro que ela ainda precisa focar no produto, mas ao mesmo tempo tem que pensar em questões mais amplas, como a situação política na Etiópia, a motivação de seus funcionários, os voluntários no Japão, os números de venda e a fidelidade aos seus princípios éticos. Tudo é importante para ela e é difícil tornar qualquer coisa uma prioridade. Em última análise, ela pensa que, como líder, "deve julgar a situação e tomar decisões", acrescentando: — Se eu duvidar, ninguém vai me seguir — e, finalmente: — Não sou a típica líder.

A lição de liderança mais importante que ela diz ter aprendido ao longo de seus cinco anos de experiência como empresária é sobre confiança:

— Se eu confiar em mim mesma e em minhas habilidades para fazer coisas boas, as pessoas confiarão em mim e me seguirão.

Essa autoconfiança tem sido a chave para superar muitas das dificuldades que Hiroko enfrentou ao longo do caminho.

— Quando terminei a parceria com a minha sócia da Etiópia, fiquei sem saber o que fazer.

Ela se lembra do dilema que enfrentou: sabia que havia clientes à espera de seus produtos e do perigo de cancelarem suas encomendas. Mas, ao mesmo tempo, se ela não fizesse uma pausa, não poderia aplicar suas políticas éticas. A conclusão era clara: Hiroko precisava se manter fiel aos seus princípios.

Para atender a esses princípios no processo de fabricação, a empresa dela tem que atender a quatro critérios. Primeiro, o planejamento e o projeto devem seguir a abordagem Kaizen e usar técnicas tradicionais. Em segundo lugar, o couro adquirido deve ser um subproduto da transformação da carne. Terceiro, o processamento do couro envolve produtos químicos (como o cromo), então é essencial haver um sistema de tratamento da água. Por lei, esses sistemas devem estar presentes em todas as fábricas de couro, mas Hiroko exige um controle rigoroso, verificando regularmente se o sistema está funcionando e se o que está sendo usado é apenas couro ecológico. Finalmente, as vendas e o marketing também seguem princípios éticos. Embora seus produtos sejam de ponta — o preço médio de uma bolsa de couro é de cerca de mil euros — a andu amet não quer vender apenas para clientes ricos que podem descartar o produto rapidamente. Em vez disso, espera-se que o seu público-alvo utilize o produto durante todo o ano, fazendo justiça ao seu nome e à sua reputação.

Damos risadas sobre o preço elevado de suas bolsas de couro. Quem pode comprar os produtos de Hiroko? Digo que a bolsa mais cara que já comprei foi uma Burberry de quatrocentos euros, o que acho uma extravagância. Mas é verdade que eu a uso durante todo o ano. Esta é a mentalidade da *slow fashion*, em oposição a comprar algo e usar por apenas uma estação. Mas quem, exatamente, são os clientes de Hiroko? Após aparecer na televisão em 2014, sua base de clientes cresceu e passou a incluir uma população mais ampla. Atualmente, a maioria são mulheres de 30 a 40 anos, e a empresa acaba de iniciar uma bela coleção de bolsas para homens. Hiroko diz que o salário médio anual dos seus clientes está em torno de 42 mil euros.

— Não quero vender a pessoas ricas e ficar presa na *fast fashion* — diz ela. Hiroko está consciente dos muitos desafios que enfrenta para produzir apenas uma bolsa: — Elas realmente são como minhas filhas, parte da minha alma.

Como ela ainda não possui uma loja, usa uma galeria para mostrar seus produtos aos potenciais clientes, incentivando-os a fazer os pedidos pelo site. Assim como uma galeria de arte, duas vezes por mês ela convida clientes fiéis para conhecer seus novos produtos. Devido ao preço elevado, os clientes querem ter certeza de que gostam do que estão comprando antes de encomendar online.

O que torna um líder autêntico?

Hiroko nasceu em Tóquio em 1973 e estudou artes plásticas na Asagaya College of Art and Design. A mãe era uma dona de casa que apoiava o interesse precoce da filha pelas artes: Hiroko adorava pintar, desenhar e tocar música, ao ponto de a mãe ter que lhe dizer várias vezes para parar de desenhar e sair para brincar com os amigos. Ela viveu no Irã por dois anos durante a Guerra Irã-Iraque, quando o pai foi transferido para lá pela empresa em que trabalhava, e se lembra da pobreza e da privação. Ela afirma que a experiência mudou a maneira como olhava para o mundo, abrindo seus olhos para a própria sorte. Ela passou a apreciar o que tinha, lembrando-se de como ficou chocada ao conhecer uma senhora iraniana que era muito gentil com ela e muito hostil com seus inimigos políticos.

— Pobreza não significa apenas fome, ela muda as pessoas dentro de casa e torna o mundo instável e frágil — reflete Hiroko.

Ela diz que seus pais estão orgulhosos de suas realizações, embora tivessem ficado descontentes durante os dois anos de preparação para fundar a empresa.

— A Chanel é uma grande empresa e eles queriam que eu ficasse lá — lembra-se Hiroko.

Digo que sua decisão de carreira me parece ter sido corajosa e arriscada. Ela me corrige rapidamente:

— Eu não sentia que era arriscado. Estava muito confiante de que seria bem-sucedida.

Novamente, ela aponta para a combinação vencedora: tinha excelentes matérias-primas, podia ensinar aos artesãos e havia clientes esperando por seus produtos. Igualmente importante, ela estava cansada da produção em massa. Não queria comprar um produto, mesmo que fosse barato, se todos o tivessem e, depois de seis meses, o substituíssem. Em vez disso, queria comprar algo muito especial, mas que não conseguia encontrar. Então, criou a própria empresa.

Quando pergunto a Hiroko sobre o seu futuro e o da sua empresa, ela responde:

— Algumas pessoas afirmam que a andu amet é a melhor marca de moda ética do Japão. — Dando mais um passo à frente, ela pretende aplicar princípios "éticos" a outros produtos e serviços. Por exemplo, em 2017 Hiroko começou a fazer casacos e vestidos. Ela também tem um plano a longo prazo: talvez daqui a dez anos, quer construir um hotel e um restaurante e usar o couro etíope para decorar os interiores.

— Este é o meu sonho — diz, explicando que seria uma oportunidade de aplicar seus princípios éticos e os desenhos e artesanato etíopes para além da moda.

A vida e a alma de Hiroko estão agora divididas entre o Japão e a Etiópia. Ela passou a maior parte de 2015 e 2016 no país africano, mas planeja voltar ao Japão agora que a fábrica está funcionando bem e que é preciso se concentrar mais nas vendas e no marketing no Japão — mas não apenas lá, pois também quer vender para outros países, da Europa e da Ásia. Ela ainda não definiu os detalhes, mas já tem em mente um plano vago de internacionalização. Espero que ela venha para a Espanha. Hiroko amou o país quando visitou as Ilhas Baleares quando criança. Talvez um dia ela tire umas férias de vela em um dos iates de Rafael de la Rubia.

Quando pergunto a Hiroko como ela equilibra sua vida profissional e pessoal, ela ri e diz: "Não tenho tempo livre suficiente." Durante sua breve estadia no Japão, por exemplo, seus pais a visitaram por apenas uma hora. Ela diz que este é todo o tempo que tem disponível, pois precisa se concentrar totalmente no negócio; caso contrário, teme que a empresa vá à falência. Mas, à medida que os pais vão envelhecendo, ela também se preocupa com eles. Em 2016, o pai teve um acidente grave, o que a tornou mais consciente da passagem do tempo e do fato de não ter conseguido passar muito tempo com os pais nos últimos cinco anos:

— Quero que o meu negócio se torne estável o mais rapidamente possível para poder passar mais tempo com os meus pais.

Por enquanto, sua missão é criar uma ponte entre o Japão e a Etiópia baseada em produtos éticos.

— Alguns dos problemas que a Etiópia e o Japão têm podem ser resolvidos ligando os dois países. Há tantas pessoas na Etiópia que são mais experientes do que eu na minha área, como design, criação, *branding* e *networking*. No entanto, nenhuma pessoa cobre todos os aspectos. Nesse sentido, sou a única que pode ligar esses dois países e criar um novo valor para ambos.

Hiroko está a caminho de realizar a crença de Shinzo Abe de que a "'Abeconomics' não terá sucesso sem 'womenomics'. Para o Japão, fazer o melhor uso possível do potencial das mulheres não é um luxo, é uma necessidade."

Ecos da nossa criação

Toda a questão de humildade versus narcisismo pode carregar ecos da nossa educação.[14] Um estudo envolvendo soldados realizado por Sean Martin, da Boston College, Stéphane Côté, da Universidade de Toronto, e Todd Woodruff, da Academia Militar de West Point, mostra que, sendo todo o resto igual, durante a educação de um indivíduo a renda dos pais está associada aos níveis de narcisismo do filho na idade adulta: quanto mais alta a renda, mais narcisista. Além disso, indivíduos narcisistas são líderes menos eficazes. Eles são relatados como menos amigáveis e acessíveis, e como insistentes no uso de regras e procedimentos uniformes, sendo menos abertos a novas ideias. Os resultados desse estudo mostram que nossas primeiras experiências com renda influenciam nosso nível de narcisismo e nosso comportamento em papéis de liderança. Como o narcisismo se manifesta?

Crescer em uma família rica cria uma mentalidade autossuficiente que distancia aquela pessoa dos outros. Em contrapartida, os indivíduos com baixa renda têm dificuldade para satisfazer suas necessidades por si próprios e apreciam a proximidade com os outros. Essa desigualdade de renda sustenta a hipótese de autossuficiência que sugere que uma educação de maior renda provavelmente aumentará o narcisismo de uma pessoa por causa de sua tendência a priorizar a si mesma sobre os outros. Em contraste, eles escrevem:

> Os pais de baixa renda têm casas menores em bairros mais perigosos e dependem mais de um transporte público que não é confiável e consome muito tempo. Essas condições fazem com que esses pais percebam que têm dificuldade para conseguir acesso a recursos (por exemplo, transporte, creches, etc) que satisfaçam suas necessidades básicas. Esta dependência, por sua vez, aumenta a proximidade com outros indivíduos de baixa renda.

Isso não quer dizer que aqueles com pais mais ricos se transformem necessariamente em líderes ineficazes. A renda dos pais pode exercer efeitos positivos sobre os resultados de liderança por meio de diferentes habilidades (por exemplo, *networking*). Os resultados devem, no entanto, chamar a nossa atenção para o senso de superioridade demonstrado por alguns líderes de famílias abastadas e apontar para mecanismos compensatórios, tais como provocar compaixão.

Dez maneiras de permanecer autêntico com humildade apaixonada

1. *Infectar os outros com o vírus da paixão*. Expresse sua paixão e seu entusiasmo por meio de seu comportamento verbal e não-verbal. Por exemplo, sorrisos e pequenos movimentos faciais comunicam nossas emoções positivas. Use sua paixão para desenvolver sua autenticidade, conectando-se emocionalmente com os outros e espalhando uma paixão

contagiosa. Até a forma como Hiroko segura as suas bolsas de couro transmite um sentimento positivo sobre sua empresa.

2. *Pratique a humildade confiante.* A humildade não deve ser interpretada como um sinal de fraqueza; pessoas humildes mostram os seus pontos fortes e limitações e estão abertas a aprender com os outros. Por exemplo, a mentalidade positiva de Hiroko se manifesta por meio de suas ideias, planos e princípios. Ela confia em si mesma como designer e nas habilidades de seus artesãos. Quando praticamos a humildade confiante, ganhamos seguidores.

3. *Expresse sua humildade aos outros.* Admita quando você não sabe como fazer algo e demonstre apreço pela contribuição única dos outros. Quando mostramos gratidão, ficamos mais propícios a elogiar os outros. Por exemplo, quando Hiroko terminou a sua relação profissional com a parceira de negócios etíope, não sentiu ressentimento em relação a ela, na verdade, ficou grata, porque aprendeu muito.

4. *Mostre o seu diferencial.* A sua paixão contagiosa é a cola que permite que sua equipe tome ações coletivas seguindo princípios e padrões éticos. Por exemplo, o processo de fabricação da andu amet segue os princípios éticos do Kaizen, baseando-se na cultura de gestão japonesa. A paixão dos líderes se traduz em colaboradores que são vitais, enérgicos e que se sentem vivos e em pleno funcionamento, promovendo um comportamento criativo no trabalho.

5. *Capitalize a paixão partilhada.* Indivíduos apaixonados cedem ao líder autêntico e fundem seus conceitos pessoais à missão dos líderes, promovendo a cidadania e a cultura de cooperação. Tal colaboração é uma relação de benefício mútuo. Por exemplo, Hiroko orgulha-se de que o mercado da moda ética esteja se expandindo devido à influência de sua marca.

6. *Quem é o primeiro seguidor a sucumbir ao vírus da paixão?* Como "pegar um resfriado", alguns indivíduos são mais suscetíveis a seguir líderes autênticos, devido a necessidade que sentem de propósito e ação. Hiroko foi igualmente infectada pela paixão alheia. Ela se inspirou nas

principais marcas globais de moda, como Chanel e Dior, bem como por empresas éticas do Japão, como a HASUNA.

7. *Dê sentido à paixão.* Líderes são intérpretes que dão sentido e propósito à vida pessoal das pessoas e a eventos profissionais. Motive os outros com novas ideias que sejam significativas e inspiradoras para que eles se identifiquem com a sua visão. Por exemplo, Hidemi acredita fortemente na *slow fashion,* e esta é a razão pela qual ela e outros voluntários ajudam Hiroko na andu amet. Queremos fazer parte de projetos que possam fazer do mundo um lugar melhor.

8. *Evite o carisma narcisista.* Não se comporte de forma sigilosa para servir apenas aos seus próprios interesses. Em vez disso, compartilhe informações com seus colaboradores e tenha uma perspectiva equilibrada. Por exemplo, quando Hiroko apareceu na televisão japonesa e se tornou uma celebridade nacional, ela manteve uma visão equilibrada da situação — havia um lado bom e um lado ruim naquilo, recorda.

9. *Cultive a compaixão.* A paixão é uma emoção social transmitida de pessoa para pessoa e é a base da empatia. Por exemplo, quando Hiroko viveu no Irã durante dois anos, viu a pobreza e a privação. Essa experiência mudou a maneira como ela olhava para o mundo, abrindo seus olhos para a sorte que tinha. Quando somos expostos a outras experiências, temos mais probabilidade de sentir empatia e agir de forma altruísta.

10. *Modifique a sua paixão empreendedora.* A paixão empreendedora assume diferentes formas ao longo do ciclo de vida de um negócio; ser excessivamente apaixonado por um determinado papel pode bloquear a oportunidade de mudança. Como designer, fundadora e desenvolvedora, Hiroko mostrou uma paixão harmoniosa, flexível e adaptável. Ela foi capaz de "usar diferentes chapéus", entre eles design, fundação e desenvolvimento.

A história de Coco Chanel é um bom exemplo de uma narrativa de liderança apaixonada, vinda de origens humildes. Ela progredia por ser corajosa, falar por si mesma e abraçar novas ideias. Hiroko Samejima está seguindo seus passos.

3
Contar histórias autênticas: abrace sua história de vida

Tenha a coragem de seguir o seu coração e a sua intuição. De alguma forma, eles sabem o que você realmente quer se tornar.

STEVE JOBS

Steve Jobs revolucionou o mundo. Ao contar sua fascinante história de vida em menos de vinte minutos em seu famoso discurso na Universidade de Stanford, em 2005, Jobs revelou altos e baixos de sua vida em apenas três capítulos: conectar os pontos, amor e perda, e morte. Vamos nos concentrar no Capítulo 1:

> Eu larguei o Reed College depois do primeiro semestre, mas continuei por lá assistindo a algumas aulas como ouvinte por mais três semestres, mais ou menos, antes de realmente desistir. Então, por

que eu desisti?Começou antes de eu nascer. Minha mãe biológica era uma jovem solteira, estudante de pós-graduação, e decidiu me colocar para adoção...

Se eu não tivesse largado o Reed College, eu nunca teria assistido a essa aula de caligrafia, e talvez os computadores pessoais não tivessem a tipografia maravilhosa que têm atualmente... É claro que era impossível conectar esses pontos quando eu estava na faculdade. Mas ficou muito, muito claro quando olhei para o passado, dez anos depois.

Repetindo, você não pode conectar os pontos olhando para frente; só pode conectá-los olhando para trás. Então, é necessário acreditar que os pontos se ligarão de alguma forma no futuro.

Revisar, escrever e reescrever sua história de vida significa olhar para trás e conectar os pontos, como Steve Jobs fez.

CARLO VOLPI: LIDERANDO APAIXONADAMENTE PELA BIOGRAFIA (ITÁLIA)

Todos temos uma história de vida. Nas nossas histórias, reconstruímos o passado e antecipamos o futuro. Da mesma forma, todas as empresas têm uma história. Algumas são mais interessantes que outras, e podem representar a luz que guia a evolução de uma empresa e os seus valores, histórias forjadas na adversidade. Carlo Volpi conta a sua história aos novos empregados.

— Somos uma mistura de história, nome e vinho. Tudo começou com uma pequena taverna gerida por duas ou três pessoas. Não vendemos apenas vinho, vendemos vinho e um nome. O vinho é o nome da família e Volpi está nos rótulos. Isso é importante porque a história por trás do nome dá confiança aos nossos clientes.

A Cantina Volpi foi fundada em 1914 na região do Piemonte, no norte da Itália, como uma pequena taverna e adega. Carlo, o atual presidente, viveu uma tragédia quando perdeu seu pai aos quinze anos. Quando o irmão mais velho morreu, sete anos depois, ele assumiu o comando da empresa, e conseguiu resgatar não apenas um negócio familiar, mas a identidade de sua família. Hoje em dia, os vinhos da Volpi são vendidos em quarenta países e já ganharam inúmeros prêmios. A filosofia de Carlo Volpi baseia-se na crença de que "o casamento entre a experiência e a tecnologia produz o vinho de melhor qualidade".

Desenvolver uma visão para o futuro não é suficiente, diz ele: líderes autênticos criam uma história verdadeiramente inspiradora, um fio condutor que une o significado do que sua empresa faz, e depois planejam o futuro. Histórias autênticas são forjadas a partir da adversidade e aperfeiçoadas pela paixão.

Uma abordagem de história de vida para a liderança autêntica

O pioneiro na aplicação de histórias de vida à liderança foi o falecido Boas Shamir, professor de sociologia da Universidade Hebraica de Jerusalém. Em 2007, convidei Shamir para dar uma palestra no IE Business School. Sua apresentação foi baseada em dois artigos que ele havia publicado com seus colegas em 2005.[1] A palestra foi uma das mais inspiradoras que já ouvi. Tinha uma mensagem clara: "Os líderes podem liderar por suas biografias tanto quanto, e às vezes até mais, por seus comportamentos ou estilos de liderança".

Por que os líderes contam suas histórias de vida? Shamir identificou quatro razões: justificar sua liderança; transmitir informações seletivas sobre suas personalidades, valores e realizações; apresentar-se como um modelo; e criar uma relação de continuidade. Por exemplo, os líderes contam histórias que destacam as semelhanças entre eles e seu grupo em termos históricos, de valores e preferências. Esta identificação define o nível de aceitação das mensagens do líder. E como os líderes contabilizam sua liderança nas histórias de vida que contam?

Shamir fez a pergunta fundamental: "Como me tornei um líder?". Para responder, ele e seus colegas analisaram onze autobiografias de líderes globais e dezesseis longas entrevistas com homens em cargos médios de gerência, todos na casa dos trinta anos, que trabalhavam para empresas israelenses de alta tecnologia.

Sua análise identificou quatro protótipos de histórias de vida de líderes: primeiro, como um processo natural — a história de um líder nascido ou que amadureceu tarde, como Bill Clinton; segundo, como resultado de um processo de superação — uma história sobre vencer muitas dificuldades, como a de Steve Jobs; terceiro, por uma causa — uma história que combina a narrativa pessoal à de um povo, como a de Nelson Mandela; e quarto, como aprendizado por experiência — uma história sobre aprender com as próprias falhas ou com pessoas inspiradoras, como fez Oprah Winfrey.

A apresentação de Shamir terminou com duas recomendações para os líderes: "Quem você é pode ser mais importante do que o que você faz. Vá, tenha uma vida"; e "O desenvolvimento de líderes deve se concentrar menos na aquisição de habilidades ou estilo e mais em formas de ajudá-los a adquirir autoconhecimento e clareza através do desenvolvimento de suas histórias de vida." Será que essas recomendações funcionaram? Em 2012, uma tese de mestrado conduzida por Courtney Calinog na Northwestern University testou essa ideia.[2] Como você pode ver na figura 3.1, os resultados mostram uma forte correlação positiva entre o conhecimento dos seguidores sobre as histórias de vida de seus líderes e suas percepções sobre a autenticidade do líder — se são abertos e comunicativos e também conscientes de seus pontos fortes e limitações. Outra descoberta interessante é que o tipo de história que teve o maior impacto na revelação do "eu verdadeiro" do supervisor foram as histórias de "desafios", que relatam dificuldades pessoais.

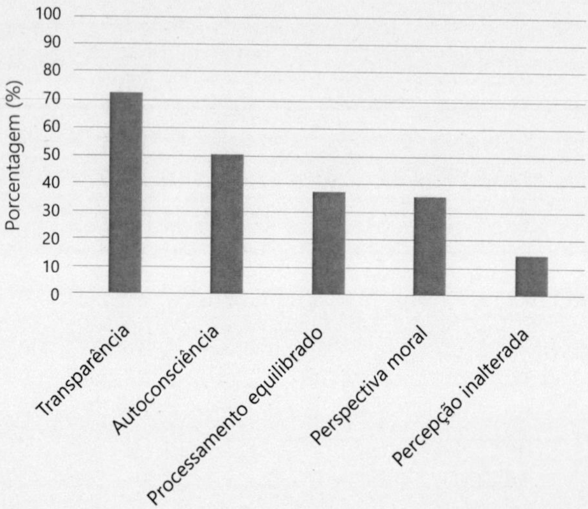

Fonte: figura 3.1. Percepções dos seguidores sobre a autenticidade de um líder após o compartilhamento de histórias de vida.

Então, como Carlo Volpi desenvolveu e compartilhou uma narrativa autêntica de sua vida?

A história por trás do nome

Quando conheci Carlo Volpi, ele tinha preparado respostas para todas as perguntas que eu tinha enviado antes de nossa entrevista. Sua aparência é casual e amigável, porém assertiva. A confiança que tem em si mesmo e em seus negócios é inabalável. Sentado ao lado do filho Marco, Carlo demonstrava-se apaixonado não só por vinho, mas também por sua família.

Começamos com a história de origem que Marco já tinha ouvido várias vezes ao longo dos anos, e que Carlo já tinha compartilhado comigo:

— A Cantina Volpi é uma empresa familiar fundada em 1914 pelos meus bisavós, em Tortona, na região do Piemonte, a partir do rio Pó e dos Apeninos Lígures. Essa terra é famosa em todo o mundo por vinhos de qualidade como o Barbera, o Timorasso e o Cortese. A partir das castas aqui encontradas, a pequena adega começou a produzir uma pequena quantidade de garrafas por ano, apenas para o outro negócio da família, uma pequena taverna. A demanda por vinho Volpi aumentou durante a Primeira Guerra Mundial, porque o restaurante da família era muito popular entre os soldados dos quartéis mais próximos, em Tortona. Eles gostavam do vinho e também da comida. Gradualmente, à medida que a popularidade do vinho aumentou, o foco da empresa deslocou-se da taverna para a indústria de vinhos.

Apesar das variações de cada colheita, a história da Volpi assegura aos clientes que o vinho que estão comprando é de qualidade superior.

— Os clientes têm confiança no nosso vinho — diz Carlo. Referindo-se ao site da Volpi, afirma: — Com o passar das gerações, a empresa conseguiu construir, passo a passo, uma identidade própria em sua área e uma imagem de alta qualidade para os seus vinhos, tanto no mercado nacional como no internacional. Cortese, Barbera e Dolcetto são então produzidos com uma cuidadosa e adequada vinificação na adega de Viguzzolo, [o] centro de colheita e prensagem das uvas durante cerca de cinquenta anos... Hoje, o casamento entre experiência e tecnologia passa a dar continuidade à proposta de expressão completa da melhor qualidade do vinho.

A Volpi brinca com a tradição para construir o próprio futuro. A sua missão une o passado e dá continuidade às gerações futuras.

A neurociência por trás da narração de histórias

Saber contar histórias é uma ferramenta poderosa que, ao longo de milhares de anos, tem ajudado as pessoas a aprender, lembrar e mudar. "As lutas, as perdas, as alegrias e as viagens das nossas vidas refletem-se de volta para nós no mundo imaginário da narrativa", diz Jenny Nabben no seu livro *Influence*, em que explora como o nosso cérebro processa informação comparada com histórias. Quando nos são apresentados fatos básicos, tais como dados e gráficos, processamos esta informação principalmente dentro de duas partes do nosso cérebro — as áreas de Broca e Wernicke, onde o significado das palavras é decodificado.

Em contraste, quando ouvimos histórias, áreas diferentes do cérebro são ativadas, porque elas provocam emoções e empatia. Os neurocientistas examinaram as diferentes áreas do cérebro que são iluminadas ao ouvir uma história com linguagem vívida. Por exemplo, Keith Oatly, um psicólogo cognitivo da Universidade de Toronto, sugere que as histórias funcionam como uma simulação da realidade que "roda na mente dos leitores tal qual as simulações de computador rodam nos computadores". Já Jennifer Aaker, uma professora de marketing da Stanford Business School, estudou como nosso cérebro está programado para compreender histórias, e conclui que "contar histórias ilumina o córtex sensorial do cérebro, que pode sentir, ouvir, provar e cheirar a história".

Observe o que acontece quando você lê a passagem sobre a história da Cantina Volpi. Múltiplas regiões cerebrais "iluminam-se" quando diferentes informações são apresentadas:

> A Cantina Volpi é uma empresa familiar fundada em 1914 pelos meus bisavós, em Tortona, na região do Piemonte, a partir do rio Pó e dos Apeninos Lígures. Essa terra é famosa em todo o mundo por vinhos de qualidade como o Barbera, o Timorasso e o Cortese. A partir das castas aqui encontradas, a pequena adega começou a produzir uma pequena quantidade de garrafas por ano apenas para o outro negócio da família, uma pequena taverna. A demanda por vinho Volpi aumentou durante a Primeira Guerra Mundial porque o restaurante da família era muito popular entre os soldados dos quartéis mais próximos, em Tortona. Eles gostavam do vinho e também da comida.

- A amígdala, que está associada às emoções, é ativada quando você lê "uma empresa familiar", evocando memórias de sua própria família.
- O córtex visual e auditivo é estimulado ao visualizar a paisagem das montanhas Pó e dos Apeninos Lígures, evocando cores, formas e sons familiares.

- O córtex motor é acionado ao imaginar os soldados caminhando de seus quartéis até a Cantina.
- O córtex olfativo ilumina as memórias dos aromas do vinho e da comida.

A empatia causada pela narração de histórias também pode levar à persuasão e à ação. Paul Zak pesquisou uma substância química chamada oxitocina, que motiva a cooperação.[3] Ele descobriu que os vídeos que mostrou com histórias focadas em personagens fizeram com que o cérebro dos participantes liberasse mais oxitocina, o que os estimulou a cooperar de alguma maneira, como doando dinheiro a uma instituição de caridade associada à história que estavam ouvindo, por exemplo. A aplicação desses estudos é clara: abrace a sua história de vida.

Abrace sua história de vida

A história da Volpi está intimamente ligada à vida de Carlo. Ele viveu duas tragédias quando era jovem, perdendo o pai, Giovanni, em 1972, quando tinha apenas quinze anos; e, sete anos depois, seu irmão mais velho, Giuseppe, que havia assumido a empresa após a morte prematura do pai, morreu de repente. Aos 22 anos, Carlo ficou responsável por 50% da empresa, junto com sua mãe. Os outros 50 pertenciam ao seu primo, Bruno Volpi, dezoito anos mais velho.

Mesmo tão novo, Carlo era muito consciente da história do nome Volpi e tinha um senso de propriedade para com a empresa.

— A adega era minha. Esta foi uma das coisas que me deram força para continuar.

Ele recorda que costumava acompanhar o pai à feira de vinhos de Milão. Cresceu rodeado de uvas e vinhos e sempre havia vinho na mesa de jantar. Enquanto seu irmão mais velho dirigia a empresa, Carlo via seu pai nele. Depois da tragédia, ele pensou: "Agora é a minha vez." Estudou economia na Universidade Luigi Bocconi, de Milão, durante menos de um ano, quando teve de abandonar os estudos e regressar à Tortona para ajudar a gerir a empresa.

— Quando deixei a Bocconi, não sabia nada de economia, nem de vinho — recorda. Ele começou a trabalhar na adega em 1976, seis dias por semana, "nos níveis mais baixos", três anos antes da morte do irmão. Bruno já trabalhava para a empresa há quinze anos sob a supervisão do tio. Com essa experiência, era natural que ele assumisse o cargo de gestor e tomasse as decisões. Mesmo assim, Carlo continuou a aprender os segredos da vinificação.

— Eu tinha muita curiosidade e queria compreender a adega de dentro para fora, trabalhando com os funcionários mais experientes — diz. Essa abordagem lhe deu uma base sólida em todos os aspectos do negócio. Ele também lidou com bancos e fornecedores por um período de quatro anos, durante o qual continuou estudando. Sua rotina consistia em trabalhar das 8h às 16h e depois estudar viticultura, contabilidade, marketing e inglês à noite.

Após sete anos, Carlo começou a acompanhar os representantes de vendas para apresentar novos produtos e conhecer clientes em todo o norte da Itália. Ele diz que a lição mais importante que aprendeu durante esses anos foi a humildade, especialmente com os funcionários da vinícola:

— Lembre-se, eles são seus colegas.

Essas primeiras experiências na empresa forjaram seu estilo de liderança, diz Carlo. Em vez de dizer às pessoas o que fazer, ele prefere perguntar: "O que vocês acham se fizermos isto?" Seu estilo de liderança democrática o diferenciou cada vez mais da abordagem mais direcionada de Bruno.

Ao longo de dez anos, Carlo trabalhou em todas as áreas da empresa: linha de produção, vendas e marketing, administração e degustação. Tudo isso lhe deu a oportunidade de aprender o negócio de dentro para fora, para desenvolver uma visão estratégica e consolidar sua abordagem autêntica para liderar a empresa.

No início dos anos 90, a Cantina Volpi era uma das principais produtoras italianas de vinhos espumantes. Tinha 28 empregados e trinta vendedores, com um mercado sólido no norte da Itália e lucros anuais de cerca de 3,1 milhões de euros. Naquele ponto, Carlo estava começando a desenvolver uma visão sistêmica da empresa e da indústria. Ele tinha agora o quadro geral da adega: do vinhedo ao mercado. Além disso, estava preocupado com um possível declínio no mercado italiano e, portanto, com a necessidade de internacionalização.

Exercício experimental: escreva sua história de vida

Para desenvolver sua autenticidade, faça como Carlo e tente escrever sua própria história de vida. Concentre-se em "eventos-gatilho", porque eles representam transições na sua vida. Isso pode ser feito desenhando uma linha do tempo, por exemplo, identificando eventos importantes e momentos decisivos e refletindo sobre eles. Estes grandes eventos, ou "atribulações", são circunstâncias que apresentam um dilema ou escolhas difíceis.

Pense na sua vida como se fosse um livro. A maioria dos livros é dividida em capítulos. Faça o mesmo com sua vida, da forma que achar melhor. Cada capítulo conta uma pequena história, ou seja, tem uma trama própria. Tente pensar nos principais acontecimentos como "momentos decisivos" ou "episódios-chave" que levam de um capítulo ao outro, e dê um nome a cada capítulo. Use sua narrativa de vida para desenvolver autenticidade seguindo alguns passos:

1. *Experiências de excelência.* Descreva momentos de sua vida em que você sentiu uma sensação de transcendência e alegria interior.
2. *Experiências de frustração.* Descreva os momentos em que você sentiu uma sensação de desilusão ou desespero.
3. *As pessoas que tiveram a maior influência.* Identifique quatro ou cinco pessoas que tiveram um grande impacto na sua história de vida.
4. *As suas primeiras lembranças.* Descreva as experiências positivas e negativas de sua infância.

Carlo enfrentou uma atribulação quando sua visão para a empresa entrou em conflito com a de seu primo Bruno. Essa situação o levou a tomar algumas decisões difíceis.

Duas visões em conflito

As vantagens do crescimento internacional eram claras para Carlo: prevenir problemas futuros quando o mercado local declinasse, desenvolver novos produtos e serviços e explorar a marca "made in Italy" internacionalmente. Mas Bruno via os desafios desse projeto: falta de capacidade — eles mal conseguiam atender à demanda na Itália; e o fracasso que tiveram ao tentar entrar no mercado canadense, onde não se adaptaram às necessidades locais. Ao mesmo tempo, os espumantes brancos da Volpi enfrentavam uma concorrência crescente. E, por fim, Bruno não tinha a confiança necessária para negociar com parceiros internacionais em inglês.

Essas duas visões conflitantes sobre o futuro da empresa estavam começando a prejudicar o resultado final do negócio. Os lucros diminuíram entre 1991 e 1996, uma vez que era impossível chegar a um acordo sobre os investimentos, ao mesmo tempo que as exportações eram negligenciadas.

Carlo tinha desenvolvido uma visão estratégica para a empresa e estava pronto para passar para uma função de gestão. Os primeiros sinais do declínio do mercado italiano não passaram despercebidos por ele, que estava determinado a fazer da Volpi uma grande vinícola internacional. Em suma, ele queria exportar 80% da produção até 2000, mas não podia tomar essa decisão sozinho. Essa transição exigiu negociações com o primo e parceiro de negócios, Bruno. Carlo e Bruno estavam entrando em um período de reinvenção de si próprios e da empresa.

Carlo diz que conseguia ver "o que os outros não conseguiam". A Cantina Volpi tinha um vinho espumante líder no mercado nacional, mas vinhos espumantes não eram populares no exterior. Esta é uma das razões pelas quais as exportações representavam apenas 10% das vendas da Volpi, e a maior parte ia para a Alemanha. No mercado internacional, a Itália está associada a vinhos tintos encorpados.

Carlo diz que o estilo de gestão do primo contribuiu para a falta de expansão no mercado internacional. Longe de ser fluente em inglês, Bruno dizia: "Não entendo por que meus clientes não falam italiano".

Além disso, ele estava acostumado a dirigir a empresa sem ajuda e não gostava de delegar tarefas.

Em uma encruzilhada, a Volpi estava se tornando cada vez mais estagnada pois Bruno e Carlo falhavam em concordar em questões estratégicas importantes. Em 1996, eles tinham três opções: vender a vinícola; Carlo comprar a parte de Bruno; ou contratar uma terceira pessoa para administrá-la. Finalmente, Carlo tomou a decisão de continuar sozinho.

Foi uma decisão difícil: ele olhou para o passado, não apenas para os feitos das gerações anteriores, mas também para o futuro de sua jovem família. Para conseguir a compra, precisou vender várias propriedades, mas seu desejo de investir na vinícola com instalação, produtos e funcionários novos o impulsionou.

Crescimento internacional

Em setembro de 1996, Carlo comprou a parte da empresa que pertencia a Bruno. Sua visão agora era liderar uma grande empresa, assim como tinha visto seu pai fazer durante a infância. Como havia previsto, a demanda na Itália começou a desacelerar e a Cantina Volpi começou a perder clientes. Mas ele tinha se preparado para o mercado internacional ao participar de feiras internacionais de vinho, particularmente em Londres e Bordeaux.

— Eu entendi aquela mentalidade diferente — diz.

Como explica, a abordagem tradicional dos enólogos italianos é esta: "Eu tenho estes vinhos. Gostou? Se sim, ótimo; se não, obrigado e adeus." A nova mentalidade que Carlo adotou, centrada no cliente, foi esta: "Podemos fazer algo por você. Oferecemos vinhos da minha região, com diferentes rótulos e garrafas. Se não gostar, podemos criar algo novo." Essa mudança significou que a Cantina Volpi podia oferecer a seus clientes os melhores vinhos e também trabalhar com eles para encontrar o produto certo.

Em 1999, Carlo associou sua estratégia internacional à decisão de começar a fazer vinho orgânico. Ele conheceu um dos mais importantes agentes de Londres, a Bottle Green, e começou a trabalhar com eles em alguns produtos. A Bottle Green estava à procura de uma adega na Itália com certificação oficial para produzir vinhos orgânicos e exportar para o Reino Unido, e isso foi fundamental para o sucesso a longo prazo da Cantina Volpi. A empresa foi uma das primeiras a investir em vinhos orgânicos no mercado italiano, o que lhe conferiu uma vantagem.

Carlo aplicou seu mantra de liderança: "Se você quer ser um líder no mercado, deve ver o que os outros não conseguem". Os vinhos orgânicos estavam se tornando mais populares, mas havia apenas três dessas adegas em mais de 30 mil na Itália. Carlo era um visionário. Muitas pessoas mais tradicionais pensavam que os vinhos orgânicos eram uma moda que em breve desapareceria. Hoje, a maioria das vinícolas italianas tem linhas orgânicas, que representam quase 20% do mercado. Na Cantina Volpi, os orgânicos atualmente formam 60% da produção total.

A Bottle Green e a Cantina Volpi procuraram fornecedores de vinhos orgânicos de renome na Itália enquanto produziam, etiquetavam e armazenavam o vinho em Tortona. A Cantina Volpi cumpriu as rigorosas regras necessárias para obter o selo de vinho orgânico e obteve a certificação para vender no Reino Unido. Nesse primeiro ano de produção, ele comprou uvas orgânicas de toda a Itália, mas não adquiriu clientes.

Acreditando na relação comercial com a Bottle Green, a empresa mais forte do mercado britânico na época, Carlo estava determinado a ter sucesso. Com o tempo, percebeu que a abordagem "você deve comprar os meus vinhos porque são orgânicos" não ia funcionar, e que precisava poder dizer aos clientes: "Você deve comprar os meus vinhos porque são bons *e* orgânicos". Ele e a Bottle Green começaram então a vender no Reino Unido.

Um ano depois, foram a uma das mais importantes feiras de vinhos orgânicos da França, e conseguiram novos clientes na Suíça, Japão, Alemanha, Holanda, Dinamarca e Bélgica. Ao oferecer vinhos orgânicos, a Volpi conseguiu entrar em muitos mercados novos. Para produzir esses vinhos, a foi preciso passar por um processo de reconversão, que pode levar até três anos. Carlo tinha preparado bem seu solo orgânico, e levou apenas um ano para obter a certificação oficial.

Hoje em dia, esta adega familiar italiana tem trinta empregados. Não é um grande número, mas é importante lembrar que a Protos, uma marca espanhola de prestígio, tem apenas cinquenta funcionários. Carlo é pessoalmente responsável pela degustação e escolha dos vinhos, em conjunto com seu enólogo Federico Ridolofo. Além disso, há um biólogo, que auxilia na vinificação, e um contabilista e um gerente de produção que respondem diretamente a ele. Há mais quatro agentes de exportação cobrindo os Estados Unidos, o Japão, o Canadá e a Alemanha que também respondem a Carlo: outro é livre para vender produtos especiais e personalizados em todo o mundo, uma abordagem que segue a filosofia de investir em inovação e tradição, explorando as particularidades das vinhas enquanto mantém a paixão pela tradição.

Carlo é apaixonado por duas linhas muito diferentes da Volpi. A primeira é uma gama de vinhos regionais tradicionais com raízes profundas das terras de sua família, cuja rotulagem se mantém inalterada há décadas. A segunda é de vinhos orgânicos e não-orgânicos de outras regiões da Itália. Estes podem ter rótulos, garrafas, apresentações e até mesmo publicidade diferentes. Um novo produto pode ser projetado em conjunto com os clientes para atender às suas necessidades e gostos.

No total, os vinhos Volpi são vendidos em quarenta países e mencionados nas revistas de vinho mais prestigiadas do mundo. Enquanto em 1996 as exportações representavam 8% do faturamento, duas décadas mais tarde as vendas para o exterior representam 80% do negócio.

OS COMPONENTES DAS HISTÓRIAS AUTÊNTICAS

O psicólogo Dan McAdams e sua equipe, da Northwestern University, estudaram narrativas pessoais semelhantes às de Carlo e concluíram que as pessoas "procuram construir narrativas mais ou menos integradas do eu para dar à sua vida uma aparência de unidade e propósito".[4] A característica principal dos líderes autênticos é que eles não são autocentrados. O que os diferencia é que, uma vez definidos seus objetivos pessoais, eles querem criar um legado positivo que sobreviverá por muito tempo. Isto é o que McAdams chama de "generatividade". A equipe comparou as histórias de vida de um grupo de professores e voluntários comunitários altamente generativos com um grupo de adultos menos generativos, ambos com os mesmos aspectos demográficos. O mais interessante desse estudo é que ele revela uma história de vida típica de autenticidade com cinco elementos: bênção familiar, sofrimento alheio, firmeza moral, sequências de redenção e objetivos pró-sociais para o futuro. Eles o descrevem da seguinte maneira:

> O protagonista acredita desde cedo que tem uma vantagem especial (bênção familiar) que contrasta fortemente com a dor e o sofrimento vivenciados por muitos outros (sofrimento alheio). Vendo o mundo como um lugar onde as pessoas precisam cuidar umas das outras, ele se compromete a viver de acordo com um conjunto de valores claros e duradouros e crenças pessoais que continuam a guiar seu comportamento ao longo da vida (firmeza moral). Avançando com a confiança da bênção precoce e da firmeza moral, o protagonista encontra uma parcela de infortúnio pessoal, decepção e até mesmo tragédia, mas esses eventos ruins muitas vezes se transformam em — ou são redimidos com — bons resultados (sequências de redenção), por vezes pelos esforços do próprio protagonista e outras por acaso ou influências externas. Assim, coisas ruins acontecem, mas muitas vezes se tornam boas; no entanto, quando coisas boas acontecem, raramente se tornam ruins. Olhando para o futuro com uma visão empática, o protagonista estabelece metas que visam beneficiar outros (metas pró-sociais para o futuro), especialmente os da próxima geração, e contribuir para o desenvolvimento progressivo da sociedade como um todo e de suas instituições mais dignas.

Você pode, agora, analisar a história de vida que escreveu anteriormente. Considere estes elementos ao olhar para os episódios-chave, a estrutura do enredo e o tom emocional da sua narrativa. Episódios-chave são "cenas particulares que se destacam em negrito na história da vida". A estrutura do gráfico refere-se à sequência de eventos ou experiências, e pode assumir várias formas — redenção é quando o gráfico passa dos eventos negativos para eventos positivos da vida, ou seja, há recuperação após o fracasso. Finalmente, você pode avaliar o tom emocional geral de sua história de vida de negativo (–10) a positivo (+10). Considere os seguintes exemplos das histórias de Steve Jobs e Carlo Volpi, descritas na figura 3.2.a e 3.2.b, respectivamente.

Seguindo a pesquisa de McAdams, perguntei a um grupo de estudantes de MBA sobre suas experiências de excelecência — episódios em que sentiram uma sensação de transcendência, sendo elevados a outro patamar, e de alegria interior. Essas experiências foram caracterizadas como plenitude, perfeição, vivacidade, riqueza, beleza, singularidade ou *insight*. Então, perguntei sobre experiências de frustração — momentos em que sentiram uma sensação de desilusão ou desespero. No final, foi pedido aos participantes que imaginassem o que planejavam realizar nos próximos cinco anos.

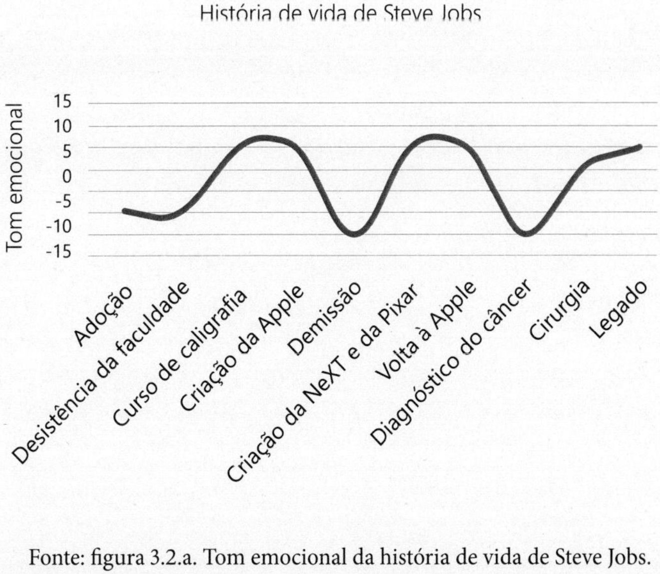

Fonte: figura 3.2.a. Tom emocional da história de vida de Steve Jobs.

Fonte: figura 3.2.b. Tom emocional da história de vida de Carlo Volpi.

Neste estudo de histórias de vida, eu colaborei com Ronit Kark, da Universidade Bar-Ilan, em Israel.[5] Em 2013, fiz uma viagem a Tel Aviv para dar uma palestra no Departamento de Psicologia. Trabalhando em cafés de Jerusalém a Cesaréia, examinamos a estrutura, o conteúdo e o tom emocional das histórias de vida de futuros líderes para tentar encontrar um padrão. Queríamos compreender o quanto os futuros líderes autênticos diferem dos seus pares menos autênticos no modo que narram suas vidas para dar sentido a "quem são, quem foram e quem podem ser no futuro".

Encontramos diferenças na forma como eles reconstroem o passado e antecipam o futuro. Aqueles que estabeleceram objetivos futuros para beneficiar a sociedade (objetivos pró-sociais) eram mais propensos a reconstruir o passado a partir de uma história de autenticidade em que o protagonista experimenta um evento de atribulação com um ponto claro de descontinuidade. Em outras palavras, eles deram sentido às próprias vidas e a seus objetivos futuros, rastreando-os de volta a um evento formador que os moldou. Por exemplo, um participante, cuja visão para o futuro era "colocar meu esforço em uma organização que levará meu nome e servirá aos outros", reconstruiu seu passado como "o despertar: eu acordava me sentindo muito triste e para baixo... Passei por uma fase em que reorganizei minha vida. Eu me tornei mais espiritual, consciente de mim mesmo e sensível aos outros".

Conduzi um exercício semelhante como parte de um programa de educação e desenvolvimento de liderança autêntica em uma empresa multinacional. Isso envolveu mulheres executivas com objetivos mais pró-sociais, como deixar um legado.

— Quero que as pessoas se lembrem de mim como alguém que implementou mudanças nesta empresa — disse uma executiva.

Como funciona a abordagem da história de vida? As histórias autodeterminantes de líderes autênticos diferem de forma fundamental daquelas construídas por seus pares menos autênticos. As de autenticidade motivam e reforçam os esforços dos indivíduos para alcançar metas que beneficiem outros. As histórias de atribulação que os líderes autênticos criam para dar sentido à vida sustentam o desenvolvimento de metas pró-sociais que ajudam terceiros. A implicação desta descoberta é que a autenticidade construída em uma narrativa do eu não é simplesmente ser você mesmo, mas sim ter um propósito.

O apego emocional e os objetivos pró-sociais de Carlo Volpi foram enraizados em suas experiências passadas e em sua própria narrativa de vida.

Como tornar-se e permanecer autêntico evocando o passado

Quando perguntei a Carlo sobre o casamento entre tradição e inovação delineado no site da Volpi, ele explicou:

— O vinho é uma tradição, mas os gostos das pessoas mudam, então é preciso criar novos vinhos. Temos de acompanhar as tendências do mercado para descobrir o que os jovens realmente querem. A chave para o sucesso é manter a tradição e, ao mesmo tempo, seguir as necessidades dos clientes para deixá-los felizes. — Carlo diz que contar histórias é uma parte fundamental da forma como lidera a empresa: — Conto a minha história aos meus empregados. E parte dessa história é que, com determinação, você pode alcançar o que quiser na vida.

Carlo transmite um modelo não apenas de trabalho, mas de vida. Para ele, esta é a verdadeira liderança. Sua história notável de triunfo sobre a adversidade fez com que se tornasse um modelo para a equipe. Quando ele contrata um novo funcionário, a primeira coisa que diz é: "Você está aqui para aprender um trabalho que é bom para você". Carlo orgulha-se de ter feito da Cantina Volpi um meio de os funcionários desenvolverem suas carreiras e é pessoalmente responsável pela supervisão da formação de cada um. Por exemplo, os recém-chegados ganham mentores que os introduzem aos valores da empresa.

Perguntei a Carlo o que constrói um líder de sucesso.

— Você deve ser humilde com todos: clientes e funcionários — respondeu ele, sem hesitação.

Carlo desenvolve relações autênticas com seus funcionários, que vê como colegas. Ele procura ser democrático e flexível. Por exemplo, alguns têm horários de trabalho flexíveis, pois vivem longe da adega ou têm filhos pequenos.

— A empresa é uma equipe, todos devem entregar uma boa performance. Se todos jogarem bem, ganhamos. Se alguém não jogar bem, falhamos — explica ele. Carlo também reconhece o sucesso de seus funcionários, delegando e elogiando o bom desempenho. Se algo dá errado, ele assume a culpa, pois foi quem selecionou e treinou a equipe. Ele também tem um esquema de participação nos lucros. No fim do ano, os colaboradores recebem um bônus relacionado ao seu desempenho: produtividade, novas ideias e paixão. Isto é especialmente importante para os novos funcionários.

Em suma, liderança significa três coisas para Carlo: ser um visionário, um colaborador e um modelo a ser seguido. Um líder deve "ver algo que outras pessoas não conseguem ver", "ser capaz de delegar" e "liderar pelo exemplo". Ele chega ao trabalho todas as manhãs às 7h30 e está sempre disponível. Um dia típico para Carlo começa com uma prova de vinhos junto a uma equipe de quatro pessoas que não só testam os seus próprios vinhos, como os comparam com os dos concorrentes. Isso normalmente demora uma hora. Então ele lê e responde a e-mails. Em seguida, vem a contabilidade, a administração e a negociação com os bancos. O resto do dia é dedicado à resolução de novos problemas e desafios.

Usando histórias para criar a missão da empresa

Histórias de autenticidade como a de Carlo nos ajudam a entender os valores de seus narradores. Eu queria ver se executivos conseguiriam criar uma missão mais edificante ao usar uma boa narrativa. Em um de meus programas de desenvolvimento de liderança com altos executivos de uma empresa multinacional, realizei um exercício de contar histórias em quatro etapas para criar uma missão renovada para a empresa.

Os dois primeiros passos envolvem selecionar e escrever uma história. Peço aos participantes que pensem individualmente em uma que expresse o que é "fazer o melhor trabalho" e que escrevam um esboço. Em seguida, os participantes se organizam em grupos para apresentar suas histórias e escolher a que melhor represente o que a empresa faz e seus valores fundamentais. Como grupo, eles escrevem a história completa em cerca de quinhentas palavras.

Os dois últimos passos envolvem analisar a história de cada grupo e a narrativa coletiva. O grupo identifica lugares e pessoas específicas; quando a empresa faz a diferença, e age; e o que mudou para melhor como resultado. Durante a narrativa coletiva, todas as histórias se reúnem para representar os três elementos das declarações de missão: os clientes (lugares e pessoas); as ações da empresa (o que a empresa faz); e o impacto (mudanças para melhor). O resultado é uma missão empresarial mais completa, pessoal e inspiradora.

A identidade autêntica de uma vinícola italiana

Agora, no final dos seus cinquenta anos, Carlo não tem certeza se seu filho Marco, na casa dos trinta anos, vai seguir os seus passos:

— Não sei o que o Marco vai fazer. Ele só deve trabalhar na adega se for apaixonado por ela — o que significa compreender e dominar o que é um "bom" vinho. Carlo diz que Marco precisa de experiência fora da adega para apreciar e compreender melhor o mundo exterior. A produção de vinho é agora um negócio global, com concorrentes na China, América do Sul e Austrália, bem como na Europa e nos Estados Unidos. — É por isso que você precisa trabalhar com a alma, não apenas com o cérebro — argumenta Carlo.

Quando pergunto a ele sobre o seu legado, ele olha para Marco, convidando-o a continuar a saga. Para ele, legado significa manter a adega viva:

— Manter a identidade da família e sua paixão pelo vinho significa manter o nome da adega.

Marco ainda não parece pronto, mas sua irmã mais nova acabou de entrar para a Sociedade do Vinho em Bocconi. Será que ela conduzirá a Volpi à sua próxima fase?

REESCREVA SUA HISTÓRIA: QUÃO SATISFEITO VOCÊ ESTÁ CONSIGO MESMO E COM SUA VIDA?

Considere até que ponto você está satisfeito consigo mesmo e com sua história de vida. Indique até que ponto você concorda ou discorda destas afirmações usando uma escala de 1 ("Discordo totalmente") a 5 ("Concordo totalmente").

1. Quando olho para a história da minha vida, fico contente com o resultado.
2. Em geral, me sinto confiante e positivo comigo mesmo.
3. Gosto da maioria dos aspectos da minha personalidade.
4. Cometi alguns erros no passado, mas sinto que, em geral, tudo deu certo.

5. Na maior parte das vezes, estou orgulhoso de quem sou e da vida que levo.
6. Meu passado teve altos e baixos, mas, em geral, não gostaria de mudá-lo.
7. Quando me comparo a amigos e conhecidos, sinto-me bem sobre quem sou.

O que significa ser um grande artilheiro? De acordo com Carol Ryff, um artilheiro "possui uma atitude positiva para consigo mesmo; reconhece e aceita múltiplos aspectos do eu, incluindo as qualidades e os defeitos; e se sente positivo sobre o passado". Em contraste, uma pessoa com desempenho inferior "se sente insatisfeita consigo mesma; está desapontada com o que aconteceu no passado; preocupada com certas qualidades pessoais; e deseja ser diferente do que é". Como você pode reescrever sua história para melhorar sua autenticidade e satisfação com a vida?

DEZ CAMINHOS PARA UMA LIDERANÇA AUTÊNTICA ATRAVÉS DA NARRAÇÃO DE HISTÓRIAS

1. *Sinta-se confortável com as suas origens*. Sua história de vida é o recurso mais poderoso para ajudar a encontrar sua paixão. Quando você conta histórias baseadas na própria vida, cria um vínculo emocional com seus seguidores e constrói uma comunidade. Isso também é enfatizado por Rob Goffee e Gareth Jones em *Quem disse que você pode liderar pessoas?*[6] Por exemplo, a história de dificuldade pessoal de Carlo Volpi é sobre sua experiência com duas tragédias: a perda do pai aos quinze anos e depois a do irmão mais velho, sete anos mais tarde, quando também teve de se encarregar da empresa.
2. *Faça o que McAdams chamou de "reavaliação de vida"*. Um processo de reflexão, elaboração, edição e extensão da sua história. A paixão está enraizada nas nossas experiências, e a nossa história de

vida é a fonte da nossa energia interior. A experiência de Carlo foi "A adega era minha. Isso era muito forte em minha mente, alma e corpo, e esta foi uma das coisas que me deram força para continuar." Ele cresceu com uvas e vinho. Nossos sonhos mais apaixonados têm como pano de fundo nossa experiência pessoal.

3. *Seja o personagem principal da sua história.* Certifique-se de mostrar ação e credibilidade e de ser o fio condutor da narrativa que, como um *road movie*, é uma jornada de autodescoberta e transformação pessoal. Os líderes autênticos não são receptores passivos de eventos; eles são responsáveis por suas vidas. Carlo diz que "tinha muita curiosidade e queria compreender a adega de dentro para fora, trabalhando com os funcionários mais experientes". Essa abordagem ativa lhe deu uma base sólida em todos os aspectos do negócio.

4. *Identifique padrões na sua história de vida.* Olhando para os pontos altos, baixos e momentos decisivos, descubra linhas temáticas e motivações básicas como afiliação, controle, poder ou amor. Por exemplo, um momento decisivo para Carlo foi o conflito com Bruno sobre o futuro da empresa. No final, Carlo decidiu comprar a parte do primo e se tornar o único proprietário da Cantina Volpi. Precisamos de uma história para seguir em frente, para tirar uma mensagem de unidade e propósito dos altos e baixos da vida. O eu narrativo nos dá um sentido de continuidade numa vida aparentemente caótica.

5. *Transforme situações ruins em bons resultados.* Você não pode mudar a própria vida, mas pode reescrever sua história. Transforme as desvantagens em aprendizagem. Produza narrativas que transformem eventos negativos em situações com consequências positivas, sustentando a esperança de que o trabalho duro rende benefícios para o futuro. Por exemplo, quando a Cantina Volpi começou a perder clientes locais, Carlo tinha se preparado para o mercado internacional, participando em feiras internacionais de vinho, onde aprendeu "aquela mentalidade diferente". A construção

de uma história de vida progressiva é um componente importante do desenvolvimento da liderança.

6. *Ouça o tom emocional da sua narrativa*. Avalie a trajetória dos eventos ao longo dos seus altos e baixos. Não tenha medo de revelar fraqueza. A lição mais importante é a de se recuperar depois do fracasso. Crie uma narrativa progressiva que vincule eventos de tal forma que sua história comunique uma evolução positiva ao longo do tempo. A história de Volpi é de sucesso, terminando com emoções positivas tais como paixão e entusiasmo. Ele investiu na inovação mantendo a paixão pela tradição.

7. *Esteja atento aos seus posicionamentos e valores morais*. A integridade comportamental está ancorada à sua infância. Nossa história de vida nos ajuda a identificar nossos valores e propósitos duradouros, que tipo de personalidade temos. A divulgação desses valores e propósitos torna-se mais clara durante os eventos de atribulação e nas mudanças ocorridas em nossa vida. Por exemplo, o mantra de liderança de Carlo, "Se você quer ser um líder no mercado, deve ver o que outras pessoas não conseguem", tornou-se mais claro durante o período de internacionalização. Os nossos valores fundamentais nos dão um sentido de coerência e abertura.

8. *Decifre os seus cenários ideológicos*. Escreva um "romance polifônico", em que cada personagem tenha uma voz própria, como sua história de vida. Por meio das pessoas que você admira e de suas conexões, encontre as vozes e os contextos sociais em que suas posições morais foram forjadas. Coloque-se em um contexto: dê voz a uma comunidade ou faça parte de um grupo maior, tal como uma geração, que está ligada a outros grupos. Por exemplo, Carlo é associado a respeitados fornecedores de vinhos orgânicos, que cumprem as regras rígidas do estatuto orgânico e conseguiram até mesmo obter a certificação que permite a venda no Reino Unido. Estabelecer ligações dentro das nossas comunidades nos fornece uma identidade social.

9. *Criar seguidores*. Selecione partes de sua história de vida para criar uma missão edificante que permita identificação pessoal e organizacional. Seja prototípico: destaque as semelhanças com seu grupo em termos de histórico, valores e preferências. Carlo conta sua história aos empregados, e parte dessa história é que "com determinação você pode alcançar o que quiser na vida". Ele não transmite apenas um modelo de trabalho, mas sim um modelo de vida. Para liderar autenticamente, precisamos de uma história de vida que justifique nossa liderança — nosso direito e nossa capacidade de liderar.
10. *Mantenha os outros no seu coração*. Demonstre compromisso com metas pró-sociais, trabalhando arduamente para fazer coisas boas para os outros e apoiando esforços generativos. Por exemplo, Carlo Volpi conseguiu resgatar não apenas uma empresa familiar, mas a identidade de sua família para as futuras gerações. Ao fazer isso, você fornece um propósito comum. Conhecer nossa história de vida cria expectativas satisfatórias e, em última análise, valida a nossa liderança aos olhos dos seguidores.

"Vivemos a vida seguindo em frente, mas a entendemos olhando para trás", diz Boas Shamir. O segundo capítulo da vida de Steve Jobs é "amor e perda". Sua perda é redimida pelo amor: "Eu ainda amava o que fazia... Eu ainda estava apaixonado... Decidi recomeçar." A história de vida de Carlo Volpi começa com a tragédia familiar e termina com um negócio familiar maravilhoso, bem-sucedido e reconhecido internacionalmente.

Conclusão da parte um
Resolvendo o paradoxo da autenticidade multifacetada no eu narrativo

O que está nas entrelinhas da literatura sobre liderança autêntica é que nos vemos como unidimensionais. No entanto, nosso eu verdadeiro pode incluir uma variedade de identidades, uma crença que alguns teóricos chamaram de eu "versátil", em inglês "protean", em homenagem ao deus grego do mar Proteu, que adota muitas formas.

A terapeuta ocupacional Susan Harter, que tem escrito extensivamente sobre autoestima, oferece uma possível solução para o paradoxo do eu versátil e da autenticidade, defendendo o papel das narrativas autobiográficas:

> Ao desenvolver uma autonarrativa, o indivíduo cria uma sensação de continuidade ao longo do tempo, bem como conexões coerentes entre eventos de vida relevantes para ele, cada um dos quais pode ser

experimentado como autêntico. Além disso, a construção narrativa é um processo contínuo na medida em que não só elaboramos, mas também revisamos a história de nossas vidas, criando novos esquemas que facilitam o desenvolvimento arquitetônico do eu. Ao fazê-lo, a história de vida de uma pessoa também pode emergir como uma história verdadeira.

Os protagonistas dos capítulos anteriores são claramente versáteis: Rafael de la Rubia é atleta, empresário e músico; Hiroko Samejima caminha por diferentes papéis empresariais: designer, fundadora e desenvolvedora da sua startup andu amet; e Carlo Volpi é membro de uma grande e tradicional família italiana e líder de uma empresa familiar como diretor da vinícola Cantina Volpi.

Mas como eles gerem seus eus versáteis e permanecem autênticos? Vejamos seu tipo de narrativa, seu trabalho de negociação de identidade e seu uso de vozes polifônicas. Muitas vezes, a gestão do eu versátil requer um trabalho de negociação de identidade, especialmente com aqueles próximos de nós. Essas pessoas estão habituadas à nossa identidade mais aparente e, por isso, é mais provável que se surpreendam com a expressão de um eu diferente (ou que resistam a ela). Podemos gerir melhor o eu versátil usando uma narrativa polifônica que evoca um grupo social ou coletivo maior.

Em uma narrativa do eu autêntico que surgiu da superação, Rafael de la Rubia constrói um enredo estratégico em que antecipa e supera desafios. Parece que suas transições de carreira e identidade foram planejadas e desdobradas exatamente na hora certa. É durante os períodos de transição que Rafael deve negociar sua identidade com aqueles próximos a ele. Por exemplo, ele faz uma negociação de identidade com sua filha quando chega a hora de tornar seu eu músico mais aparente do que sua identidade empreendedora. Sua filha provavelmente se sente mais confortável com o empresário estável que conhece desde sempre, em vez de com o músico que está surgindo. Implícito na narrativa de vida de Rafael está o princípio organizador da classe social. Sua história se torna coerente e legítima quando o leitor entende que, vindo de um passado humilde, passou metade da vida trabalhando para se sustentar e agora tem o luxo de perseguir seus sonhos.

Em uma narrativa de liderança natural, Hiroko Samejima transita de seu bem estabelecido papel de designer na Chanel para o papel de fundadora de uma startup. No entanto, como Rafael de la Rubia, ela também deve negociar sua nova identidade de trabalho com a família. Hiroko tem de convencer seus pais de que se trata de uma boa ideia e que tem a obrigação moral de prosseguir com esta nova identidade profissional. Para isso, apresenta uma narrativa polifônica com as vozes de sua geração e de sua cultura. Hiroko se coloca no contexto da sociedade japonesa, ecoando as vozes dos jovens consumidores que querem se diferenciar da produção em massa por meio da *slow fashion*. Como resultado, ela caminha suavemente por diferentes papéis empresariais, exibindo uma paixão harmoniosa, em vez de uma obsessiva e focada em um único papel. Nesse processo, ela se torna uma líder autêntica.

Em uma narrativa de aprendizado, Carlo Volpi torna-se um líder autêntico aprendendo os segredos da vinificação e trabalhando de baixo para cima para chegar a posições de tomada de decisão. Isso envolveu uma negociação de identidade com seu primo e parceiro de negócios, Bruno. Durante esse período de aprendizagem, Carlo desenvolveu uma visão geral da vinícola, desde a vinha até o mercado. Ao negociar com Bruno, apontou para o contexto do mercado internacional e para a indústria do vinho orgânico como oportunidades futuras para o negócio da família. Isso facilitou sua transição de um papel familiar para um papel empresarial. No final, ele conseguiu fazer com que seu negócio crescesse e se manteve cordial com Bruno.

Michael H. Kernis e Brian Goldman, que pesquisaram a autenticidade na gestão, também endossam uma estratégia que reflete um eu multifacetado. Como acabamos de ver, a aparente contradição entre o eu verdadeiro e os múltiplos eus pode ser resolvida considerando a ideia que eles chamam de *flexibilidade funcional*:

Flexibilidade funcional implica ter confiança na capacidade de fazer valer múltiplos aspectos, talvez contraditórios, de si mesmo ao lidar com diferentes situações. Um indivíduo com alto grau de flexibilidade funcional acredita que terá pouca ansiedade ou dificuldade em adotar esses múltiplos "eus" porque eles estão bem definidos e podem ser expostos com confiança.

Quando identificamos nossas múltiplas identidades, nos tornamos mais conscientes de nossos pontos fortes e fracos e compreendemos melhor a nossa contribuição para equipes, organizações e a sociedade como um todo. Mais do que isso, começamos a apreciar a contribuição de pessoas diferentes de nós.

PARTE DOIS

O *hábito* de aprender: Tornando-se o seu eu mais autêntico de zero a CEO

Autenticidade é menos sobre ser o seu melhor eu e mais sobre tornar-se você mesmo. Assim, o segundo elemento da autenticidade é o hábito de aprender. Bill George argumenta que você deve "ser você mesmo; ser a pessoa que foi criado para ser" em vez de "desenvolver a imagem ou *persona* de um líder". Eu tenho uma perspectiva um pouco diferente dessa compreensão estática da autenticidade e ofereço uma visão dinâmica do eu. Não nego que as pessoas têm alguns atributos duradouros de habilidade e caráter, mas elas também mudam ao longo do tempo para serem fiéis ao seu melhor eu.

Você já se perguntou, por exemplo, como os líderes autênticos surgem? Normalmente, pensamos neles como o resultado de qualidades carismáticas natas. Mas a criação de um líder autêntico é um trabalho em progresso. Em minha pesquisa, descobri que a maioria dos líderes autênticos tem uma "mentalidade de crescimento", termo cunhado por Carol Dweck para definir as crenças que as pessoas têm na aprendizagem como um processo contínuo. Quando acreditamos que podemos aprender novas habilidades e competências e que o esforço nos tornará mais bem-sucedidos, ficamos mais propensos a investir tempo e energia, o que eventualmente nos levará a permanecer fiéis ao nosso eu autêntico.

Isso requer paixão, mas também tenacidade e persistência, especialmente diante da adversidade. Líderes autênticos estão constantemente fazendo perguntas e desafiando o *status quo* porque querem melhorar. Muitos dos líderes autênticos que encontrei enfrentaram e superaram dificuldades na vida desenvolvendo confiança e resiliência. Rakesh Aggarwal, Dena Schlutz e Angel Ruiz são autênticos líderes que fizeram da aprendizagem um hábito.

Esta segunda parte do livro é sobre autenticidade e crescimento ao longo do tempo. Os líderes nascem em tempos de crise e mudança, resultando em crescimento pós-traumático. Quando a história do sucesso passado colapsa, temos de nos reinventar, mas a mudança pode ameaçar a nossa autenticidade. Como podemos reinventar a nós mesmos, nossa equipe e nossa organização e permanecer fiéis a quem somos?

Aqui estão três histórias inspiradoras de líderes autênticos que se reinventaram, e não só permaneceram fiéis a si mesmos no processo, mas também melhoraram suas equipes e organizações: Rakesh Aggarwal, um empreendedor com mentalidade de crescimento que nunca para de inovar; Dena Schlutz, filha de fazendeiro, com uma empatia que constrói relacionamentos e futuros; e Angel Ruiz, um lutador cuja resistência mental o torna um sobrevivente natural.

Você vai aprender lições sobre como manter uma mentalidade de crescimento e abraçar a resiliência, construindo relações autênticas com outras pessoas e promovendo a resistência mental. Poderá praticar alguns exercícios fáceis para identificar seus pontos fortes e colocá-los em prática, e também encontrará questionários curtos para ajudá-lo a se tornar mais consciente de sua personalidade. Você segue o enfoque da promoção ou da regulamentação da prevenção? Você é um locus de controle interno ou externo? Você pratica autenticidade egocêntrica, distorcida pelo outro ou equilibrada?

4

Renovação: desenvolva uma mentalidade de crescimento e o hábito de aprendizado

Não podemos nos limitar a continuar pelo caminho que já percorremos...

AMANCIO ORTEGA

Em 2015, Amancio Ortega ultrapassou brevemente Bill Gates como o segundo homem mais rico do mundo. Muitos leitores podem se perguntar quem é Amancio Ortega. Além de discretamente investir seus bilhões em boas ações, ele também é o criador da varejista global de moda Inditex, proprietário das lojas Zara, Massimo Dutti, Oysho, Bershka e Pull&Bear. Em seu livro *O gênio da Zara*, Covadonga O'Shea conta a vida de Ortega como um conto de ascenção social. Filho de um trabalhador ferroviário e uma empregada doméstica e nascido em uma pequena cidade do norte da Espanha, ele deixou a escola aos catorze anos e se mudou para a cidade portuária de La Coruña para trabalhar para uma camisaria local, onde aprendeu a fazer roupas. Diz-se que um lojista que se recusou a dar crédito à mãe dele para comprar mantimentos para a família o motivou a trabalhar ainda mais para sustentá-la.

Hoje, o estilo de vida do magnata do varejo, de oitenta anos, reflete sua humildade e determinação. Ele ainda usa um "uniforme" simples de blazer azul, camisa branca e calças cinzas. No dia em que escrevo isto, 7 de junho de 2017, Amancio Ortega doou 320 milhões ao sistema de saúde do Estado espanhol para combater o câncer. Ele raramente fala com a mídia, mas, em uma entrevista de 2007, afirmou: "Eu nunca me permito ficar satisfeito com o que fiz, e sempre tentei incutir isso em todos ao meu redor."

RAKESH AGGARWAL: DA ÍNDIA A CEO DE UMA FÁBRICA DE LEITE NA AUSTRÁLIA

Líderes autênticos como Rakesh Aggarwal têm um espírito empreendedor, com mentalidade de crescimento e hábito de aprendizado. Como Amancio Ortega, eles nunca param de inovar. Conseguem se adaptar a novas circunstâncias e articulam princípios que ensinam às pessoas ao seu redor como viver. Desenvolvem uma visão sistêmica da própria empresa e do setor em que operam, e esse quadro global lhes dá a flexibilidade necessária para aprender, mudar, adaptar e progredir.

Rakesh fundou a Longwarrry Food Park, que produz o leite Gippy para o mercado asiático. Depois de obter financiamento e lidar com a crise financeira global, um desafio imprevisível surgiu: um incêndio danificou parte da fábrica e seus equipamentos. A restauração custou cinco milhões de dólares e parou a produção por sete semanas.

— O meu desejo de continuar a crescer estava em primeiro lugar. Mesmo com todos esses problemas, não perdemos a fé no futuro do nosso negócio e continuamos a investir nele para aumentar sua capacidade.

Sua humildade e determinação fizeram dele um herói para a mídia: "O homem que ignorou os bancos e transformou uma fábrica de leite desativada em Longwarry em uma exportadora de laticínios bem-sucedida vendeu sua empresa por 67 milhões de dólares", anunciou o jornal local *Baw Baw Citizen* em fevereiro de 2015.

Em 1º de janeiro de 2015, a fábrica em Longwarry, uma pequena cidade localizada a cerca de oitenta quilômetros a leste de Melbourne, foi comprada pela gigante italiana dos laticínios, a Parmalat. Rakesh permaneceu como diretor administrativo, mas sua visão de levar a empresa para o próximo nível exigia um investidor maior. Criado em uma família indiana tradicional, ele tinha seguido o mantra de viver dentro de sua capacidade.

Fui apresentada a Rakesh por sua sobrinha Arti Aggarwal, uma de minhas alunas, que orgulhosamente falou sobre os negócios de seu tio na Austrália. Quando eu conversei com Rakesh pela primeira vez, em fevereiro de 2016, ele tinha acabado de sair de um dia de trabalho, mas parecia revigorado, animado e falava orgulhosamente de suas realizações.

Rakesh diz que a tenacidade é a chave para o seu sucesso. Mesmo nas circunstâncias mais difíceis, ele manteve seu espírito empreendedor e vitalidade para seguir em frente. Aprendeu a adiar as recompensas, não só perseguindo seus próprios interesses, mas também procurando causar um impacto duradouro em seu negócio e nas gerações futuras. Senso de propriedade, apego emocional e responsabilidade pessoal são parte de seu papel de liderança.

Longwarry Food Park, Victoria, Austrália

A Longwarry Food Park tem uma história empresarial pontuada por uma crise potencialmente desastrosa. A história de Rakesh Aggarwal foi apresentada em várias revistas de negócios como um exemplo de "como a inovação revitalizou uma empresa de laticínios", conforme relatado pela *SmartCompany*. O artigo destacou como "oportunidades são criadas quando os líderes encontram maneiras inovadoras de gerenciar riscos".

A história da Longwarry começou em 1992, quando Rakesh decidiu deixar a Índia depois de terminar sua graduação em engenharia e ir para a Austrália para trabalhar em uma fábrica de leite em pó de propriedade da Bonlac Foods.

— Eu queria dar uma boa vida para a minha família, minha mulher e meus dois filhos — diz ele. — Os primeiros seis meses foram bastante difíceis; éramos novos no país. Meu filho mais novo tinha quebrado a perna quando chegamos à Austrália, e minha mulher mal falava inglês.

Depois de cinco anos com a empresa, Rakesh ficou inquieto e decidiu criar sua própria empresa de consultoria de engenharia, batizando-a de Saurin, em homenagem a seus filhos Saurabh e Rohin. Os clientes acreditavam que a consultoria de engenharia com apenas dois homens era um negócio muito maior. Essa primeira experiência de sucesso reforçou a sua confiança.

— Era muito bom no que fazia — diz Rakesh, e afirma que isso lhe deu motivação para tentar coisas novas.

Enquanto isso, a empresa em que ele trabalhava previamente estava enfrentando problemas. No início dos anos 2000, a Bonlac Foods foi forçada a vender as unidades que davam prejuízo. A fábrica fechou porque era "muito pequena e muito intensiva em mão-de-obra e energia", explica. Rakesh viu uma oportunidade de negócio em resgatar a empresa para a qual havia trabalhado em seus dias de glória, usando tecnologia verde de última geração para tornar as operações mais eficientes e ecologicamente corretas.

Enfrentando desafios e adiando recompensas

Desafios financeiros

Rakesh apresentou uma proposta para a empresa em agosto de 2001. Seu plano era atualizar a tecnologia para aumentar a capacidade e a eficiência. Foi uma boa estratégia, mas tropeçou no primeiro obstáculo. Ele explica:

— Fui a praticamente todos os bancos da Austrália. — Mas eles se recusaram a apoiar a proposta, considerando muito arriscado investir na fábrica. Além disso, Rakesh não tinha nenhuma experiência em gestão de fábricas. — Os bancos não queriam me emprestar dinheiro para a compra porque eu não tinha experiência na área, o que colocava em dúvida a minha capacidade de reembolsar o empréstimo — recorda.

Para alcançar seu objetivo, Rakesh dividiu o negócio em três segmentos — terra agrícola, máquinas e três edifícios — e garantiu três empréstimos separados. Ele refinanciou sua hipoteca e garantiu um empréstimo com juros altos usando a terra onde a fábrica estava localizada. Juntamente com suas poupanças pessoais e a ajuda da família, em dezembro de 2001, ele conseguiu comprar a fábrica inteira.

A proibição da concorrência

Este deveria ter sido o início de um período de crescimento emocionante para a empresa, mas Rakesh enfrentou um segundo desafio: uma restrição imposta pela Bonlac o impedia de produzir leite nos primeiros três anos de operação. Em vez de ver isso como um revés para o negócio e sua visão, Rakesh aproveitou a situação:

— Nos primeiros três anos, usei a terra como um negócio imobiliário para gerar renda. Espaço para estacionamento de caminhões também gerou receita — lembra ele.

Enquanto essa solução cuidou dos juros de seus empréstimos, Rakesh focou na atualização da tecnologia de produção de laticínios e reformulou a maquinaria obsoleta existente com tecnologia verde. Em 2006, a fábrica estava finalmente em boas condições para aumentar a sua capacidade de produção. A inovadora e acessível automação dos processos na unidade melhorou a produtividade a custos mais baixos, e não teria sido possível se ele não tivesse usado o tempo que teve para implementar as atualizações necessárias.

Renomeada de Longwarry Food Park, a empresa conseguiu reduzir seu uso de energia em 30% e o uso de água em menos da metade do padrão da indústria.

Como a primeira e única empresa privada de leite em pó da Austrália, entre 2005 e 2008 a Longwarry Food Park teve um crescimento e sucesso significativos. A estratégia inicial de Rakesh era comprar leite a crédito dos produtores locais, e 38 agricultores aceitaram sua proposta. A empresa entrou na competitiva indústria de laticínios da Austrália, controlada por cooperativas, e após o primeiro ano de produção, registrou vendas de dezessete milhões de dólares australianos. Em 2007, as vendas anuais aumentaram para 41 milhões de dólares americanos, com as exportações representando mais de 90% das vendas. A Longwarry Food Park foi reconhecida como um dos negócios de crescimento mais rápido da Austrália pela *Business Review Weekly*.

A crise financeira mundial

Então veio a crise financeira global de 2008.

— Ninguém estava preparado para isso — diz Rakesh.

Muitas encomendas foram canceladas, os preços caíram 60% e as receitas da Longwarry Food Park caíram de 41 para 32 milhões de dólares. O desafio era manter o fluxo de caixa enquanto os clientes não pudessem pagar. Rakesh teve de negociar com eles e manter sua visão de longo prazo. A sobrevivência da empresa estava em suas mãos.

Mais uma vez, Rakesh preferiu ver uma situação difícil como uma oportunidade e se concentrou na reputação da empresa como uma fonte "limpa e verde" de alimentos e fibras. Isso a diferenciava dos concorrentes e a ajudava a receber um crédito muito necessário. Ele conseguiu fechar contratos de longo prazo com base em preços mais baixos.

— Fomos a única empresa de lacticínios na Austrália que teve lucro naquele ano — diz. Ele também aprendeu com a crise, o que provocou uma mudança em sua estratégia de negócios. — Uma vez que tínhamos passado pelo problema, percebemos que nosso negócio era irregular e que precisávamos expandi-lo.

Antes da crise financeira, a empresa focava exclusivamente em produtos lácteos altamente sensíveis às alterações da procura interna e externa. Após a crise, Rakesh desenvolveu uma estratégia de diversificação para evitar a exposição a mudanças dinâmicas nos mercados de exportação, introduzindo novos produtos como leite fresco, leite UHT (temperatura ultra alta) e *cream cheese*. Essa estratégia foi desenvolvida com seu filho Saurabh, um ex-banqueiro de investimentos do UBS, que tinha se juntado recentemente à empresa da família.

Essas medidas foram bem-sucedidas, e a Longwarry Food Park voltou a prosperar e a crescer. Durante esse período, a fábrica passou de 400 mil litros de leite para mais de um milhão de litros. Rakesh estava confiante de que a empresa poderia continuar a crescer de 25% a 30% ao ano.

Por quase uma década, Rakesh aprendeu a adiar as recompensas, buscando realizar sua grande visão a longo prazo de crescimento e prosperidade. Ele alcançou seu objetivo financeiro ao garantir três empréstimos separados que lhe permitiram comprar toda a operação. Depois, esperou pacientemente durante três anos para se conformar com a proibição da concorrência, utilizando esse tempo para atualizar a maquinaria antiga com tecnologia verde.

O TESTE DO MARSHMALLOW DE STANFORD

No final dos anos 60, o psicólogo Walter Mischel conduziu uma série de experimentos na Bing School, da Universidade de Stanford, sobre gratificação tardia. Como os seres humanos regulam o seu comportamento para adiar a satisfação imediata em nome de melhores consequências futuras? Mischel e sua equipe avaliaram o comportamento de adiamento de gratificação de crianças durante um período de aproximadamente seis anos (1968-1974) em uma série de experimentos que vieram a ser conhecidos como "teste do marshmallow de Stanford". Esse teste foi replicado inúmeras vezes com a mesma pergunta básica: "Se você pudesse comer *um* marshmallow agora mesmo, ou *dois* marshmallows depois de esperar quinze minutos, o que você escolheria?"

Um total de 653 crianças participou de pelo menos um experimento. Os pesquisadores avaliaram a capacidade de crianças de três a cinco anos de idade de retardar a gratificação da seguinte forma:

> As crianças foram escoltadas individualmente para uma sala experimental na Bing School, brincaram brevemente com o experimentador, e lhes foi dito que iriam brincar novamente mais tarde. A criança era então colocada em uma mesa em que havia um sino, e apresentada a objetos de recompensa determinados pelo pré-teste que despertariam diferentes intensidades de desejo (por exemplo, um pequeno marshmallow versus dois)... O experimentador então indicava que precisava sair da sala, mas que "se você esperar sozinho até eu voltar, pode ganhar isso [apontado para os dois marshmallows]. Se não quiser esperar, é só tocar o sino e eu volto assim que você pedir. Mas se você tocar o sino, não vai ganhar isso [dois marshmallows], mas posso te dar aquele marshmallow ali"... O experimentador saía da sala e retornava quando a criança tocava o sino ou atingia um tempo de critério predeterminado (geralmente quinze minutos).

Algumas das crianças resistiram à tentação de comer o doce (marshmallows ou biscoitos), mas outras não. O que acontece quando as crianças esperam pela recompensa? Os pesquisadores descobriram que elas esperaram muito mais tempo pelos dois marshmallows quando se distraíram. Ou seja, a gratificação instantânea foi adiada quando a recompensa não estava fisicamente disponível para as crianças.

Finalmente, veio a questão mais importante: o adiamento da gratificação previa o sucesso futuro dessas crianças? Na Universidade de Columbia, Mischel e sua equipe de pesquisa enviaram cartas aos pais dos participantes cerca de dez anos depois. A carta continha uma pesquisa com perguntas sobre a competência de seus filhos e como eles lidavam com dificuldades agora adolescentes, que deveria ser respondida pelos pais cujos endereços foram localizados. Os pesquisadores conseguiram juntar uma amostra de 185 casos. Mischel e seus colegas relataram os resultados desse estudo de acompanhamento:[1]

> Crianças que adiaram a gratificação por mais tempo no paradigma do atraso autoimposto foram descritas mais de dez anos depois por

seus pais como adolescentes significativamente mais competentes. Especificamente, quando elas se tornaram adolescentes, seus pais as classificaram como mais competentes acadêmica e socialmente, fluentes verbalmente, racionais, atentas e capazes de lidar bem com a frustração e o estresse.

Uma segunda onda de dados de acompanhamento foi coletada cerca de três anos depois.[2] O objetivo era identificar as condições psicológicas sob as quais o adiamento da gratificação torna mais provável prever o comportamento futuro. Uma variação importante no teste original do marshmallow foi fazer a gratificação era mais visível durante o período de atraso. A descoberta interessante foi que a exposição à recompensa reduziu o período de atraso. Quando as recompensas foram expostas, as crianças que demoraram mais tempo foram mais bem classificadas pelos pais em competências de sucesso, tais como "pensa no futuro, está atento e é capaz de se concentrar, usa a razão e responde a ela", e menos em hábitos ineficazes, tais como "é incapaz de adiar a gratificação" e "tende a perder o controle sob estresse, tornando-se rude e desorganizado".

Esses estudos de acompanhamento fornecem lições muito importantes sobre o que faz de alguém como Rakesh um líder tão eficaz e autêntico. A primeira é que o autocontrole e a tenacidade são a chave para o sucesso. A segunda é que as pistas físicas são importantes e que as pessoas devem aprender a desviar a atenção da recompensa imediata, ou transformar as recompensas mentalmente para alcançar melhores resultados no futuro. A terceira — e talvez mais importante — é que a autenticidade funciona muitas vezes de formas que não compreendemos. Um dos principais atributos das pessoas autênticas é a autorregulação, mas todos regulamos nosso comportamento do mesmo modo?

Tory Higgins, professor de psicologia da Universidade de Columbia, identificou dois modos de autorregulação: promoção versus prevenção. O sistema de *promoção* é motivado pelo progresso e pelo crescimento; em contraste, o sistema de *prevenção* é motivado pela segurança e pelo cumprimento de responsabilidades.

Com base na formulação original de Higgins, uma equipe de psicólogos — Penelope Lockwood, da Universidade de Toronto, e Christian Jordan e Ziva Kunda, da Universidade de Waterloo — realizou uma série de estudos para compreender a motivação dos indivíduos para a promoção e a prevenção.[3] Os interessantes resultados podem ser vistos na figura 4.2. De acordo com os autores, os indivíduos focados na promoção são motivados por modelos que destacam as estratégias para alcançar o sucesso. Em contraste, os indivíduos focados na prevenção são motivados por modelos que enfatizam estratégias para evitar o fracasso.

Seu foco regulatório é de promoção ou prevenção?
Lockwood e sua equipe desenvolveram uma pesquisa com dezoito propostas relevantes para o foco regulatório da promoção (por exemplo, "Eu frequentemente imagino como vou atingir meus objetivos e minhas aspirações") ou para o foco regulatório da prevenção (por exemplo, "Eu tenho medo de ficar aquém daquilo que defini como minhas responsabilidades e obrigações").

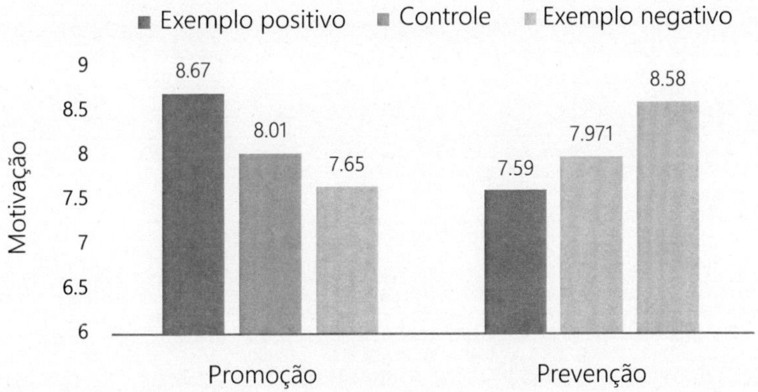

Fonte: figura 4.1. Motivação de indivíduos com foco regulatório de promoção versus prevenção após exposição a um exemplo positivo, exemplo negativo ou sem alvo.

Você pode usar esta escala de 1 ("Não é nada verdadeiro para mim") a 9 ("Muito verdadeiro para mim") para indicar o número que melhor o descreve.

1. Em geral, estou focado na prevenção de eventos negativos na minha vida.
2. Tenho medo de ficar aquém daquilo que defini como minhas responsabilidades e obrigações.
3. Muitas vezes imagino como vou realizar meus sonhos e aspirações.
4. Muitas vezes penso na pessoa que tenho medo de me tornar no futuro.
5. Muitas vezes penso na pessoa que gostaria de ser no futuro.
6. Normalmente me concentro no sucesso que espero alcançar.
7. Muitas vezes penso que não vou conseguir atingir meus objetivos acadêmicos/ profissionais.
8. Muitas vezes penso em como vou conseguir sucesso acadêmico/ profissional.
9. Muitas vezes me imagino vivendo coisas ruins que receio que podem acontecer comigo.
10. Penso frequentemente em como posso evitar fracassos na minha vida.
11. Estou mais orientado para a prevenção de perdas do que para a obtenção de ganhos.
12. Meu principal objetivo na escola/ trabalho é alcançar minhas ambições acadêmicas/ profissionais.
13. Meu principal objetivo na escola/ trabalho é evitar me tornar um fracasso acadêmico/ profissional.
14. Eu me vejo como alguém que se esforça primeiramente para alcançar meu "eu ideal" — realizar meus sonhos, desejos e aspirações.
15. Eu me vejo como alguém que está se esforçando principalmente para se tornar quem "deveria" ser — para cumprir meus deveres, minhas responsabilidades e minhas obrigações.

16. Em geral, estou focado em alcançar resultados positivos na minha vida.
17. Muitas vezes me imagino vivendo coisas boas que espero que aconteçam comigo.
18. No geral, estou mais orientado para o sucesso do que para a prevenção do fracasso.[4]

Rakesh Aggarwal claramente se encaixa no foco regulatório de promoção. Ele se imagina alcançando sua esperança de um futuro melhor para seu negócio e família e tem a motivação de tentar coisas novas, inovar e se necessário lutar para avançar e alcançar o sucesso.

Combater fogo com autenticidade

O desastre ocorreu na madrugada de 21 de fevereiro de 2012: às duas da manhã, Rakesh recebeu um telefonema do filho, Saurabh, dizendo que tinha havido uma explosão na fábrica. Quando ele chegou, os bombeiros já tinham controlado o fogo. O incêndio, na seção de leite em pó, foi causado por uma explosão de pó. Mas as medidas de segurança postas em prática funcionaram, e todos os funcionários seguiram o protocolo estabelecido. O incêndio custou cinco milhões de dólares para a empresa e a obrigou a suspender as operações durante sete semanas.

Foi um grande retrocesso, mas Rakesh se recusou a admitir a derrota.

— Não havia produtos lácteos para vender; por isso, mais uma vez, tivemos um problema de fluxo de caixa. — Ele teve que manter seus compromissos com fornecedores e funcionários sem o fluxo de caixa das vendas até que as operações estivessem funcionando novamente. — Havia três coisas em que eu tinha que trabalhar além de colocar a fábrica em funcionamento de novo — lembra. — Fornecedores, trabalhadores e clientes.

Os fornecedores são fundamentais no negócio de laticínios e Rakesh não podia se dar ao luxo de perder os melhores produtores da região. Se eles começassem a vender para outras fábricas, Rakesh perderia a parceira para sempre. Então ele se tornou um corretor para mantê-los ao seu lado — comprava o leite dos produtores e os vendia com prejuízo.

Rakesh explica:

— Em primeiro lugar, temos os fornecedores de leite. Eu não podia parar de comprar deles, mesmo que não pudesse usar nada daquilo. Se eu não comprasse leite durante aquela época, nunca mais poderia comprar leite deles, porque se tornariam fornecedores de alguma outra empresa. Assim, comprávamos o leite desses fornecedores e o vendíamos com prejuízo a outras empresas para processá-lo.

Depois houve a questão dos trabalhadores. Longwarry localiza-se em uma área rural e leva até um ano para encontrar e treinar um novo funcionário. Essa abordagem de investir no empregado privilegia a manutenção de trabalhadores bem treinados e motivados que se identifiquem com a empresa. A força de trabalho estava disposta a ajudar. Rakesh convenceu a companhia de seguros a contratar o seu próprio pessoal para restaurar a fábrica.

— O segundo desafio era que, como a fábrica não estava funcionando, o que eu faria com os funcionários? Continuo a pagar o salário ou os demito? A empresa fica em um local remoto e não é fácil encontrar pessoas para trabalhar lá. Eu não queria deixar os meus empregados irem embora, mas não fazíamos ideia de quanto tempo levaria para que a fábrica voltasse a funcionar. Então falei com a seguradora. Disse que precisávamos limpar a fábrica e reformá-la. Pedi que usássemos o meu próprio pessoal, que seria mais barato do que trazer pessoas de fora, mais rápido e manteríamos as pessoas empregadas. Eles concordaram. Então usamos nossa equipe para limpar a fábrica e prepará-la para a produção. Isso significa que não tive de rescindir o contrato de ninguém. A fábrica foi completamente reconstruída em um tempo recorde, porque essas pessoas estavam altamente comprometidas com o negócio.

Rakesh mais uma vez teve de recorrer às suas capacidades de negociação com o banco para pedir um empréstimo e reparar os danos. Isso acabou sendo mais fácil, graças ao seu sucesso durante a crise financeira de 2008. Ele lembra:

— O maior desafio eram os clientes. Eles pensavam que, por causa do fogo, a qualidade do produto ficaria comprometida, e pararam de comprar de nós. Eu tinha um armazém cheio de leite em pó que não conseguia vender. Isso criou um problema de fluxo de caixa e tivemos de ir ao banco buscar fundos especiais.

Rakesh precisava inspirar confiança entre seus fornecedores e assim decidiu revender leite cru com prejuízo a concorrentes. Isso permitiu que a Longwarry Food Park continuasse sua parceria com os agricultores locais que tinham ajudado a fábrica desde o início e contribuíram para que ela se tornasse próspera. Ele também estava preocupado com o bem-estar de seus funcionários, que tinham trabalhado inúmeras horas para garantir o sucesso da fábrica e sempre permaneceram leais à empresa. Ele sabia que suas decisões como líder durante esta crise iriam afetar tanto a receita quanto a reputação do negócio.

Durante esse período de crise, a redefinição das prioridades foi crucial. As metas financeiras de longo prazo foram suspensas para resolver problemas imediatos. Duas novas linhas de produtos foram interrompidas até a fábrica reabrir. As receitas caíram dos 85,7 milhões de dólares do ano anterior para 75 milhões. No entanto, em reconhecimento ao compromisso da empresa com os seus colaboradores, a Longwarry recebeu vários prêmios e, desde a crise, continuou a crescer, introduzindo novos produtos e novas instalações.

LÍDERES AUTÊNTICOS TÊM UMA BÚSSOLA INTERNA

Rakesh lidou com o incêndio na Longwarry seguindo sua bússola interna, priorizando a reputação de longo prazo sobre as receitas de curto prazo, tendo em mente fornecedores, trabalhadores e clientes. Seu comportamento e resolução de problemas eram regulados pelo que ele acreditava ser certo. Os líderes autênticos avaliam e regulam seu comportamento usando a própria "voz" como referência para sua bússola interna ou sistema de *promoção.*

No Capítulo 1, descrevi meu estudo "Autenticidade e bem-estar" para mostrar que a autenticidade está relacionada ao bem-estar subjetivo. Ajuda se compreendermos como a autenticidade se relaciona com a nossa autorregulação. Os mesmos 127 estudantes de MBA indicaram o grau em que cada uma das propostas do foco regulatório de promoção versus prevenção refletiu em seu próprio comportamento no programa. Em geral, os participantes relataram uma autorregulação da promoção (por exemplo, seguir seus sonhos e aspirações) em maior medida do que a de prevenção (por exemplo, preocupação em ficar aquém do que acreditavam ser suas obrigações).

A coisa mais importante que encontramos nesse estudo é que a autenticidade sincera foi positivamente associada ao foco regulatório de *promoção* e negativamente associada ao foco regulatório de *prevenção* dois meses depois. Isso sugere que quando temos um foco regulatório de promoção, ou seja, somos motivados a considerar novas possibilidades e ficamos confortáveis com ambiguidade e mudança, nos sentimos mais fiéis ao nosso eu verdadeiro. Em contraste, quando temos um foco regulatório de prevenção, nossa principal motivação é evitar o fracasso e a decepção alheia. Como resultado, nos sentimos menos autênticos. O que acontece quando nos sentimos fiéis ao nosso eu autêntico?

Em 2016, durante um ano sabático na Escola Europeia de Gestão e Tecnologia (ESMT) em Berlim, Laura Guillen e eu lideramos um estudo de acompanhamento para entender como o foco regulatório de promoção versus prevenção se relaciona com uma autêntica identidade de líder, uma autopercepção como líder verdadeiro, e, por sua vez, que tipo de líderes somos.[5] Em um estudo de campo de múltiplas fontes, avaliamos o foco regulatório e a identidade autêntica de líder com 153 líderes focais participando de um programa de educação para executivos. Dois meses depois, eles foram convidados a enviar a seus colegas uma pesquisa online para avaliar seu estilo visionário de liderança. No total, nossos participantes foram avaliados por 1.451 pessoas, uma média de nove para cada um.

Descobrimos que os líderes com foco regulatório de alta rotatividade e baixa prevenção têm uma identificação mais autêntica com o papel de liderança e, por sua vez, são percebidos como líderes visionários por outros. Quando os líderes regulam seu comportamento pelo sistema de *promoção*, motivados por suas próprias esperanças e padrões, é mais provável que eles se vejam como verdadeiros líderes com um apego emocional a seu papel de liderança. Por sua vez, essa identidade de liderança verdadeiramente autêntica é percebida por seus pares, subordinados e chefes, que vêem o líder como mais visionário, inspirando outros a buscar novas oportunidades de negócios.

O hábito de aprender e inovar

Rakesh inspira as pessoas a olhar para além dos limites existentes. A inovação é o cerne do seu negócio, diz ele, tendo em mente as necessidades de vários *stakeholders*: clientes, agricultores, a força de trabalho e suas famílias. Este tem sido o segredo do crescimento de 30% que a empresa teve entre 2005 e 2008.

Cerca de setenta funcionários são responsáveis pelas quatro linhas de produtos, trabalhando em três turnos e mantendo a fábrica funcionando 24 horas por dia, sete dias por semana, para produzir cerca de 1 milhão de litros de leite por dia. Uma equipe autogerenciada de quatro pessoas opera cada linha de produtos com uma "mão-principal" a cargo do grupo. A operação é apoiada por doze membros administrativos. A Longwarry produz leite fresco para o mercado interno, bem como produtos lácteos em pó para exportação.

A fábrica faz parte de uma pequena comunidade em West Gippsland, com 120 agricultores e cerca de duzentas famílias, que dependem da companhia de leite. Como membro ativo da comunidade, a Longwarry patrocina uma escola local de futebol e basquete, além de oferecer bolsas de estudo a estudantes do ensino médio e convidar especialistas para trabalhar com agricultores e melhorar o funcionamento de suas fazendas. A empresa apoia e custeia os funcionários que querem voluntariar seu tempo em serviços comunitários como bombeiros voluntários. Um churrasco mensal e um jantar de Natal ajudam a criar um vínculo com a força de trabalho.

A inovação e a formação contínuas fazem parte da rotina dos supervisores e operadores.

— Somos uma empresa inovadora, por isso estamos sempre mudando, tentando encontrar formas de poupar energia ou de fazer as coisas de forma mais rápida e ágil, o que significa que as pessoas têm de estar sempre treinando para algo novo — explica Rakesh.

Para conseguir isso, ele criou reuniões "em órbita" como parte da rotina de trabalho, conversas informais no início de cada turno. O supervisor discute o que está funcionando e o que poderia melhorar, possíveis mudanças e planos com cada equipe. Isso pode durar apenas dez minutos.

Rakesh explica como ser inovador foi fundamental para o sucesso.

— Nas grandes empresas, as pessoas tendem a ser avessas ao risco, enquanto no meu próprio negócio eu podia arriscar — diz ele. — Não temos medo de experimentar.

A maioria dos funcionários contratados pela Longwarry não tem qualquer formação para trabalhar em uma fábrica totalmente automática.

— Treinamentos não são eventos que acontecem uma ou duas vezes por ano — explica Rakesh.

Ele e sua equipe conceberam o que chamaram de "procedimento operativo padrão" (POP), páginas que explicam, com imagens, como operar cada função da fábrica. Esses POPs estão em todas as áreas de trabalho. Cada operação na empresa, desde a impressão até a operação de uma máquina automática, é traduzida em uma imagem com instruções — um POP. Para cada modificação implementada na unidade, é criado um novo POP. Durante o dia, os supervisores trabalham junto aos colaboradores, reforçando a formação e as novas competências por meio de cerca de 115 POPs. Cada supervisor deve instruir e/ ou rever com cada funcionário pelo menos dois POPs por dia. Isso leva cerca de quinze minutos e garante que cada empregado tenha as habilidades necessárias para o cargo.

Quando Rakesh entrevista um novo funcionário, as primeiras coisas sobre as quais fala são inovação e crescimento. "A minha expectativa é que você seja inovador", diz ele aos entrevistados.

— Uma vez que a dedicação ao aprendizado esteja presente, nós os colocamos em uma posição de liderança dentro da empresa.

Os funcionários são encorajados a tentar coisas novas. Rakesh tem uma política de portas abertas: se um funcionário tem uma nova ideia, ele pode ir diretamente até Rakesh e falar sobre ela.

— Deixamos que as pessoas tentem coisas novas se acreditarmos que isso irá melhorar a produtividade — diz, acrescentando: — Ouço as pessoas e implemento suas ideias. — Dito isto, a maior parte da inovação na Longwarry ocorre através de canais mais formais. Reuniões regulares de *brainstorming* são realizadas para considerar ideias. — Qualquer um pode contribuir. Eu ponho as minhas ideias no meio.

Após alguns dias de reflexão individual, uma decisão final é tomada pela equipe e um plano de implementação é desenvolvido. No fim, "a ideia veio de toda a equipe".

— Quero que os outros participem na tomada de decisões — Rakesh acredita que as pessoas podem mudar substancialmente e melhorar com a prática e a formação. Com uma mentalidade de crescimento, ele delega a responsabilidade à gerência de nível inferior e aos funcionários.

Exercício experimental: como desenvolver uma mentalidade de crescimento

Em seu livro *Mindset: a nova psicologia do sucesso*, Carol Dweck, que ensina psicologia na Universidade de Stanford, identifica o que chama de mentalidades de crescimento e fixas.[6] Pessoas com mentalidade fixa acreditam que a inteligência e outras habilidades nascem conosco e não mudam. Por exemplo, se você tem uma mentalidade fixa diante de um exame de matemática difícil, é provável que diga a si mesmo algo como "Eu não sou bom nisso, qual é o objetivo?" Em contraste, pessoas com mentalidade de crescimento acreditam que sempre podemos melhorar nossa inteligência e que quanto mais trabalhamos em algo, melhor seremos naquilo. Por exemplo, ao enfrentar um exame desafiador, uma pessoa com mentalidade de crescimento como Rakesh Aggarwal pensa "posso melhorar, tenho de continuar a aprender, vou estudar quinze minutos todos os dias".

Considere o seguinte plano de mentalidade de crescimento sugerido pelo centro de pesquisa aplicada da Universidade de Stanford.[7] Cultivar uma mentalidade de crescimento pode ser complicado quando você está acostumado a ter uma visão fixa de suas habilidades. Pense em uma época em que você superou uma dificuldade para aprender e resolveu um problema. Tome nota do seu trabalho árduo, das suas estratégias e da ajuda dos outros. Então você pode escrever uma carta ao seu eu mais jovem sobre essa dificuldade relacionada ao aprendizado. Como você se sentiu? Como superou isso, e o que isso lhe ensinou?

Orgulho de estar associado a uma história autêntica

Uma mentalidade de crescimento e o hábito de aprender conduzem a uma partilha justa de desafios, mas também a melhorias contínuas e ao sucesso. Líderes autênticos fazem seus seguidores se sentirem orgulhosos de estarem associados a eles e às suas histórias de sucesso. Quando perguntei como Rakesh mantém seus funcionários motivados, ele ressaltou um fator essencial:

— Fazer parte de uma história de sucesso empresarial é a chave — diz. — Eles têm a sensação de que estão trabalhando para uma empresa bem conhecida.

Enquanto a indústria de laticínios é um negócio em declínio na Austrália, encolhendo cerca de 4%, a Longwarry cresceu a uma taxa de 30% durante um período de três anos, atraindo visitantes, políticos e a mídia para a fábrica.

O diálogo contínuo entre os funcionários e o líder da empresa se fortaleceu desde o incêndio. O escritório de Rakesh costumava estar na sede, a 200 km da fábrica. Após o desastre, ele decidiu se aproximar da fábrica e de sua força de trabalho para monitorar o progresso de recuperação. O dia típico de Rakesh inclui um passeio pela fábrica, conversando com cada funcionário sobre o trabalho e, às vezes, sobre sua família. Ele sabe quem tem filhos que estão doentes e quem tem filhos que vão à escola e à universidade.

A Longwarry também está regularmente nas notícias como recebedora de prêmios, incluindo Negócio Privado de Crescimento Mais Rápido na Austrália, em 2008; Exportador do Ano em 2011; uma Medalha de Ouro em 2012 da Sydney Royal; e listada no Top 500 Empresas Privadas da Austrália em 2014. Seus funcionários são admirados pelos vizinhos e amigos. Eles fazem parte do seu sucesso. A força de trabalho tem muito orgulho de trabalhar na Longwarry. Entre todos esses prêmios, o Exportador do Ano, em 2011, do governo de Victoria, recebeu muita atenção da mídia — a Longwarry exporta cerca de 90% dos seus produtos para mais de trinta países do Oriente Médio, Ásia, África e América do Sul. Um total de 70% das exportações vai para a Ásia, onde a procura de produtos lácteos aumentou. No evento, o governador de Victoria, Alex Chernov, disse: "Isso vai contra todas as tendências e problemas econômicos do dólar, sublinhando algo tão importante para o futuro desta região e deste país."

Em dezembro de 2014, a Longwarry foi vendida para a Parmalat Australia por 67 milhões de dólares. Rakesh acredita que a Parmalat foi atraída por sua estratégia de exportação. Por exemplo:

— Se formos a qualquer grande cidade da China, em qualquer supermercado, encontraremos o Gippy nas prateleiras.

Em janeiro de 2015, a Longwarry tornou-se formalmente uma subsidiária da Parmalat, e Rakesh permaneceu como diretor-geral da empresa. Quando perguntei sobre esta decisão, ele reconheceu que não foi fácil, mas argumentou que "para levar o nosso negócio para o próximo estágio de crescimento, precisávamos de um investidor, um investimento que nós, como família, não podíamos fazer". Pensando nos dois ciclos de dificuldade que enfrentou, a crise financeira global e o incêndio, Rakesh viu que era o momento certo para vender o negócio e realizar a missão da empresa.

— Era a hora de sair do negócio e deixar outra pessoa levar a Longwarry para o próximo nível — explica. — Havia muitas pessoas interessadas em comprar. O leite vai se sair muito bem no futuro. Já não é leite, é ouro branco.

O crescimento a longo prazo da Longwarry esteve no centro da decisão de Rakesh. Era necessário um investidor maior capaz de lidar com o fluxo de caixa. Criado em uma família indiana típica, ele seguiu o mantra de viver dentro de sua capacidade. Olhando para o futuro, diz:

— Eu gostaria de ficar com o negócio o maior tempo possível. É nele que eu investi todo o meu sangue, suor e lágrimas, e gostaria de acompanhar seu crescimento.

Rakesh continua a dirigir a sua empresa de consultoria Saurin Group e a própria visão para a indústria leiteira australiana.

— O leite é um modelo de negócio importante e sustentável na Austrália.

Ao *Baw Baw Citizen*, em fevereiro de 2015, Rakesh afirmou:

— Nós, como país, devemos encorajar a fabricação do leite como profissão e mantê-lo em crescimento para que possa se tornar um dos principais alimentos da Ásia e do resto do mundo.

Rakesh gosta de contar a história do seu encontro de quinze segundos com Tony Blair durante uma visita oficial à Austrália. Impressionado pela imagem de autoconfiança de Blair, perguntou-lhe o seu segredo. Blair respondeu: "É só fingir que você é confiante." Às vezes, fingir confiança faz parte do roteiro de autenticidade.

Em tempos difíceis na empresa, Rakesh sempre parecia calmo e sereno, como se tivesse tudo sob controle. Mas, sob essa aparência de confiança, ele admite que estava cheio de dúvidas e de ansiedade. Sua autoconfiança pode não ter sido genuína, mas sua prontidão para assumir o controle da situação foi.

Essa tenacidade mental em face da adversidade vem, em parte, de assumir a responsabilidade de liderança e, em seguida, de agir como um líder. Há um elemento de teatro aqui, com o líder fingindo autoconfiança para esconder qualquer sentimento de dúvida. Mas o preço de ser um líder, diz Rakesh, pode ser a solidão:

— Quando se está no topo, não se pode partilhar certas coisas com ninguém, para não os preocupar.

Como um ator premiado, Rakesh parece, para mim, um autêntico líder confiante fortemente motivado pelo avanço e pelo crescimento.

Autenticidade e crescimento pessoal

O trabalho de Carol Ryff inclui o crescimento pessoal como um dos elementos chave do bem-estar psicológico de uma pessoa. Crescimento refere-se à orientação de uma pessoa para o auto-aperfeiçoamento. No Capítulo 1, descrevi Alex Wood, do estudo da Universidade de Manchester sobre a relação entre autenticidade e duas dimensões do bem-estar psicológico — autonomia e domínio do ambiente; e no Capítulo 3, a relação com a autoaceitação. Em seu estudo, os autores também encontraram uma significativa correlação positiva entre sentimentos de autenticidade e crescimento pessoal e uma correlação negativa entre sentir-se inautêntico e crescimento pessoal. Este é outro exemplo das nuances da autenticidade.

Você pode dedicar um momento para avaliar até que ponto concorda ou discorda que estas afirmações se aplicam a você, usando uma escala de 1 ("Discordo totalmente") a 6 ("Concordo totalmente").

1. Em geral, sinto que continuo aprendendo mais sobre mim mesmo com o passar do tempo.
2. Sou o tipo de pessoa que gosta de experimentar coisas novas.
3. Penso que é importante ter novas experiências que desafiem a forma como pensamos sobre nós mesmos e sobre o mundo.
4. Na minha opinião, pessoas de todas as idades podem continuar a crescer e se desenvolver.
5. Com o tempo, aprendi muito sobre a vida que me tornou uma pessoa mais forte, mais capaz.

6. Tenho a sensação de que me desenvolvi muito como pessoa ao longo do tempo.
7. Para mim, a vida tem sido um processo contínuo de aprendizagem, mudança e crescimento.
8. Gosto de ver como as minhas opiniões mudaram e amadureceram ao longo dos anos.

O que significa ter uma pontuação mais alta no crescimento? Uma pessoa com mais pontos "tem um sentimento de desenvolvimento contínuo; vê [o] eu como crescendo e se expandindo; está aberto a novas experiências; tem [uma] sensação de percepção de seu potencial; vê melhora [no] eu e no comportamento ao longo do tempo; está mudando seus hábitos para práticas que refletem mais autoconhecimento e eficácia". Em contraste, uma pessoa com pontuação mais baixa "tem uma sensação de estagnação pessoal; não tem [um] sentido de melhoria ou expansão ao longo do tempo; se sente aborrecida e desinteressada com a vida; se sente incapaz de desenvolver novas atitudes ou comportamentos", explica Ryff.

Dez maneiras de permanecer autêntico fazendo da aprendizagem um hábito

1. *Cultive uma mentalidade de crescimento.* Tente coisas novas e lembre-se de que quanto mais você trabalha em algo, melhor se torna nisso. Faça da aprendizagem um hábito. Rakesh deseja desenvolvimento e crescimento contínuo para si próprio e para sua empresa. Quando o fogo danificou uma parte da fábrica, seu pensamento foi: "O meu desejo de continuar a crescer estava em primeiro lugar na minha mente."
2. *Desenvolva uma visão estratégica da sua carreira.* Quando nos vemos ao longo do tempo, é mais provável que cresçamos e mudemos de forma a sermos eficazes. Por exemplo, Rakesh desenvolveu uma visão a longo prazo de si mesmo, de sua empresa e da indústria em que opera. Essa visão estratégica do sistema lhe dá uma visão geral

necessária para aprender, mudar, adaptar e progredir. Ele nunca perde a fé no futuro.

3. *Desenvolva um comportamento de autodeterminação*. Monitore o tempo e o progresso para atingir seus objetivos seguindo sua bússola e voz internas. A autodeterminação de Rakesh fez dele um herói anônimo aos olhos da imprensa: "O homem que ignorou os bancos e transformou uma fábrica de leite desativada em Longwarry em uma exportadora de laticínios bem-sucedida vendeu sua empresa por 67 milhões de dólares."

4. *Seja persistente e adie recompensas*. A paixão tem de ser acompanhada de persistência. A tenacidade de Rakesh é a chave para o seu sucesso. Mesmo quando enfrentou os desafios mais difíceis, se manteve persistente nos seus objetivos. Ele aprendeu a adiar as recompensas ao perseguir não apenas objetivos de curto prazo, mas também ao procurar causar um impacto duradouro no seu negócio e nas gerações futuras.

5. *Transforme sua luta em liderança*. Recupere a confiança em suas habilidades após um momento difícil, enfatizando as escolhas morais que você tomou. Por exemplo, quando Rakesh descobriu que não podia produzir leite nos primeiros três anos da empresa, ele atualizou as máquinas de laticínios existentes com tecnologia verde. Como resultado, a empresa se tornou mais ecologicamente correta e conseguiu reduzir seu consumo de energia em 30%.

6. *Aprenda com a luta*. Aprecie a forma como suas opiniões mudaram e amadureceram ao longo dos anos. Pensando em como aprendeu a resolver um problema, você pode se concentrar nas consequências positivas. Quando Rakesh enfrentou a crise financeira global, aprendeu a se preparar melhor em um ambiente de negócios volátil, mudando para uma estratégia mais diversificada.

7. *Evite um estilo motivacional de "não mexer em time que está ganhando"*. Um foco regulatório de *prevenção* o leva a minimizar as falhas às custas da inovação. Quando operamos em um modo de prevenção, é menos provável que nos sintamos autênticos e que

exerçamos um papel de liderança de forma autêntica. Líderes com um estilo regulatório de prevenção parecem menos inspiradores e visionários. Executivos de grandes empresas que caem no sistema de prevenção tendem a perder o espírito empreendedor. Por outro lado, Rakesh não tem medo de experimentar, correr riscos e fazer da inovação a marca de sua empresa.

8. *Estabeleça seus objetivos por meio de ambições.* Ao contrário do foco regulatório de prevenção, um modo de *promoção* faz com que você se concentre em alcançar suas metas e ambições. Quando operamos em um modo de promoção, estamos mais propensos a nos sentir autênticos e a fazer da liderança uma parte de nós mesmos. Os líderes com foco na promoção se envolvem em comportamentos não convencionais focados em mudança, que expandem seus próprios limites e os de seus seguidores. Depois do incêndio, Rakesh convenceu o seguro da empresa a fazer algo incomum — contratar os empregados da fábrica para consertá-la.

9. *Inspire uma mentalidade de crescimento.* Compartilhar sua mentalidade de crescimento com outros cria uma cultura de inovação e crescimento. Mantenha uma orientação de aprendizagem e procure oportunidades para compartilhar seus sonhos e ambições com seus colegas e outras pessoas importantes. Por exemplo, quando Rakesh entrevista um novo funcionário, as primeiras coisas de que fala são sobre inovação e crescimento. "A minha expectativa é que você seja inovador", diz ele aos entrevistados. O foco no aprendizado é a semente para crescer dentro da empresa.

10. *Torne-se um exemplo de aprendizagem e crescimento.* Quando agimos de acordo com os princípios do crescimento pessoal e profissional, nos tornamos um exemplo a ser seguido. Por exemplo, os esforços de Rakesh são reconhecidos pelo ministro da Indústria, Exportações e Comércio de Victoria: "Um excelente exemplo para um futuro mais sustentável e próspero."

Com uma mentalidade de crescimento excepcional, Amancio Ortega cresceu de "zero a Zara". A inovação define a cultura corporativa da Zara. Para além dos negócios, Ortega está definindo o seu legado:

— O meu desejo é que os resultados da minha experiência de vida, tanto pessoal como profissional, possam chegar a todos os membros da sociedade que precisam de apoio e encorajamento.

Da mesma forma, o reiterado desejo de Rakesh Aggarwal é resumido pela sua opinião de que "Nós, como país, devemos encorajar a fabricação do leite como profissão e manter seu crescimento para que ele possa se tornar um dos principais alimentos da Ásia e do resto do mundo".

5
Autenticidade social: fomente relacionamentos autênticos

Eu não tinha ideia de que ser autêntica me levaria a ser tão rica quanto sou hoje. Se tivesse, teria feito isso muito mais cedo.

OPRAH WINFREY

Em 1997, a revista *Life* listou Oprah Winfrey como "a mulher mais poderosa da América", e quase duas décadas depois, em 2014, a *Forbes* a listou entre as cem mulheres mais poderosas do mundo, classificada como número catorze. No mesmo ano, sua riqueza pessoal superou os 2,9 bilhões de dólares, tornando-a a mulher *self-made* mais rica dos Estados Unidos. Qual é o segredo do sucesso dela? "Ser autêntica", diz. O *Oprah Winfrey Show* foi genuinamente diferente. Debora Tannen, autora de *You Just Don't Understand: Women and Men in Conversation,* analisou o estilo de Winfrey na revista *Time*:

— Oprah não criou o formato de *talk-show*, mas a compaixão e a intimidade que ela colocou em seu programa criaram uma nova forma de falarmos uns com os outros.[1]

Com uma empatia incrível, Winfrey criou o "relacionar" em vez de "informar", mudando o foco tradicional na informação.

— Ela mudou o foco e colocou pessoas comuns falando sobre assuntos pessoais no lugar de especialistas. — Aprendendo e reinventando a si mesma, ela constrói relações autênticas com os outros. — Oprah exorta os espectadores a melhorarem suas vidas e o mundo. Ela faz as pessoas se preocuparem porque se preocupa com elas — diz Tannen.

Sua influência é tal que ela pôde transformar um livro desconhecido em um best-seller[2] ou ajudar Barack Obama ganhar uma eleição por meio do que é conhecido como o "Efeito Oprah".[3]

DENA SCHLUTZ: DE DONA DE CASA A CEO DE IMOBILIÁRIA (ESTADOS UNIDOS)

A motivação interior é muitas vezes vista como uma forma de inspiração, mas também pode estar enraizada no desespero. Usando o seu desejo de aprender e criando inspiração a partir do desespero, líderes autênticos como Oprah Winfrey se reinventam, passando de zeros a heróis. Eles aprendem a se manter na melhor condição psicológica possível para evitar a espiral emocional descendente que muitas vezes vem com a adversidade.

Essas pessoas usam a adversidade para realizar uma transformação pessoal. Elas podem enfrentar sérios desafios em suas vidas cotidianas, mas se mantêm confiantes e otimistas sobre o futuro. Criam uma narrativa pessoal de autodivulgação construtiva dentro da qual são heróis comuns, e criam jornadas épicas que ligam os acontecimentos de sua vida de tal forma que suas histórias se transformam em uma mensagem positiva. Cuidando dos outros, esses heróis anônimos nunca estão sozinhos; sua abordagem é jogar como parte de uma equipe.

Dena Schlutz é uma empresária do setor imobiliário de sucesso no Colorado. Mas este é apenas o último episódio do que tem sido uma extraordinária sequência de experiências e carreiras.

Como filha de um fazendeiro da região noroeste do estado, Dena aprendeu sobre responsabilidade ainda jovem:

— Meus pais deram a mim e à minha irmã muito que fazer. Tinhamos que cuidar das ovelhas, cozinhar, dirigir quadricículos e montar cavalos. Chegamos até a dirigir o caminhão, embora fôssemos muito pequenas para alcançar os pedais e o volante ao mesmo tempo. Improvisamos: uma dirigia e dava ordens enquanto a outra pressionava o acelerador e o freio. Fui ensinada a fazer o que precisava ser feito.

O trabalho árduo no rancho não garantiu o sucesso, porém. No seu 16º aniversário, Dena estava com a mãe no tribunal de falências — sozinha. Quando tinha treze anos, o pai abandonou a família, pois as coisas tinham ficado financeiramente ruins na fazenda. A mãe da Dena sofreu de depressão desde esse momento até sua morte. Ela pediu assistência social por um breve período.

Embora as coisas tenham sido difíceis, Dena sempre teve uma atitude positiva sobre o futuro e sentiu que a adversidade na infância lhe deu a força e a confiança necessárias para superar qualquer desafio. Ela se formou como parte dos 5% dos alunos considerados os melhores de sua classe do ensino médio, e trabalha desde os treze anos. E foi essa visão positiva e proativa que a levou do desespero à realização depois que seu jovem marido, Ivan, que estava treinando para ser piloto, sofreu um trágico acidente que o deixou com uma grave lesão cerebral. Ivan sempre lhe disse que não deveria desistir da educação, aconteça o que acontecer.

Dois anos depois do acidente, agora cuidando do marido, Dena se formou entre os melhores de sua classe (Magna Cum Laude) e teve outro bebê, seu filho Logan. Duas décadas depois, eu fui apresentada a Dena por Logan quando ele estava estudando no IE Business School, em Madri. Dena conseguiu o emprego que todos os seus colegas de classe queriam, em uma empresa da Fortune 500, Hewlett Packard, com boas oportunidades para uma carreira executiva.

Ela foi descrita como forte, destemida e fácil de trabalhar por seu chefe e colegas, e quase dobrou de salário em apenas dois anos. Decidiu então iniciar seu próprio negócio, fundando a Estate Professionals, hoje uma das melhores corretoras do país, especializada em ranchos e fazendas. Ela também foi capaz de passar tempo com sua família e seu marido que, durante a terapia, descobriu um lado artístico. Ele começou a criar esculturas em bronze, ganhando vários prêmios e montando exposições.

Hoje, na faixa dos cinquenta anos, Dena vive no Colorado com sua família, que além de Ivan, inclui três filhos, dois netos, dois cavalos e dois cães. Ela compete em eventos de saltos de obstáculos no seu cavalo de sangue quente holandês.

Para saber como Dena passou do desespero à realização ao cuidar dos outros, marquei uma entrevista com ela em fevereiro de 2015. Falando pelo Skype, não pude deixar de notar sua linda casa no Colorado, e fiquei particularmente atraída pela decoração de tijolo e pelas esculturas de Ivan, que pude ver ao fundo. Eu tinha muitas perguntas sobre como ela tinha ficado psicologicamente bem diante da adversidade. Por exemplo, que tipo de narrativa ela criou para contar aos outros sobre o acidente do marido? E o acidente fez com que ela descobrisse coisas sobre si mesma que não sabia antes?

Dena mostrou muito do que os psicólogos chamam de aptidão emocional, conseguindo superar as emoções negativas. Mas como ela se manteve positiva e enérgica? A resposta foi construir relacionamentos fortes no trabalho e negociar a flexibilidade que ela precisava para administrar o trabalho e uma enorme responsabilidade familiar. Finalmente, Dena e Ivan trocaram de papéis, com ela assumindo a liderança da família. Esta mudança inevitavelmente colocou a relação sob pressão.

Crescendo como filha de um fazendeiro

Dena nasceu e cresceu no Colorado e diz que continua "a se impressionar com a incrível beleza deste estado". Ela tem raízes profundas nessa terra: não admira que tenha gostado do seu trabalho como corretora de imóveis nas últimas duas décadas. Dena se orgulha de ter desenvolvido relações próximas com alguns de seus clientes durante o que ela considera um dos eventos mais memoráveis da vida de alguém — vender ou comprar uma casa. Ela diz que é um privilégio ter participação nisso.

Os primeiros anos de Dena moldaram sua maneira de ver o mundo, e ela se identifica com a cultura do trabalho pesado, tendo aprendido desde cedo o valor de construir uma vida para si mesma. Dena era a mais nova de quatro filhos e recebeu responsabilidades tanto na escola como no rancho desde muito cedo. Ela gostava de aprender coisas novas e se lembra da sensação de satisfação pessoal quando realizava algo depois de um dia de trabalho pesado.

— Meu pai criava ovelhas e deixava a mim e a Sandy, minha irmã três anos mais velha, em nossos cavalos, em Wyoming, no meio do mato, cuidando de duas mil ovelhas.

Sua educação a ensinou a agir de forma independente e a acreditar que poderia fazer qualquer coisa. Na escola, Dena era uma estudante diligente que levava tudo a sério.

— Ela era a mais trabalhadora de todas as crianças da família — diz a irmã Sandy. Ela se destacava na escola, e seu sonho era ir para a faculdade. No entanto, as finanças da família não permitiam isso. Mas em sua mente, Dena sempre soube que obteria o desejado diploma em finanças e que iria além.

Dena e Ivan Schlutz: enfrentar a adversidade juntos

Dena se casou com Ivan aos 23 anos. Eles sonhavam em formar uma família e esperavam ansiosamente pela carreira de Ivan como piloto. Dena tinha acabado de começar na Universidade de Boulder, no Colorado, e estava extasiada por estar na universidade.

— Sempre quis ir para a faculdade, mas os planetas nunca se alinharam para me permitir fazer isso — diz. Ela também estava trabalhando por meio período como secretária jurídica em Denver para pagar por sua educação, ganhando trinta dólares por hora na década de 1990.

Ivan era um piloto comercial que trabalhava como mecânico de aviões no aeroporto Vance Brand, no Colorado. Ele estava no caminho certo para conseguir um emprego em uma companhia aérea comercial. Para apoiar sua carreira de piloto, o casal mudou-se frequentemente, vivendo em Utah, Las Vegas, Salt Lake City, Califórnia e, finalmente, Colorado. Ivan estava na terceira etapa de entrevistas com uma importante companhia aérea, perto de conseguir seu emprego de sonhos, quando o destino bateu à sua porta.

Em 29 de setembro de 1990, Ivan sofreu um grave acidente. Durante o trabalho de manutenção de rotina em um pequeno avião de hélice, ele deixou cair a chave de fenda. Se inclinou para pegá-la e, quando se levantou, bateu na hélice, fazendo com que o ar comprimido nos cilindros iniciasse seu curso, como se o motor tivesse ligado. A hélice bateu com tanta força em sua cabeça que estilhaçou o lado esquerdo de seu crânio. Um colega de trabalho encontrou Ivan no chão, sangrando e inconsciente.

No hospital, ele estava respondendo aos estímulos, mas o lado direito de seu corpo estava paralisado devido à lesão cerebral. Os médicos não sabiam se ele conseguiria passar pela cirurgia invasiva que precisava, nem se conseguiria voltar a andar depois dela. Eles compartilharam essas preocupações com a esposa e pediram sua permissão para realizar a difícil cirurgia. Dena se lembra do peso da responsabilidade de decidir sobre a vida de outra pessoa. Este foi um momento crítico — ela percebeu então que seu papel na vida havia mudado para sempre.

— Eu me lembro de pensar, uau, estou tomando uma decisão sobre a vida de outra pessoa. Foi uma experiência surreal. Havia um medo terrível de que ele não sobreviveria. Foi um momento muito difícil.

Antes de entrar para a cirurgia de emergência, Dena lembra-se de seu marido ter dito a ela: "Não desista da sua educação, aconteça o que acontecer comigo". Durante a operação, Dena pegou seus livros e começou a estudar para as provas da semana seguinte.

— Se eu não podia desistir da faculdade, pensei que seria melhor me sair bem — diz. Ivan ficou cerca de três horas na cirurgia. Quando os médicos saíram, só disseram: "Temos de esperar para ver." De alguma forma, Dena encontrou a capacidade de se concentrar nos estudos enquanto esperava por Ivan na sala de recuperação.

Depois de duas semanas na UTI, a pressão no cérebro de Ivan começou a diminuir. Ele conseguiu mover o braço esquerdo, embora o lado direito estivesse quase totalmente paralisado. Dena estava muito ansiosa e lembra-se da dificuldade de seus movimentos e de pensar: "É assim que vai ser." Ivan então passou por um exigente programa de reabilitação por alguns anos para tentar melhorar seus movimentos, processamento cognitivo, fala e memória.

Vida após o acidente

Depois de ser liberado, Ivan estava numa cadeira de rodas, e mais tarde aprendeu a andar com uma bengala. "Como vai ser o futuro?" e "O que preciso fazer para me preparar?" estavam entre as perguntas que corriam pela mente de Dena quando ela entrou nessa nova etapa de sua vida. Mas como sua irmã Sandy aponta, "Dena é o tipo de pessoa que melhora qualquer situação em que esteja, não importa o quão difícil." O acidente a levou a encontrar ainda mais motivação.

Dena virou-se para a sua filosofia de "filha de fazendeiro". O inesperado está sempre acontecendo em uma fazenda, conta:

— O tempo pode mudar de repente, o que te coloca em uma situação difícil, na qual tem que descobrir como terminar o trabalho.

Sua tarefa agora era descobrir como planejar o seu futuro e o de sua família. Primeiro, ela tinha que se preparar para apelar aos empregadores e ser competitiva no mercado de trabalho.

— Fui ensinada a fazer o que precisava ser feito. Sempre tive o melhor desempenho sob pressão nas competições com meus cavalos ou na escola, então a pressão de ser a chefe da família era conhecida — afirma. Naquele ponto, Dena estava começando a se sentir mais confiante em assumir a liderança da família e começar uma nova carreira.

Durante os primeiros dois anos após o acidente, houve muita terapia física e psicológica. As coisas eram lentas e dolorosas, mas Ivan tinha uma visão positiva da vida, o que o mantinha forte. O casal adaptou-se a uma nova rotina: ela o levava à fisioterapia no caminho para a faculdade e seus pais o buscavam e o levavam para casa. O apoio da família dele foi crucial para permitir que Dena continuasse os estudos. Lentamente, Ivan recuperou a mobilidade total do lado direito do corpo, mas o sonho de se tornar piloto profissional tinha acabado. Ivan não voaria mais e agora precisava se reinventar, assim como Dena teve que reajustar sua vida. As coisas nunca poderiam ser as mesmas para nenhum deles, mas isso não significava que não pudessem se sair bem: o marido descobriu um talento artístico que não conhecia.

Depois de ter sido atingido no lado esquerdo do cérebro, que é o principal responsável pela fala e pela lógica, o lado direito, o mais artístico, tomou conta. Ivan começou a ter sonhos estranhos e a ver imagens que se sentia compelido a recriar de alguma forma.

Para melhorar a sua destreza, tinha recebido barro para trabalhar.

— Ele cansou de espremer o pedaço de barro dia após dia — recorda Dena. Certa manhã, durante a reabilitação, ele pegou um pedaço de barro e o transformou em uma bela peça de escultura. — Ele gostou muito do que fez e acabou criando algo bem bonito — Dena se surpreendeu com esta nova faceta da personalidade de Ivan. — Não fazia ideia de que ele tinha qualquer capacidade artística.

Até aquele momento, Ivan tinha se recuperado significativamente, e já era capaz de andar. Ao mesmo tempo, ele começou a sentir que algo estava faltando em sua vida. O casal então decidiu começar uma família. Para Dena, o momento não era o ideal: ela engravidou em seu primeiro ano de universidade, enquanto seu marido ainda estava se recuperando e ela estudava em tempo integral. No final, as coisas correram bem. Desta vez, os planetas se alinharam e Dena passou no seu último exame dois dias antes do nascimento do bebê.

— O bebê foi uma grande motivação para o meu marido. Como pai, ele encontrou uma nova identidade — diz Dena. Quando questionada sobre sua força, ela respondeu modestamente: — Eu não achava que o que tinha feito era especial até que outras pessoas me contaram. Eu só fiz o que fiz porque não havia outra escolha.

Desde então, as pessoas lhe perguntam como ela continuou em frente, fazendo malabarismos com a reabilitação, o novo bebê e as aulas de nível superior. Ela agora percebe que não tinha pensado nisso dessa maneira:

— Eu só fazia o que fazia por necessidade. — Seu foco durante essa época era seguir em frente em vez de pensar no que tinha acontecido: — Fiz o que tinha que fazer todos os dias e em cada momento. — Ela diz que não sabia que estava fazendo algo considerado impossível. — Qualquer pessoa na minha posição teria feito o mesmo.

Uma carreira profissional

Depois de dois anos difíceis após o acidente, Dena havia realizado seu sonho de vida de ir para a universidade, graduando-se com honras, ajudado seu marido a se recuperar de um acidente grave e agora era mãe. Ela se sentia poderosa e pronta para lidar com qualquer coisa que a vida pudesse lhe atirar.

— Foi o instinto fazer o que era preciso fazer, em vez de me preocupar com o quão difíceis as coisas eram — diz Dena.

Agora, ela precisava de um bom emprego para pagar o seu empréstimo de 36 mil dólares e cuidar do bebê. E encontrou um perto de casa, na Hewlett Packard, trabalhando na contabilidade. Com um salário inicial de 38 mil dólares anuais, o compromisso e o trabalho duro de Dena logo ganharam o respeito de seu chefe e colegas. Seu desempenho foi excelente e ela foi rapidamente promovida, com um aumento salarial significativo. Depois de apenas dois anos, estava ganhando mais de 55 mil dólares ao ano em 1995, com uma carreira promissora à frente.

Dena gostava de todos os aspectos de seu trabalho. O único problema era que esperava-se que ela trabalhasse até sessenta horas por semana, tornando difícil equilibrar suas responsabilidades domésticas e profissionais. O marido e o bebê ficavam sozinhos em casa o dia todo, e ela diz que se sentia culpada. Então, Dena pediu a seu chefe um horário mais flexível, que a permitisse ser mais produtiva para a empresa enquanto cuidava melhor de sua família. Ela trabalharia de terça à sábado e depois passaria o domingo e a segunda-feira em casa para cuidar da família. Foi-lhe concedida a flexibilidade de que precisava. Para seus colegas, este foi um momento marcante, refletindo a confiança que seu chefe tinha nela.

COBRINDO A DISTÂNCIA ENTRE O FEEDBACK E A AUTO-PERCEPÇÃO

Para se manter fiel ao seu eu autêntico, você precisa de mais do que autenticidade sincera. Uma verdadeira avaliação da autenticidade vem da análise da distância entre a nossa autopercepção e o feedback de terceiros. Quanto menor a diferença, mais autênticos nos sentimos nas nossas relações. Por exemplo, Dena tinha uma forte relação de confiança com seu chefe e seus colegas.

No entanto, a maioria de nós tende a pensar um pouco bem demais de si próprio. Os pesquisadores têm verificado consistentemente que tendemos a superestimar nosso desempenho e habilidades. Pensamos que somos mais simpáticos e inteligentes do que os outros acham que somos. Isso cria um desafio para o momento do feedback crítico: até mesmo nossos colegas mais amigáveis provavelmente perceberão que temos mais fraquezas do que nós mesmos nos atribuímos. Uma vez que receber feedback dos colegas põe em dúvida as nossas próprias opiniões, é muito provável que alguns desenvolvam mecanismos de defesa psicológica para evitar "precipitações emocionais". Quem está aberto a um feedback honesto?

Abordamos essa questão em um estudo que realizei com minha equipe de pesquisa, envolvendo 169 homens e 52 mulheres com uma idade média de trinta anos e cerca de seis anos e meio de experiência de trabalho, que foram designados para "equipes de aprendizagem" como parte de um programa de MBA ao longo de um ano letivo.[4] No final de cada período, os colegas dos alunos deram feedback sobre suas qualidades de liderança.

Conforme publicado posteriormente na *Harvard Business Review*,[5] os resultados, retratados em um vídeo, revelaram que todos os alunos começaram se classificando melhor do que foram classificados por seus colegas.[6] Todos pensavam mais de si próprios do que seus colegas acreditavam ser verdade. Mas, a cada avaliação, a obtenção de feedback crítico incentivou a reflexão, tornando a autoimagem das pessoas mais realista.

No entanto, nem todos responderam ao feedback da mesma forma. Como você pode ver na figura 5.1, as mulheres alinharam mais rapidamente suas visões de si mesmas para corresponder às opiniões alheias. No final do ano, a mulher média se viu quase exatamente como seus colegas a viam em três de cada quatro habilidades. Por exemplo, a confiança foi de 3,84 (nota própria) versus 3,67 (nota dos colegas) em janeiro; 3,64 versus 3,44 em abril; e 3,42 versus 3,47 em junho.

Os homens mostraram um padrão diferente. A confiança deles se situa em 3,99 (nota própria) versus 3,70 (nota dos colegas) em janeiro; 3,92 versus 3,46 em abril; e 3,84 versus 3,64 em junho. Depois de receber feedback crítico, as mulheres revisaram sua autoconfiança e outras habilidades de liderança mais rapidamente, enquanto os homens continuaram a pensar muito bem de si mesmos.

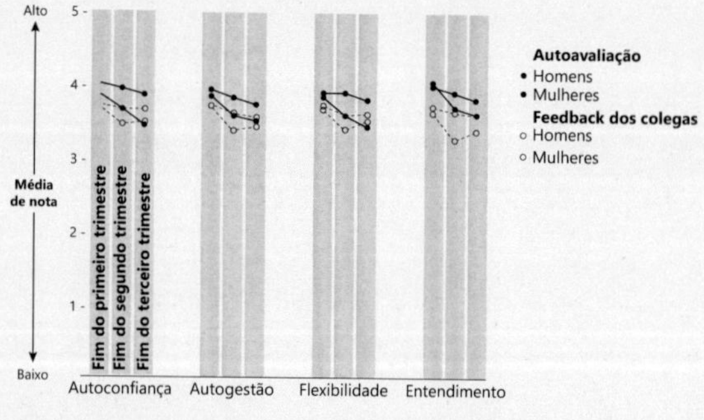

Fonte: figura 5.1. Como homens e mulheres cobrem a distância entre o feedback e a autopercepção.

A lacuna de gênero na autopercepção e no feedback nos surpreendeu. Por que essa diferença? Uma possibilidade era que as mulheres fossem socializadas para serem mais sensíveis às opiniões alheias. A maior abertura e sensibilidade das mulheres ao feedback dos colegas é uma bênção e uma maldição: ao mesmo tempo que aumenta a autoconsciência e a liderança autêntica, permitindo que estejam mais em contato com quem são e, portanto, mais capazes de aprender; também pode bloquear a mesma confiança que deveria aumentar, desencorajando-as a assumirem novos desafios empresariais. Ao mesmo tempo, a tendência dos homens de superestimar suas habilidades, ignorando o que os outros estão dizendo, dificilmente é uma receita para o sucesso a longo prazo. Como podemos aprender com o feedback dos outros para reforçar a nossa autenticidade?

Aqui está uma maneira: faça uma lista das pessoas com quem você trabalha e peça feedback sobre algumas habilidades críticas, como gerenciamento de tempo, ganhar a aprovação de outros ou autoconfiança. Verifique as diferenças entre as avaliações dos seus conhecidos e a sua própria. Em seguida, reflita sobre suas reações ao feedback que acabou de receber. Qual é a distância entre o feedback e a sua autoperceção? Você é um superestimador ou um subestimador?

Fundadora e ceo da Estate Professionals

Dena conseguiu manter um difícil equilíbro entre sua vida profissional e privada durante três anos. Mas de repente, diz ela, sentiu a pressão de tentar agradar a todos: seu patrão, seu marido e seu filho. Todos queriam a sua atenção.

— A personalidade do meu marido tinha mudado e não era muito fácil lidar com ele — lembra-se ela, acrescentando: — Tudo isso começou a me consumir, e criar um filho me levou à beira de um ataque.

Ela também descobriu que a HP planejava fechar seu escritório em Loveland, perto de sua casa, e se mudar, o que significava que ela teria que viajar uma hora por dia ou se mudar para outro estado. Decidiu, então, que algo tinha que mudar.

— Adorava o meu trabalho na HP; nunca teria desistido se as circunstâncias tivessem sido diferentes — explica Dena.

Mas ela também teve que se adaptar para equilibrar seu trabalho e suas responsabilidades familiares. A solução era se aproveitar do espírito empreendedor que tinha herdado da família, e por isso decidiu que, se precisava trabalhar muito, devia fazê-lo por si própria. Também havia outro fator chave:

— Meu chefe, Dave Willet, um verdadeiro líder, foi transferido para outro departamento. — Isso tornou a decisão de deixar a HP um pouco mais fácil.

Dena estava determinada a criar a flexibilidade que a permitiria desfrutar de sua vida pessoal e acreditava que iniciar seu próprio negócio no setor imobiliário era a maneira perfeita de fazê-lo. Ela sempre teve interesse em propriedades, e suas habilidades em organização, planejamento de longo prazo e estratégias poderiam ser bem aproveitadas, desta vez em seus próprios termos. Sua sogra, Hilda Schlutz, uma imigrante cubana e empreendedora em série, a encorajou e apoiou.

Sandy pensou o contrário, acreditando que a HP oferecia uma carreira muito mais fácil para a irmã. Ela também temia que Dena não fosse capaz de ganhar dinheiro suficiente com imóveis, mas também compreendeu o quão importante um horário flexível era para ela.

Dena levou os argumentos de todos em consideração, ouvindo suas opiniões sobre a decisão que ela precisava tomar. Para ela, era importante fazer um trabalho de que pudesse se orgulhar.

— Eu ia liderar as pessoas pelo maior investimento que fariam em suas vidas. Estava orgulhosa de ter uma boa educação e pronta para trabalhar para mim mesma.

Acabou sendo a escolha certa. Dena fundou a Estate Professionals e a dirigiu com sucesso por vinte anos. Ela trabalhava em casa e tinha mais tempo. Sua irmã Sandy agora acredita que o trabalho de Dena no setor imobiliário aperfeiçoou muitas de suas melhores qualidades:

— A sua capacidade de se adaptar e mudar; e a sua capacidade de ser mais flexível. Ela nunca tem medo de experimentar coisas novas... de fazer com que elas funcionem.

O dia de Dena começa às 5h30, com meditação, exercícios, uma sessão de planejamento e depois encontros com seus clientes. Dirigir é uma grande parte do trabalho e, durante o inverno, a neve nas estradas pode ser um problema. Ela trabalha muito no escritório de casa para poder estar perto da família, enquanto ainda lida com o que precisa ser feito para fornecer um serviço excepcional. Seu tempo e energia são divididos entre o negócio e a família e ela passa pouco tempo socializando. A sua melhor amiga de infância, PhD em Harvard e corretora de ações, vive na Califórnia.

— Tenho orgulho em dizer que, ao longo de todos os meus anos trabalhando para mim mesma, tenho uma taxa de satisfação de 100% entre os meus clientes. Eu não pergunto apenas se eles estão preparados para fazer a compra, eu pergunto também sobre seus maiores medos e faço com que saibam que tudo será feito em seu benefício — afirma ela. Dena acredita firmemente que a chave do seu sucesso é nunca esquecer que comprar uma casa é um dos maiores investimentos que a maioria das pessoas fará na vida.

Sua vantagem estratégica é ganhar a confiança dos clientes. Ela observa o seguinte:

— O meu negócio é movido por referências e publicidade boca a boca. Valorizo a incrível lealdade dos meus clientes e me sinto honrada por eles me considerarem parte de sua família por associação.

Em 2014, ela arrecadou 6,5 milhões de dólares, e em 2015 dobrou esse valor. Está orgulhosa do que realizou e acorda todas as manhãs cheia de energia e entusiasmo. Ela adora fazer o que faz. Quando lhe perguntei de onde vinha esta paixão e energia, Dena não hesitou:

— É a minha família.

Fazendo elogios sinceros

Vimos acima a importância de estarmos abertos ao feedback crítico para evoluirmos para o nosso melhor eu autêntico. Mas isso é apenas um dos lados da moeda. O que acontece quando as pessoas compartilham experiências positivas?

O trabalho de Shelly Gable, professora de psicologia na Universidade da Califórnia, explica quatro maneiras de responder a alguém que está compartilhando uma experiência positiva.[7] Como você pode ver na figura 5.2, os quatro estilos de conversação podem variar ao longo de duas dimensões — ativo versus passivo e positivo versus negativo.

Aqui está um exemplo de uma equipe de desenvolvimento de produtos: Ruth diz ao seu colega, Alex, "ei, acabei de completar a minha tarefa para o novo produto".

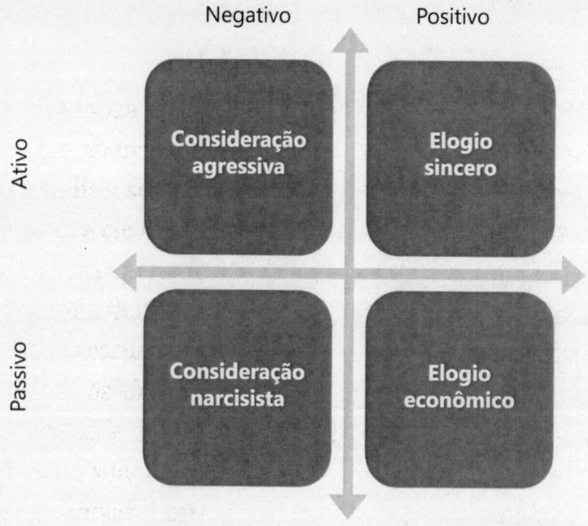

Fonte: figura 5.2. O estilo de conversação autêntico é positivo e construtivo.

Elogio sincero: Isso é ótimo. O que você tinha que fazer? Quanto tempo demorou? Como se sente? O que precisa fazer a seguir?
Elogio econômico: Bom trabalho.

Consideração narcisista: Estou lendo esse artigo interessante na internet. Venha ver...
Consideração agressiva: Você demorou demais. Espero que não tenha cometido nenhum erro. Terminei a minha última tarefa há dois dias.

Conversas autênticas têm grandes resultados no desenvolvimento de relações positivas com os outros. Podemos nos concentrar ativamente na outra pessoa com apoio entusiástico, mostrando uma preocupação genuína com o que ela está fazendo e sentindo. Este elogio autêntico fortalece as amizades muito mais do que um simples comentário de "Bom trabalho". Em contraste, quando nos focamos excessivamente em nós mesmos, ignorando o evento, respondemos com um relato narcisista que mina a relação, ou pior ainda, de uma maneira agressiva que causa prejuízos, apontando aspectos negativos.

A carreira artística de Ivan

Dena Schlutz pratica o elogio autêntico, dando apoio à carreira artística emergente de seu marido. Para Ivan, ser piloto não era apenas um objetivo de carreira, mas uma vocação e uma tradição familiar: seu pai tinha sido piloto de companhias aéreas comerciais. Embora ele tenha se recuperado do acidente, sofre de dores de cabeça que o impedem de trabalhar em uma rotina normal. Ivan tem sua própria agenda flexível e trabalha em seu estúdio de arte em casa, onde pode criar suas esculturas. Muito do seu trabalho é inspirado por temas nativos dos Estados Unidos, e inclui uma estátua dedicada aos bombeiros voluntários de todo o país.

Ele trabalha principalmente em regime de comissão, com sua mãe o ajudando com galerias de arte e encontrando maneiras de mostrar seu trabalho mais recente. Deixar um legado de sua vida através da arte é o que o mantém ativo e produzindo novas obras. Seu trabalho recebeu prêmios e foi vendido por milhares de dólares ao redor do mundo, mas, para Ivan, a arte é mais do que apenas uma carreira, diz Dena:

— Depois de tudo que ele superou, eu acho que sua arte simboliza seu otimismo e sua paixão pela vida.

Ivan entende que a arte é o resultado de uma grande mudança em sua vida.

— A minha inspiração vem de todas as pessoas que me ajudaram a chegar onde estou hoje — reconhece. Ele é particularmente grato a Fritz White, que o ensinou as bases da escultura ao longo de dezessete anos. Mas Ivan quer ir além da autoexpressão. — Eu acredito que é muito importante para um artista retribuir à sua comunidade — diz, explicando que sua arte foca no despercebido. — Eu crio as minhas esculturas para chamar atenção para coisas que os outros ignoram.

Sua arte e história de vida foram apresentadas no programa *The Ordinary and the Extraordinary*, da CBS; no *Ripley's Believe it or Not*, da TBS, e no *The Oprah Winfrey Show*.

QUAL É A SUA AUTENTICIDADE SOCIAL?

Se pensarmos na autenticidade como um processo dinâmico de crescimento do nosso melhor eu em uma relação equilibrada com os outros, é possível compreender como pessoas como Dena podem ser classificadas como genuínas e autênticas.

Wang Yi Nan, um pesquisador de psicologia da Universidade Normal de Pequim, na China, desenvolveu o que ele chama de pesquisa de autenticidade social para avaliar essa habilidade de estabelecer relações autênticas.[8] A ideia-chave aqui é que a sua autenticidade não surge contra os outros (autenticidade egocêntrica), nem através do esforço para conseguir a aprovação alheia enquanto oculta o seu eu verdadeiro (autenticidade distorcida pelo outro). Mas, pelo contrário, ela provém da realização de uma "unidade harmoniosa entre o eu verdadeiro e o eu social". A autenticidade desequilibrada em qualquer direção reduz o bem-estar subjetivo.

Você pode classificar as seguintes afirmações de 1 ("não me descreve de forma alguma") a 5 ("me descreve muito bem").

Autenticidade equilibrada

1. Estou plenamente ciente de quando insistir e quando aceitar um acordo.
2. Eu sempre encontro maneiras de conciliar as minhas necessidades com as dos outros.
3. Eu não desistiria do meu eu verdadeiro, nem dificultaria que me aceitassem.

Autenticidade egocêntrica

1. Costumo dizer a verdade sem me preocupar com o que vão pensar de mim.
2. Só digo o que penso, sem me preocupar com os sentimentos dos outros.
3. Sempre ofendo as pessoas quando falo francamente.

Autenticidade distorcida pelo outro

1. Sempre escondo meus verdadeiros pensamentos por medo de desaprovação.
2. Normalmente tento servir aos outros.
3. Não me atrevo a dizer a verdade aos outros por me preocupar com seus sentimentos.[9]

O que significa uma pontuação alta em termos de autenticidade elevada e equilibrada? Wang escreve:

> Um indivíduo típico com autenticidade de alta a balanceada, mas com autenticidades narcisista e distorcida baixas, não negaria suas próprias inclinações naturais em troca da aprovação nem aderiria rigidamente a inclinações naturais às custas dos outros.

• Construindo relações autênticas

Quando perguntei a Dena sobre seus pontos fortes, ela respondeu com confiança:

— Não há uma situação que possa surgir [com a qual] eu não seria capaz de lidar. — E acrescentou: — Acredito que posso criar um relacionamento com qualquer pessoa.

A equipe de Dena inclui sua família, seus colegas corporativos e os funcionários do trabalho. Construindo relacionamentos de alta qualidade, tem se mantido em boa forma psicológica, aprendendo novos hábitos, entrando em novas rotinas e evoluindo ao longo do tempo, se mantendo fiel aos seus princípios. Ou, como ela diz, "levante-se e faça o que precisa ser feito".

Diante da adversidade, Dena relata que nunca sentiu uma sensação de crise ou de que estava fazendo algo extraordinário.

— A vida é assim, com seus altos e baixos, e você vive cada momento que tem — argumenta. Foi só quando começou a contar aos colegas da HP sobre o acidente do marido que as pessoas reagiram como se ela fosse algum tipo de heroína. — As pessoas estavam sempre me elogiando. Ficavam me dizendo como eu era forte — lembra-se. Não era a primeira vez que ela se encontrava em uma situação realmente difícil e era instintivo fazer o necessário para resolvê-la, o que acabou por se revelar bastante extraordinário.

Dena descobriu, para sua surpresa, que tinha se tornado um modelo para alguns de seus colegas da HP. Por exemplo, Tracey Reichard, que trabalhou com ela, diz que aprendeu duas grandes lições de vida. Primeiro, que "uma pessoa precisa usar seus pontos fortes", uma abordagem à vida que funciona particularmente bem em situações de mudança drástica. Tracey diz que primeiro avalia uma situação e depois tenta tirar o melhor que pode dela. Depois de testemunhar o caminho de Dena, ela diz a si mesma "você é mais forte do que pensa, precisa apenas ser corajosa, definir o seu caminho e ir em frente".

Depois, Tracey valoriza "levar em conta suas prioridades — trabalho e família", pois viu como isso ajudou Dena a mudar o rumo de seu futuro.

— Ela olhou para quem era e esperou para ver qual deveria ser seu próximo passo — diz, lembrando de como Dena convenceu seus chefes de que seria produtiva e teria tempo para sua família se pudesse mudar a agenda. Tracey ficou agradavelmente surpresa ao ver que a equipe de gestão lhe permitiu fazer isso. — Dena estava disposta a tentar as coisas dessa forma, era muito criativa e conseguiu fazer com que as pessoas vissem o seu ponto de vista — diz Tracey.

Como Dena desenvolveu essas relações de alta qualidade no trabalho? Quando estava na HP, "ela nunca se queixou. Aceitava as coisas com bravura", explica Tracey. Uma das muitas habilidades sociais de Dena é fazer com que os outros se sintam confortáveis.

— Se tivesse tensão no escritório, Dena era a pessoa que a amenizava. Ela fazia muitas perguntas e falava sobre o que estava acontecendo. E, quando era abordada com um problema, nunca fazia ninguém se sentir mal ou burro, e focava no problema, tentando encontrar uma solução — lembra-se Tracey.

Perguntei a Dena o que os outros podiam aprender com sua força. A sua sabedoria me lembrava as "três cestas da vida" que ensino aos meus alunos: você mesmo, seu trabalho e sua família.

— É preciso ter em mente os compromissos que assumimos com as pessoas, com as organizações e com nós mesmos — disse Dena, acrescentando: — Além de aprender a equilibrar essas coisas, para que a vida valha a pena.

Dena acredita que "você pode ter tudo, se trabalhar para isso". Afinal, ela poderia ter escolhido a segurança de um emprego na HP, mas desistiu de tudo para ser sua própria chefe e estar com sua família.

— Você precisa encontrar formas criativas de fazer o que quer — sugere. Lidando com a adversidade, ela descobriu quem realmente poderia ser, aumentando sua autoconfiança até um ponto em que sente que não há montanha que não possa escalar. Ela podia superar obstáculos enquanto aproveitava todas as oportunidades que encontrava ao longo do caminho. — Eu continuei a lutar e a defender a minha família — diz orgulhosamente. Ela era a pequena semente que estava no chão para se tornar um carvalho orgulhoso. Desistir teria sido se divorciar, mas "você não desiste quando as coisas são importantes".

Ela encoraja os que a rodeiam a seguirem sua abordagem de vida.

— O meu objetivo é fazer do mundo um lugar melhor, sendo honesta, trabalhadora e oferecendo excelência. — Ela se voluntaria regularmente para ajudar organizações juvenis como o Boy Scouts, o United States Pony Club e o Fellowship of Christian Athletes. Para se manter em forma, gosta de fazer ioga, ciclismo e equitação.

Dena também está ciente de que, ao longo dos anos, tem sido capaz de recorrer à força e à sabedoria dos outros. O seu chefe e mentor na HP lhe deu um conselho que a marcou: "Ao tomar decisões todos os dias, se pergunte: como esta decisão vai afetar minha vida quando eu tiver cem anos?" Para Dena, sucesso na vida significa o seguinte:

— Não ter arrependimentos; sinta-se orgulhoso da vida que você viveu, do jeito que viveu. O que realmente importa no final é a imagem que você tem da sua vida e de si mesmo. Quando tiver cem anos, quero poder olhar para trás e ter orgulho do que realizei para mim mesma e para os outros. É isso que me move todos os dias.

Dena também é um exemplo de como as mulheres podem encontrar formas de ultrapassar as barreiras invisíveis à plena participação no local de trabalho.

Crescendo com autoconfiança

O principal sobre os líderes autênticos é que eles não são estáticos. O que os diferencia é que, quando descobrem seus pontos fortes, querem crescer, buscando novas oportunidades e construindo relações fortes com os outros. No entanto, crescer com autoconfiança pode ser mais fácil para os homens do que para as mulheres.

Um relatório interno da Hewlett Packard mostra que os homens se candidatam a um emprego quando cumprem apenas 60% dos requisitos, mas as mulheres só se candidatam quando estão confiantes de que podem cumprir 100% deles. O feedback crítico dos colegas destina-se a resolver esta questão, mas surpreendentemente, como vimos no nosso estudo de feedback, a chamada "lacuna de confiança" de gênero pode aumentar.

Como as mulheres podem transformar a autoconfiança em vantagem competitiva para o crescimento pessoal? Para responder a esta questão, realizei um estudo com meus colegas da ESMT e do INSEAD, em uma grande empresa multinacional de desenvolvimento de *software*.[10] Um total de 297 engenheiros de computação completaram uma pesquisa on-line para avaliar seus relacionamentos positivos com outras pessoas. Em seguida, uma ampla gama de *stakeholders*, incluindo supervisores, colegas e clientes internos, avaliaram a autoconfiança, o desempenho e a influência dos engenheiros na organização.

Os resultados eram previsíveis. O desempenho bem-sucedido faz com que homens e mulheres pareçam autoconfiantes aos olhos dos supervisores. Mas a pergunta interessante é: eles receberam o mesmo crédito por sua aparência autoconfiante? Homens e mulheres não são igualmente recompensados pela sua autoconfiança. Há mais um requisito social para que as mulheres percebam plenamente os benefícios de sua autoconfiança — o cuidado. A implicação desses resultados é que, para que as mulheres tenham sucesso em um mundo tendencioso, não basta simplesmente incentivá-las a serem mais competentes e a terem um melhor desempenho. Elas têm de se esforçar ao máximo para se preocuparem com os outros, o que acredito que pode ser uma coisa positiva, como expliquei em um artigo na *Harvard Business Review*.[11]

Relações positivas com os outros

Carol Ryff ressalta a importância de relações calorosas e de confiança com os outros para o nosso bem-estar subjetivo. Ela diz:

> Os autorrealizadores são descritos como pessoas com fortes sentimentos de empatia e afeto por todos os seres humanos, além de serem capazes de maior amor, amizade mais profunda e identificação mais completa com os outros.

O estudo de Wang sobre autenticidade social examina as correlações com as relações positivas com os outros. Esse estudo tem dois resultados interessantes. O primeiro é que existe uma forte correlação positiva entre autenticidade equilibrada e relações positivas com os outros. A segunda é que, é claro, quando as pessoas demonstram autenticidade egocêntrica, as relações são menos positivas. Mas a mesma correlação negativa é encontrada entre a autenticidade distorcida pelo outro e as relações interpessoais. Isso significa que buscar a aprovação dos outros à custa de suas vontades não lhe dá o retorno esperado de relacionamentos melhores.

Você pode dedicar um momento para avaliar suas relações interpessoais indicando até que ponto você concorda ou discorda que estas afirmações se aplicam a você, usando uma escala de 1 ("Discordo totalmente") a 6 ("Concordo totalmente").

1. A maioria das pessoas me vê como amorosa e carinhosa.
2. Gosto de conversas pessoais e intímas com familiares ou amigos.
3. É importante para mim ser um bom ouvinte quando amigos próximos me contam sobre seus problemas.
4. Sinto que ganho muito com minhas amizades.
5. As pessoas me descrevem como uma pessoa generosa, disposta a partilhar o meu tempo com os outros.
6. Sei que posso confiar nos meus amigos, e eles sabem que podem confiar em mim.
7. Meus amigos e eu simpatizamos com os problemas um do outro.

O que significa ter uma pontuação mais alta em termos de relações positivas? Uma pessoa com mais pontos "tem relações satisfatórias e confiantes com os outros; está preocupada com o bem-estar deles; é capaz de uma forte empatia, afeição e intimidade; e compreende [o] dar e receber das relações humanas". Em contraste, uma pessoa com pontuação mais baixa "tem poucas relações próximas e de confiança; acha difícil ser calorosa, aberta e empática; está isolada e frustrada nas relações interpessoais; e não está disposta a ceder para manter laços importantes".

Dez maneiras de permanecer autêntico e construir relações de confiança

1. *Use seus pontos fortes.* Esteja atento às suas competências: este é o primeiro passo no processo de aprendizagem. Por exemplo, a irmã de Dena acredita que seu trabalho em imóveis aperfeiçoou muitas de suas melhores qualidades: a capacidade de se adaptar, mudar e ser flexível. Ela nunca tem medo de experimentar coisas novas nem de fazer com que elas funcionem. Tracey, uma colega da HP, aprendeu com Dena que "uma pessoa precisa usar seus pontos fortes", uma abordagem de vida que funciona particularmente bem em situações de mudanças drásticas.
2. *Manter uma perspectiva otimista.* Transforme más notícias em oportunidades. Tome uma atitude proativa para ficar emocionalmente estável, positivo e enérgico. Apoie-se nos seus pontos fortes já estabelecidos. Dena confiou em sua mentalidade de "filha de fazendeiro" de autoaperfeiçoamento pela aprendizagem. Depois do acidente, teve que aprender a ser alguém que conseguiria um emprego.
3. *Mantenha o nível de pressão em um nível motivacional.* A pressão moderada é fundamental para manter o foco e a estabilidade emocional diante dos desafios. Os líderes autênticos têm uma motivação interna que os mantêm em movimento; eles nunca desistem. É exatamente assim que Dena é descrita pela irmã: "Não importa qual seja a situação, ela é sempre assim, nunca desiste."
4. *Visualize o seu melhor eu possível.* Identifique seus pontos fortes para imaginar como eles podem ajudá-lo a alcançar o seu melhor eu possível. Isso aumenta seu otimismo e suas expectativas para o futuro. Dena sempre esteve interessada em propriedades, e suas habilidades em organização, planejamento de longo prazo e estratégias poderiam ser bem aproveitadas, desta vez em seus próprios termos.
5. *Esteja aberto a feedback honesto e construtivo.* O feedback crítico encoraja a reflexão, tornando a sua autoimagem mais realista. Comentários válidos e bem fundamentados que envolvam aspectos positivos e negativos são bem-vindos. Certifique-se de evitar a arrogância.

O excesso de confiança mata a aprendizagem — incorpore novas informações ao seu próprio conceito, evitando uma visão parcial e a inflação da sua própria imagem.

6. *Faça elogios sinceros.* Não subestime o poder de oferecer apoio autêntico ao compartilhar experiências positivas com outras pessoas. Dena mostra esse apoio autêntico ao seu marido Ivan. Sua arte é mais do que apenas uma carreira, diz Dena: "Depois de tudo que ele superou, eu acho que sua arte simboliza seu otimismo e paixão pela vida". Acredite na regra da reciprocidade porque as pessoas sentem a obrigação moral de tratá-lo da mesma forma que você as trata.

7. *Desenvolva uma autenticidade equilibrada.* Empatize com os outros e responda a eles transformando paixão em compaixão. Por exemplo, Dena foi descrita como forte, destemida e fácil de trabalhar por seu chefe e seus colegas. Essas relações positivas com os colegas de trabalho tornaram-na tão bem-sucedida que ela duplicou seu salário em apenas dois anos, além de ter conseguido a flexibilidade de que precisava. Para seus colegas, este foi um momento marcante, refletindo a confiança que o chefe tinha nela.

8. *Mostre confiança nas suas capacidades.* Pessoas autoconfiantes mostram convicção na sua capacidade de tomar decisões, organizar e executar planos de ação, e demonstram uma motivação sincera. Dena gostava de aprender coisas novas e lembra-se da sensação de satisfação pessoal de quando realizava algo depois de um dia de trabalho pesado. Ela tem em mente seus compromissos com as pessoas e organizações com que trabalha, mas também com ela mesma. Lidar com a adversidade aumentou sua autoconfiança.

9. *Cresça com autoconfiança e obtenha crédito pela sua competência.* Invista na competência e na cordialidade. Ser sociável, tranquilo e útil aos outros o ajudará a colher os benefícios de sua competência. Esteja atento aos sinais sociais que mudam as formas de lidar com determinadas situações para se adaptar de maneira eficaz às novas demandas. Dena estava determinada a criar a flexibilidade que a

permitiria desfrutar sua vida pessoal e acreditava que iniciar o próprio negócio no setor imobiliário era a maneira perfeita de fazê-lo.

10. *Invista na construção de relações autênticas*. Redes positivas que confirmem a sua identidade aumentam o respeito mútuo e a cooperação. Por exemplo, Dena desenvolve relações de confiança com seu grupo diversificado de clientes. Esses testemunhos dão fé à sua autêntica e genuína liderança e à sua atitude carinhosa, empática, extremamente motivada, honesta e positiva com o seu trabalho.

Compaixão e intimidade levaram Oprah Winfrey a percorrer um longo caminho e se tornar uma das pessoas mais influentes dos Estados Unidos. A filosofia de vida de Winfrey de que "fazer o melhor neste momento coloca você no melhor lugar para o próximo momento" também é seguida por Dena Schlutz, que enfrenta a adversidade com confiança "momento a momento".

6
Resiliência e vulnerabilidade: tenha controle sobre o seu destino

É importante estar confortável sendo autêntico... Provavelmente não aprendi isso até mais tarde na minha carreira.

KEVIN JOHNSON

Kevin Johnson assumiu o cargo de CEO da Starbucks em 3 de abril de 2016, após três anos como diretor de operações. Ele acredita que ser autêntico permite que as pessoas façam o seu melhor trabalho. Para Johnson, um momento esclarecedor para descobrir a importância da autenticidade veio quando ele foi diagnosticado com melanoma anos atrás.

— Esse tipo de coisa te leva a parar e pensar: "O que é realmente importante na vida?" — disse ele ao *Business Insider*.[1] Mais importante ainda, Johnson acredita que ser autêntico significa que você deve mostrar vulnerabilidade. — Acho que todos no planeta partilham o mesmo conjunto de experiências humanas. Todos nós já experimentamos alegria e tristeza, já experimentamos a luta de tentar alcançar algo e os desafios de superar obstáculos. E, às vezes, penso que à medida que envelhecemos e nos tornamos mais experientes, nos sentimos mais confortáveis a reconhecer de forma autêntica algumas de nossas vulnerabilidades.

A vulnerabilidade é uma forma difícil mas poderosa de desenvolver relações autênticas. Algumas pessoas temem que isso resulte em perda de poder, porque revela nossas fraquezas. No entanto, pode beneficiar os líderes, permitindo-lhes desenvolver confiança com os seus empregados e outras partes interessadas.

ANGEL RUIZ: DE CUBA A CEO DA ERICSSON AMÉRICA DO NORTE (ESTADOS UNIDOS)

Da mesma forma, Angel Ruiz mostrou sua vulnerabilidade a seus colegas e subordinados, partilhando com eles os muitos desafios que enfrentou na vida. No final dos anos 1960, um Angel de doze anos chegou aos Estados Unidos vindo de Cuba, incapaz de falar uma palavra em inglês, iniciando uma narrativa de coragem. Suas primeiras experiências desenvolveram nele uma extraordinária força mental e resiliência que o prepararam para os desafios monumentais que surgiriam mais tarde em sua vida. Quase três décadas depois, ele travou uma longa e brutal batalha contra o câncer. Durante os últimos meses de quimioterapia, foi promovido a CEO da Ericsson América do Norte. Ele aceitou a nova posição na hora. A sua missão era conduzir as operações da Ericsson através do colapso das telecomunicações em 2001.

Angel alcançou o triunfo, sobreviveu e teve sucesso. Mas tenho a sensação de que o que ele realmente aprecia é o processo de encontrar um novo desafio a superar. Ele vive perpetuamente no modo de sobrevivência, e uma combinação de vulnerabilidade e força mental o torna autêntico na liderança e na vida. Ele é um lutador, e seu novo campo de batalha é a Ericsson América Latina.

Angel realizou algo extraordinário, e a história de como o fez é uma maravilhosa ilustração do segundo elemento da autenticidade: fazer da aprendizagem um hábito. Ele descobriu que, ao estabelecer novos comportamentos pequenos, mas críticos, na forma como abordava os desafios dos negócios e da vida, conseguia superar muitos obstáculos. Angel aprendeu a ser resiliente, a compartilhar a sua vulnerabilidade e a permanecer fiel a si mesmo.

Uma história de coragem e sobrevivência

A história de Ruiz foi publicada na *Dallas Magazine* em janeiro de 2016. Seu filho, um antigo aluno meu, orgulhoso do pai, me enviou o link. Fiquei fascinada quando li o artigo. Um ano depois, Angel esteve em Barcelona para participar do Congresso Mundial de Tecnologia Móvel, então marcamos uma reunião para o dia 2 de março de 2017, e depois uma segunda no dia seguinte.

Ele tinha acabado de fazer sessenta anos. Falou comigo em espanhol e imediatamente estabelecemos uma conexão. Ele tem um interesse genuíno na vida acadêmica. Antes de começarmos a entrevista, fez algumas perguntas rápidas sobre minha pesquisa e minha carreira como professora. Depois de apenas dez minutos, parecia que nos conhecíamos há muito tempo.

— Numa indústria como a das telecomunicações, tudo está em constante mudança — disse. — Até os líderes das grandes corporações mudam de emprego frequentemente. Por exemplo, há apenas dois meses, Hans Vestberg, presidente e CEO da Ericsson, deixou a empresa.

Vestberg trabalhou para Angel de 2001 a 2002, quando foi diretor financeiro da empresa na América do Norte. Em meio à agitação do Congresso Mundial de Tecnologia Móvel, o ritmo da mudança parece ser ainda mais rápido. Angel fala lentamente, como se tentasse compensar a velocidade da mudança, pausando para refletir, além de citar exemplos específicos para ilustrar seus argumentos.

Exercício experimental: quais são os seus pontos fortes?

O que faz pessoas como Angel prosperarem enquanto outras ficam para trás diante da adversidade? Angel desenvolveu sua autenticidade e liderança transformando más notícias em oportunidades com uma perspectiva positiva, mostrando uma resiliência excepcional.

Martin Seligman, da Universidade da Pensilvânia, é considerado o pai da psicologia positiva — o estudo científico de como os pontos fortes permitem que indivíduos e comunidades prosperem.[2] Em seu artigo na *Harvard Business Review*, "Criando resiliência", Seligman estuda um problema crítico: "O fracasso é um dos traumas mais comuns da vida, mas a forma como diferentes pessoas respondem a ele varia muito. Alguns se recuperam depois de um breve período de mal-estar; outros desenvolvem depressão e um medo paralisante do futuro". A principal diferença é como as pessoas usam seus pontos fortes.

Quais são os seus pontos fortes? Seligman apresenta um levantamento de 24 traços positivos de caráter, como curiosidade, integridade e persistência, que podem nos tornar fortes diante da adversidade. Tome um momento para classificar as seguintes declarações de 1 ("Muito diferente de mim") a 5 ("Muito parecido comigo"), para identificar algumas das áreas em que você se destaca:[3]

- Acho que o mundo é um lugar muito interessante.
- Sempre identifico as razões das minhas ações.
- Nunca desisti de uma tarefa antes de completá-la.
- Ser capaz de criar ideias novas e diferentes é um dos meus pontos fortes.
- Frequentemente me mantenho firme diante de uma forte oposição.
- Estou sempre disposto a correr riscos para estabelecer um relacionamento.
- Sempre admito quando estou errado.
- Em um grupo, tento garantir que todos se sintam incluídos.
- Sempre olho pelo lado positivo.
- Quero viver ativamente, e não passivamente.

Uma vez que você tenha identificado seus pontos fortes, pode escrever sua própria história de "pontos fortes diante de desafios" — uma situação na qual você usou com sucesso seus pontos fortes para resolver um problema ou ajudar alguém.

Olhando para o futuro, você também pode escrever sobre como seus pontos fortes podem ajudá-lo a se tornar a melhor versão de si mesmo. Este exercício, chamado "Melhor Eu Possível" (MEP), tem feito aumentar o otimismo das pessoas e suas expectativas sobre o futuro:

> Ser seu melhor eu possível significa imaginar-se em um futuro em que tudo tenha corrido tão bem quanto poderia. Você trabalhou pesado e conseguiu realizar seus objetivos de vida. Pode imaginá-lo como um futuro em que satisfez todos os seus sonhos e desenvolveu da melhor forma todos os seus potenciais. Pense e escreva seus objetivos, habilidades e os desejos que gostaria de alcançar em um futuro distante para um campo em sua vida (pessoal, social ou profissional).

Um grupo de pesquisadores da Universidade de Maastricht realizou um estudo para compreender os efeitos da visualização do Melhor Eu Possível (MEP).[4] Em um experimento, eles compararam um grupo experimental que praticou o exercício do MEP durante cinco minutos por dia por duas semanas com um grupo controlado que criava atividades diárias.

Pense nas tarefas que realizou nas últimas 24 horas e revise-as calmamente. Pense nas atividades, reuniões, etc. e vá mais fundo nas conversas, discussões, pensamentos ou mudanças de humor que você possa ter tido.

O grupo experimental relatou uma melhora significativamente maior em seu otimismo em comparação ao grupo principal. Isso pode parecer óbvio, mas não é. Nós tendemos a pensar em nossas atividades diárias com muito mais frequência do que pensamos em nosso melhor eu possível.

De Cuba aos Estados Unidos: construindo resiliência

A mentalidade de Angel de pensar no futuro é um grande exemplo de resiliência ao lidar com a adversidade. Ele nasceu em uma família de baixa renda em Cuba, em 1956. Seus primeiros anos de vida sob o regime de Castro foram tudo menos fáceis. Seu pai, Angel Arturo Ruiz, trabalhou como supervisor de armazém para a ITT, mas perdeu o emprego quando assinou uma documentação em 1963 para que ele e a sua família se mudassem para os Estados Unidos. Ele, Então, teve que ganhar a vida fazendo trabalhos de construção e cortando cana-de-açúcar. Sua família podia solicitar uma autorização de saída porque a irmã de sua mãe havia emigrado para os Estados Unidos na década de 1950. A família Ruiz levou cinco anos para conseguir a permissão necessária para deixar Cuba.

Antes de partir, em 1968, Angel passou a noite dormindo no chão do aeroporto de Havana com os pais e o irmão mais novo, Carlos, esperando 36 horas por um dos dois voos diários para os Estados Unidos. Quando a família chegou a Miami, ele diz que ele e seu irmão correram para a máquina de venda automática para pegar um sanduíche de presunto, uma Coca-Cola e um pacote de chiclete. Acabaram se instalando em Baltimore, onde viveram com a tia de Angel.

— Quando chegamos aos Estados Unidos, ninguém na família falava uma palavra de inglês — recorda Angel —, e eu comecei o sétimo ano da escola sem falar a língua.

O pai não conseguiu encontrar emprego na área de telecomunicação e, por isso, trabalhou como supervisor em uma empresa de temperos. Sua mãe, Brunilda, aceitou um emprego temporário em uma fábrica de flores sintéticas. Mas Brunilda estava determinada a conseguir uma vida melhor para si mesma e sua família. Queria ter seu próprio salão de beleza, embora isso significasse passar por um exame de dermatologia em inglês. Ela se preparou para o teste memorizando as respostas, embora não as tenha entendido.

Brunilda passou no exame e por mais de vinte anos foi o sustento da família, dirigindo seu negócio bem-sucedido em Orlando, na Flórida.

Angel aprendeu duas lições importantes com seus pais: a determinação e disciplina de sua mãe foram um modelo inestimável para enfrentar a adversidade; e de seu pai ele herdou uma orientação focada em alcançar resultados.

— Diga o que vai fazer e faça o que disse que iria fazer, porque se você não fizer, perderá credibilidade com a outra pessoa — recorda Angel. Estes valores têm sido importantes na sua carreira executiva. Disciplina e foco em resultado têm sido os dois pilares de sua liderança.

A situação econômica da família ainda não tinha melhorado quando Angel terminou o ensino médio. Seus pais não podiam pagar as mensalidades de uma grande universidade, então ele frequentou uma faculdade comunitária enquanto trabalhava na mesma empresa que o pai para pagar sua educação. Cinco anos depois, recebeu uma bolsa para ajudar a pagar seus estudos em engenharia elétrica.

Primeiros empregos: aprendendo a liderar

Em 1978, Angel começou seu primeiro emprego na área de telecomunicação, como estagiário de engenharia no departamento de eletricidade da Bethlehem Steel. Um ano depois, ele voltou à Flórida para trabalhar na Computer Science Corp. Como engenheiro de *hardware*, trabalhou em um projeto para o ônibus espacial da NASA no Centro Espacial Kennedy.

Mas o verdadeiro início de sua carreira nas telecomunicações foi na C&P de Maryland, uma das empresas originais do sistema Bell. Lá, ele enfrentou seu primeiro desafio de liderança. O jovem de 24 anos precisava supervisionar uma equipe de trabalho sindicalizada de dezesseis homens muito mais velhos do que ele: alguns estavam na faixa dos cinquenta e sessenta anos e tinham muito mais experiência na empresa.

O que ele aprendeu com esta primeira experiência de gestão? Muitos dos meus próprios estudantes de MBA enfrentam um desafio semelhante hoje em dia. Eles temem ser jovens líderes que têm de liderar trabalhadores mais experientes. Da mesma forma, Angel achou difícil ganhar o respeito dos subordinados. Naquela época, de acordo com Angel, "quando você trabalhava em qualquer empresa do sistema Bell e tinha um bacharelado em ciência, ganhava um papel de supervisor mesmo sem ter experiência em supervisão". O ambiente sindicalizado dificultou ainda mais as coisas para ele.

A produtividade e a motivação de seu grupo de trabalho eram baixas, e Angel achou desafiador relatar esses resultados fracos ao chefe.

— Não podia nem segurar uma ferramenta, ou eles apresentavam queixa — recorda. Várias vezes, um pequeno grupo de empregados invadiu seu escritório para ler os relatórios de desempenho que ele havia escrito. Ele também lidou com uma greve de três semanas e furou um piquete. Angel vê isso como uma experiência de aprendizagem de como o respeito não vem atrelado à posição, bem como a importância de exercer influência sem autoridade.

Foi essa experiência que precipitou a decisão de Angel de se inscrever em um mestrado em gestão. Ele foi aceito para um mestrado em Ciência Administrativa no programa noturno da Universidade Johns Hopkins, que completou enquanto trabalhava na C&P. Quando se formou em 1983, era hora de utilizar seu diploma, então voltou para Orlando para trabalhar como gerente de projetos sênior na United Telephone of Florida. Ele tinha casado recentemente com sua esposa, Miriam, e o casal estava feliz por poder estar perto de suas famílias. Apenas seis meses depois, a ambição e o desempenho de Ruiz lhe renderam uma oferta de emprego como gerente de produção de uma pequena empresa de comunicação digital em Plano, Texas. Agora com uma filha de dois anos, Desiree, ele e a esposa se mudaram para o Texas, onde seu segundo filho, Arius, nasceu em 1989. Angel acreditava que podia conseguir um emprego e uma vida melhores se trabalhasse muito e focasse no que é conhecido como o locus de controle interno.

Você é uma pessoa de locus de controle interno ou externo?

Todos divergimos na crença de quanto controle temos sobre nossas próprias vidas. No final dos anos 60, o psicólogo Julian Rotter realizou uma série de experimentos sobre como os seres humanos adquirem novas habilidades e novos conhecimentos.[5] Alguns acreditam que as recompensas dependem do próprio comportamento ou dos próprios atributos: um locus de controle interno. Em contraste, outros sentem que as recompensas são controladas por forças externas e podem ocorrer independentemente de sua ação: um locus de controle externo.

Considere a versão resumida da avaliação original de Rotter sobre locus de controle interno versus externo e indique a declaração, a ou b, que melhor descreve como você se sente.

1...

a. Muitas das coisas infelizes que acontecem na vida das pessoas são em parte devido à má sorte.

b. Os infortúnios das pessoas resultam dos erros que cometem.

2...

a. Uma das principais razões pelas quais temos guerras é porque as pessoas não se interessam suficientemente por política.

b. Sempre haverá guerras, por mais que as pessoas tentem evitá-las.

3...

a. A longo prazo, as pessoas ganham o respeito que merecem.

b. Infelizmente, o valor de um indivíduo muitas vezes passa despercebido, não importa o quanto ele tente.

4...

a. A ideia de que os professores são injustos com os alunos é um disparate.

b. A maioria dos alunos não percebe até que ponto suas notas são influenciadas por eventos acidentais.

5...

a. Sem as oportunidades certas, não se pode ser um líder eficaz.

b. As pessoas que não conseguem se tornar líderes não aproveitaram suas oportunidades.

6...

a. Não importa o quanto tentemos, algumas pessoas simplesmente não gostam de nós.

b. As pessoas que não conseguem fazer com que outras gostem delas não entendem como se dar bem com os outros.

7...

a. Muitas vezes confiei que o que tem que acontecer vai acontecer.

b. Confiar no destino nunca funcionou tão bem para mim quanto seguir uma estratégia definitiva.

8...

a. Quando um aluno está bem preparado, raramente, ou nunca, acredita que um teste é injusto.

b. Muitas vezes, as perguntas de uma prova tendem a ser tão alheias ao conteúdo aprendido que estudar é realmente inútil.

9...

a. Ser bem-sucedido é uma questão de trabalho árduo; a sorte tem pouco ou nada a ver com isso.

b. Conseguir um bom emprego depende principalmente de estar no lugar certo na hora certa.

10...

a. Um cidadão médio pode ter influência nas decisões do governo.

b. O mundo é gerido por um grupo pequeno de pessoas no poder, e não há muito que pessoas comuns possam fazer sobre isso.

11...
a. Quando faço planos, tenho uma certeza quase absoluta de que posso fazê-los funcionar.
b. Nem sempre é sábio planejar com muita antecedência, porque muitas coisas acabam por ser uma questão de sorte.

12...
a. No meu caso, conseguir o que quero tem pouco ou nada a ver com sorte.
b. Muitas vezes, é melhor decidirmos o que fazer tirando cara ou coroa.

13...
a. O que acontece comigo é graças a mim.
b. Às vezes sinto que não tenho controle suficiente sobre a direção que a minha vida está tomando.[6]

Pesquisas subsequentes revelaram várias consequências positivas para pessoas com autocontrole. Por exemplo, as crianças que acreditam que suas ações fazem a diferença têm maior autoestima e constroem mais resiliência. Estudantes capazes de controlar seus estados de espírito progridem mais academicamente. E os adultos com um locus de controle interno são mais propensos a mudar de emprego e a melhorar a sua saúde física e mental. Mais recentemente, porém, um estudo conduzido por Christy Zhou, da Universidade Duke, revelou o possível lado obscuro do autocontrole — o fardo da responsabilidade.[7] Em uma série de experimentos, foi demonstrado que pessoas com altos níveis de autocontrole se sentem mais sobrecarregadas pela dependência que colegas de trabalho e parceiros românticos desenvolvem após criar altas expectativas sobre elas. Este fardo de responsabilidade pelos outros pode levar indivíduos com altos níveis de autocontrole, como Angel, a se sentirem menos satisfeitos com seus relacionamentos interpessoais.

Ericsson América do Norte: liderando sem autoridade

Angel ficou impaciente com sua posição, acreditando que poderia entregar melhores resultados. Com uma típica personalidade de locus de controle interno, ele tinha a sensação de que podia fazer cada vez mais em cada vez menos tempo. Em busca de melhores oportunidades, se juntou à Ericsson em 1990; primeiro como gerente de produção sênior. Em seguida, ficou seis anos trabalhando para o gerenciamento de projetos, aprendendo as importantes lições de liderar sem autoridade. Usando suas próprias palavras:

— O gerenciamento de projetos é o epítome de ter toda a responsabilidade com pouquíssima autoridade, porque em um projeto ninguém realmente responde a você. Você precisa motivar sua equipe a entregar um bom desempenho, mas não é o treinador do time.

— Então como você motivou seus empregados? — perguntei.

— A comunicação é primordial. A motivação vem do fato de sabermos o que estamos tentando fazer como empresa, e isso é um esforço coletivo.

Angel gosta de usar metáforas. Ele compara a liderança da indústria da telefonia móvel ao Super Bowl do futebol americano.

— Estamos no meio de uma competição acirrada e é preciso ter os melhores jogadores em cada temporada.

Ele acredita que o tipo de conhecimento necessário está mudando tão rapidamente que se uma empresa não procura e contrata continuamente os melhores talentos, fica em uma clara desvantagem competitiva.

Durante este período, um dos seus mentores o ensinou a "inspecionar o que se espera". Isso pode soar como microgestão, mas Angel toma essa ideia como uma estratégia de planejamento para estar melhor preparado para potenciais problemas. Ele espera o melhor, mas está bem preparado para o pior. Em um ambiente competitivo como o da indústria da telefonia móvel, este nível de alerta e capacidade de ação rápida o ajuda a procurar ativamente por talento e recursos para alcançar os melhores resultados.

— Eu levo à obtenção de resultados: as ações falam mais alto do que as palavras.

Ele também acredita que todos são inerentemente bons trabalhadores, e é preciso criar o contexto para que eles tenham sucesso.

— Você não pode apenas esperar que eles obtenham resultados sem a orientação de um líder — diz ele, acrescentando: — Tal como um maestro de orquestra, o líder não é o melhor músico, mas aquele que sabe quem, o que e como cada músico precisa tocar para criar uma bela melodia. Tal como em uma orquestra, muitas tarefas de *hardware* e *software* são altamente sofisticadas. O trabalho não pode ser concluído a menos que o líder crie o contexto e monitore o progresso.

Como um líder "mão na massa", Angel acredita que a confiança nos funcionários deve ser acompanhada por disciplina e orientação. Sendo uma pessoa que crê em uma abordagem baseada em resultados, ele não tem nenhum problema com o trabalho a distância. Por anos, pessoas sob a sua liderança têm trabalhado em casa.

— O problema era que muitos empregados trabalhavam demais — diz Angel.

As conquistas de Angel não passaram despercebidas pela gerência, e ele logo subiu de posto na Ericsson. Em 1995, foi promovido a diretor de operações de negócios e a família foi transferida para Columbus, na Georgia. Três anos depois, Angel foi promovido de novo, desta vez mudando-se para Atlanta. Em 2001, foi oferecido a ele o cargo de vice-presidente executivo da Ericsson América do Norte.

A confiança dos líderes com foco em resultados facilita o trabalho à distância

Por que Angel se saiu tão bem? Quando o conheci, ele expressou uma forte crença em alcançar resultados. Consistente com seu locus de controle interno, Angel é um bom exemplo de líder focado em resultados que coloca a tecnologia para trabalhar para o bem-estar dos funcionários. A tecnologia já não é uma barreira para o trabalho à distância, mas as atitudes dos líderes podem ser.

O trabalho à distância é, obviamente, um afastamento radical de uma presença física no local de trabalho tradicional. Por exemplo, trabalho remoto significa dar maior autonomia aos trabalhadores. Isso significa que eles não são recompensados pelo número de horas no local de trabalho, mas sim por seus resultados.

Há alguns anos, realizei um estudo com minha equipe de pesquisa para entender o que chamamos de "liderança com foco em resultados". Examinamos o estilo de liderança de 122 CEOs de empresas espanholas em 2002.[8] Os CEOs responderam a um questionário que lhes questionou: "A sua empresa oferece trabalho remoto durante um certo número de horas por semana?" Também havia perguntas sobre o estilo de liderança focado em resultado que eles desempenhavam. Por exemplo, "Deixo claro o que os meus subordinados podem esperar se entregarem resultados positivos". Além disso, coletamos informações sobre a duração, o porte e o grau de internacionalização da empresa.

Os resultados mostram que empresas menores e orientadas para o âmbito internacional são mais propensas a oferecer trabalho à distância porque estão mais abertas a novas práticas e tecnologias. A coisa mais importante que constatamos foi que empresas mais jovens e internacionais são mais propensas a oferecer trabalho remoto se forem lideradas por um CEO com alto foco em resultados. Este é um princípio muito bem conhecido na psicologia organizacional — os líderes agem como catalisadores da mudança transformacional.

A lição é clara: líderes que acreditam que os funcionários não estão motivados internamente e não trabalharão duro a menos que sejam supervisionados de perto podem resistir ao uso da tecnologia de trabalho à distância e perder talentos. Líderes autênticos comunicam a outros um locus de controle interno e senso de agência pessoal. A transformação digital requer confiança nos funcionários, dando-lhes controle.

Vencendo o câncer: a coragem da vulnerabilidade

Angel diz que se diferencia dos líderes que procuram soluções fora da empresa quando enfrentam um grande problema. Para mobilizar pessoas em tais situações, alguns líderes contratam um consultor ou criam uma força-tarefa para evitar conflitos. Mas Angel acredita que esta abordagem pode sair pela culatra porque parece que o líder não está pessoalmente envolvido e isso pode criar um grande ceticismo e retrocesso. Como resultado, ele ou ela pode perder tempo com questões secundárias em vez de abordar os problemas fundamentais. Para permanecer autêntico na liderança e na vida, diz Angel, "você deve enfrentar os problemas de frente". E foi o que ele fez quando teve que enfrentar o seu maior desafio.

Em novembro de 2000, ele era um homem de 44 anos saudável e atlético. Tinha treinado com pesos pesados durante toda a vida. Mas — e aqui Angel me avisa que os detalhes da doença são desagradáveis — começou a notar sangue nas fezes.

Quando ele foi para o hospital pela primeira vez, o médico realizou um procedimento chamado sigmoidoscopia, que procura por problemas como câncer em uma parte mais limitada do cólon do que a colonoscopia. Este é o procedimento que as companhias de seguros disponibilizam em pré-triagens porque é cerca de três vezes mais barato. Os resultados não encontraram nada de errado e Angel foi diagnosticado erroneamente com hemorróidas. A sigmoidoscopia não detectou seu câncer, que estava no cólon. O médico de Angel lhe disse para voltar para casa e aproveitar o Dia de Ação de Graças.

Os sintomas continuaram. Era Natal, e Angel havia ido para a Flórida visitar os pais. Foi durante esta reunião familiar que sua mãe lhe revelou seu histórico familiar de câncer. Sete dos seus nove irmãos tinham morrido de câncer, juntamente com a mãe dela. Como muitas pessoas da sua geração, ela foi criada para evitar revelar problemas de saúde.

— Sendo de Cuba, a cultura dita que somos muito orgulhosos e ninguém fala deste tipo de doença na família — explica Angel.

Depois da reunião de Natal, ele voltou imediatamente ao médico. Explicou o recém-descoberto histórico familiar de câncer para que a seguradora pudesse aprovar a colonoscopia. O médico teve de exagerar o problema de saúde para obter a aprovação da companhia de seguros. O resultado da colonoscopia detectou um tumor localizado quatro centímetros acima de onde o procedimento anterior tinha parado. O câncer já estava na fase três, o que significa que tinha se espalhado pelos gânglios linfáticos. As estatísticas mostram que as chances de sobrevivência são de cerca de 20%, mas o tumor não era grande e não tinha atravessado a parede do cólon.

— Esta foi a primeira coisa que salvou a minha vida — recorda Angel.

Quando o médico disse a Angel que ele tinha câncer, sua mente foi para um "lugar escuro", mas ele logo reagiu com sua abordagem habitual de foco em resultado. "O que eu faço?", perguntou a si mesmo. Esta foi a sua batalha mais difícil, e ele era um lutador tenaz. Passou por todas as fases do trauma psicológico: primeiro, a negação, depois, quando aceitou a doença, ficou deprimido por um tempo. Então ficou com raiva, perguntando-se: "Por que eu? Estou em boa forma. Me exercitei durante toda a minha vida. É justo?" Até que, finalmente, ficou "obcecado por uma forma de vencer a doença". A melhoria da saúde física e mental das pessoas com câncer está associada a um locus de controle interno no domínio da saúde.[9]

O médico de Angel o aconselhou a fazer uma cirurgia imediatamente para remover o tumor e a encontrar um oncologista preparado para tratá-lo com quimioterapia agressiva. Angel e sua esposa Miriam não tiveram tempo de procurar o melhor médico, e assim ele foi atendido pelo primeiro que encontrou. Teve sorte. No dia seguinte foi operado. Foi retirado um pedacinho de seu cólon, junto com 25 linfonodos, quinze dos quais eram cancerosos.

Duas semanas depois, Angel começou a procurar um oncologista. Seguindo o conselho de seu médico, ele localizou um especialista chamado dr. Franco, que era da Nicarágua e morava em Atlanta. Angel tentou marcar uma consulta, mas o assistente do médico lhe disse que não tinha horários disponíveis. Então, Angel voltou a ligar para o consultório um pouco mais tarde e desta vez falou com a recepcionista em espanhol, dizendo que era um parente de Franco da Nicarágua que estava nos Estados Unidos para visitá-lo. Quando o dr. Franco veio ao telefone, Angel falou com ele em espanhol, explicou a situação e pediu desculpas pela mentira. O médico concordou em vê-lo.

Quando foi vê-lo, Franco lhe recomendou que tentasse uma potente medicação anticancerígena chamada LPT-11. Esse tratamento experimental fazia parte de um ensaio clínico, mas era muito difícil tornar-se um participante porque os pacientes eram escolhidos aleatoriamente por um computador.

— Claro que o computador não me escolheu — diz Angel.

Ele foi pedir ajuda a Linda Armstrong, que trabalhava para ele na Ericsson. Linda é a mãe de Lance Armstrong, que tinha enfrentado um câncer vários anos antes. Ela pôs Angel em contato com o médico de Lance, que iria administrar os mesmos medicamentos que o dr. Franco estava usando em seu tratamento clínico. Mas o médico morava em Portland, Oregon, que fica a mais de 4 mil quilômetros de Atlanta. A distância teria tornado quase impossível para Angel conseguir o tratamento. Ansioso, ele voltou e persuadiu o dr. Franco, que finalmente concordou em colocá-lo no ensaio clínico.

O tratamento consistia em um coquetel de quimioterapia com três medicamentos. Uma das drogas produzia uma desidratação tão grave que acabou matando algumas das mulheres e crianças envolvidas. Angel precisava de 24 sessões. Ele ia na manhã de sexta-feira por duas horas, durante as quais cerca de meio galão do fluido venenoso era bombeado em seu corpo. A recomendação de Franco estava clara na mente de Ruiz: "Quanto maior for a sua capacidade de tomar os medicamentos, maiores serão as suas chances de sobreviver".

Durante as primeiras duas semanas, Angel conseguiu ir para casa sozinho. Na terceira, sentiu-se tão fraco que precisou ser levado. Depois disso, ele tirava duas semanas de folga entre as sessões. Quando voltava para casa às sextas-feiras, sua esposa cozinhava uma sopa cubana com legumes. Então ela levava as crianças, Desiree, de doze anos, e Arius, de nove, para o parque para deixar o pai lidar com a dor sozinho.

— Ela me deu muito apoio — diz Angel —, mas era uma batalha pessoal.

Ele levou nove meses para passar pelas 24 sessões. Mas conseguiu.

Durante esse tempo, Angel permaneceu muito concentrado no controle da doença, lendo muito para ajudá-lo a entender o que estava acontecendo com seu corpo. Ele acredita que a sensação de controle ajuda na recuperação, e também trabalhou tanto quanto possível, embora seu corpo estivesse muito fraco devido à quimioterapia. Ele queria queimar tantas calorias quanto possível para ajudar seu metabolismo a queimar células mais rapidamente, pois pensava que, se fizesse isso, a quimioterapia mataria qualquer nova célula cancerosa. Claro, ele sabia que seria difícil acelerar o metabolismo para igualar o crescimento celular, mas ele tinha a sensação de estar no controle. Usou muitos desses jogos mentais para se motivar a trabalhar por duas horas por dia e manter-se concentrado.

Perguntei como ele encontrava forças mentais e físicas nesses momentos difíceis.

— Pessoas diferentes fazem coisas diferentes. Continuei a trabalhar porque mantinha a minha mente ocupada. Fui à empresa uns dias e em outros trabalhei em casa. — Ele ainda viajava em aviões, até mesmo para a Suécia. — O câncer torna-se uma "guerra psicológica". A questão é encontrar algo que te ajude a se manter focado. Uma vez diagnosticado com câncer, nunca mais você se sente psicologicamente seguro. — Houve um período em que cada vez que havia um *check-up*, ele quase tinha um colapso nervoso, certo de que os médicos encontrariam alguma coisa. — Cada exame era uma tortura psicológica — recorda ele. Mas agora já não precisa de tratamento. Se você estiver em remissão por sete anos, há uma grande chance de que o câncer não volte, ele explica.

A família de Angel também o ajudou na sua recuperação.

— A família teve que ser paciente com ele — afirma Miriam. — Mas isso também nos afetou de forma positiva, porque ele se esforçou mais para fazer coisas conosco. — Na sua mente, esta era a sua oportunidade de passar mais tempo com a mulher e os filhos. Em agosto de 2001, a família fez uma viagem à Espanha, visitando Madri, Sevilha e Toledo.

— Ele queria ter certeza de que estava passando tempo com aqueles de quem mais gostava.

CEO da Ericsson América do Norte: assumindo novos desafios

Faltando três meses para o fim da quimioterapia para tratar o câncer de cólon que foi diagnosticado como "incurável", foi oferecido a Angel o cargo de CEO. Para minha surpresa, Angel me contou que "Eles me chamaram e eu aceitei na hora; foi uma grande honra e era um ótimo emprego". Ele não pediu uma oferta ou os termos da função; apenas aceitou a proposta. Em fevereiro de 2001, Angel foi nomeado CEO da Ericsson América do Norte.

O desafio que enfrentou foi considerável, mas novamente ele conseguiu. Angel lembra que, antes dele, ninguém tinha durado mais de dois anos no posto. Ele foi obrigado a reduzir significativamente a força de trabalho da sua unidade nos primeiros dois anos, e fez isso seguindo um critério transparente de desempenho e competência. Quando assumiu o controle da empresa, tinha cerca de 10 mil funcionários nos Estados Unidos e no Canadá. Sua unidade de negócios (foco em clientes) tinha cerca de 3.600 pessoas. Em meados de 2003, a força de trabalho da empresa tinha sido reduzida para 3.500 funcionários nos Estados Unidos e no Canadá, e sua unidade foi reduzida para 1.164 pessoas.

Durante seus quinze anos como CEO em um mercado em rápido declínio, a margem operacional melhorou em 3% no primeiro ano, e depois entre 9 e 20% no restante do período. Ele testemunhou como, entre os dez concorrentes que uma vez compartilharam o mercado com a Ericsson, alguns diminuíram e outros estão se fundindo. Por exemplo, a Nokia adquiriu a Alcatel-Lucent em 2016.

— Trabalhando em uma empresa de telecomunicação, você está constantemente sob alta pressão e todos os dias precisa lutar para obter o talento de que precisa.

Mas ele geriu seu negócio, que agora é um dos sobreviventes.

Angel atribui este resultado notável em parte à ênfase na comunicação. Ele quer ter certeza de que todos entendam a estratégia da empresa.

— Eles precisam saber no que estão se metendo.

Duas vezes por ano, ele realiza uma reunião com o que chama de "equipe de gestão ampliada", que inclui as 160 melhores pessoas que trabalham para ele. O objetivo é manter um relacionamento próximo com elas para que possam inspirar seus subordinados.

Todos os anos, em setembro, é elaborada uma estratégia anual. Uma vez que a estratégia é definida, ele prepara *webcasts* para os funcionários e gerentes para explicá-la. Ele acredita que cada funcionário — mesmo aqueles nos postos mais baixos — deve entender a estratégia da empresa. Ele diz:

— Se eu te perguntar qual é a estratégia da empresa, você precisa saber qual é. — Usando seu amor pela metáfora, conta que a estratégia da empresa é como uma partitura: — Se você encontrar os funcionários certos, é como criar música.

A política de Angel é entrevistar todas as pessoas que vão responder diretamente a ele, cerca de quinze. Além disso, ele entrevista todos aqueles que vão trabalhar para estas quinze pessoas. O objetivo é procurar alguém que se encaixe na empresa, na indústria e na equipe. Ele acredita sinceramente que a Ericsson América do Norte não é para todos — "é apenas para os que gostam de ganhar".

LIDERAR PELO EXEMPLO NA ERA DIGITAL

A comunicação é certamente parte da razão pela qual Angel tem sido tão bem-sucedido. Mas seu sucesso também se baseia em ser um grande exemplo. Os líderes são um modelo do que é esperado. Por exemplo, a adoção do trabalho remoto pode ser influenciada pelos altos dirigentes da empresa. Por que, perguntamos, algumas organizações adotam arranjos alternativos de trabalho? Que tipo de papel desempenham os altos dirigentes, se é que desempenham algum? A resposta sempre foi que as características da empresa, como tamanho e indústria, determinam a adoção de novas práticas. Mas eu também acredito que líderes autênticos, que se comportam de acordo com seus valores, servem como exemplos a serem seguidos.

Com minha equipe de pesquisa, examinei como a autenticidade dos líderes seniores influencia o uso da tecnologia para facilitar o equilíbrio entre trabalho e vida pessoal.[10] Os resultados mostraram que as empresas são mais propensas a oferecer trabalho remoto aos funcionários quando os gerentes seniores "fazem o que falam" e servem como exemplos de equilíbrio entre as vidas profissional e pessoal.

Em 2005, com o apoio da União Europeia, vários governos regionais espanhóis realizaram um inquérito para avaliar em que medida as empresas permitiam que os empregados trabalhassem de casa. 2.388 empresas foram escolhidas aleatoriamente e participaram de uma pesquisa telefônica, estratificada por indústria e tamanho da empresa. As companhias participantes variavam entre organizações com menos de cinco empregados e aquelas com mais de duzentos, e pertenciam a uma ampla gama de indústrias, incluindo a indústria de fabricação (27,1%), de construção (12,9%), de varejo e hospitalidade (31,3%), de finanças (6,7%) e de saúde e educação (22,7%).

Quem respondeu ao inquérito? Executivos que trabalham em níveis de tomada de decisão: CEOs (68,2%), diretores gerais (20,2%), proprietários (9,6%) e outros (2%). Foram perguntados até que ponto (1) "os decisores-chave estavam convencidos do valor que o apoio a práticas de RH favoráveis à família representa para os colaboradores", (2) "os decisores-chave demonstraram um bom exemplo de como equilibrar o trabalho e a vida pessoal, sendo um modelo na organização" e (3) "os decisores-chave sentiram um compromisso pessoal de implementar práticas favoráveis à família, concebidas para satisfazer as necessidades dos colaboradores". Esta escala de 3 itens capta a autêntica consideração dos líderes pela vida profissional dos empregados.

O fascinante sobre criar modelos autênticos a serem seguidos é o quanto eles se difundem. A oferta de trabalho à distância de uma empresa é mais poderosa quando os seus principais líderes acreditam na importância de um equilíbrio trabalho-família e a concretizam como um compromisso pessoal. Mais importante ainda, descobrimos que a autenticidade dos líderes aumenta a influência positiva das empresas globais de alto conhecimento. Como demonstrado na figura 6.1, líderes autênticos impulsionam a adoção do trabalho remoto em empresas globais e baseadas no conhecimento, onde o trabalho à distância é instrumentalmente valorizado.

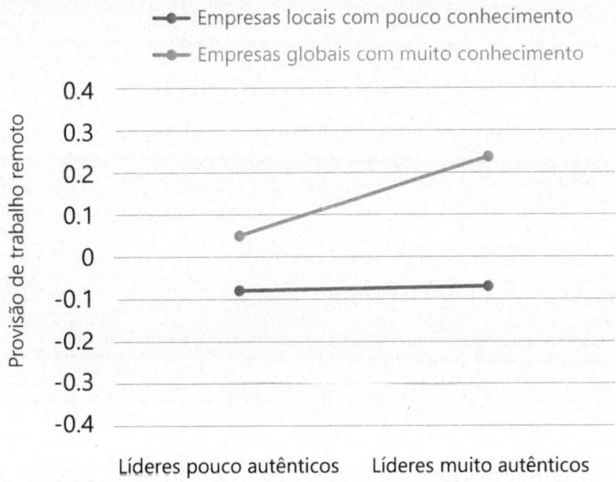

Fonte: figura 6.1. Fornecimento de trabalho remoto em empresas globais baseadas no conhecimento comparado à autenticid ade de seus líderes.

Isso significa que a autenticidade dos altos dirigentes desempenha um papel fundamental na adoção da tecnologia — uma prática idônea de recursos humanos. A adoção e o uso dessas novas práticas não são movidos apenas pela lógica utilitarista; elas também requerem a convicção autêntica dos gerentes seniores.

Comunicação autêntica e carismática

Angel Ruiz acredita que o que separa os líderes autênticos dos não autênticos são suas convicções, força e perseverança para seguir em frente. A convicção e a força são claramente comunicadas aos outros com paixão. Ele é um grande comunicador, usando comparações e metáforas para transmitir a sua mensagem. Acordar de manhã com paixão é o que mantém Angel em movimento em uma indústria na qual o sucesso é a recompensa de poucos.

— A taxa de sobrevivência é baixa, dada a concorrência global e a entrada de novos *players* no mercado — afirma.

A paixão é o alicerce de sua vida. Ele relembra a mensagem de Steve Jobs de que se você se levanta de manhã e não vê um brilho nos olhos quando se olha no espelho do banheiro, é hora de mudar.

— À medida que os seus concorrentes percebem que você está melhorando, eles se ajustam. Como em qualquer esporte, quando um time vence o campeonato, no ano seguinte as demais equipes recebem uma motivação extra para vencer o campeão, porque estão jogando com os melhores — diz ele, acrescentando: — Consequentemente, quanto melhor você se torna em algo, mais intensamente a competição vai trabalhar para te desafiar. Resumindo, é difícil estar no topo. A questão é saber como melhorar, renovar a empresa e continuar fiel aos seus valores fundamentais.

— Então — eu disse a Angel —, qual é o propósito final e a missão da empresa?

— Tenho a sorte de estar trabalhando em algo importante. Imagine as nossas vidas há vinte anos e pense no que fazemos com os nossos telefones hoje. Para mim, é um luxo poder me sentar em um avião e poder trabalhar, por exemplo.

Para ilustrar a missão da Ericsson, Angel conta sua experiência em uma pequena aldeia do Quênia. O chefe de uma comunidade de cinquenta pessoas explicou o impacto de ter apenas um telefone. Ele alterou a situação econômica e social da aldeia, que depende de produtos perecíveis que têm de ser transportados por dez quilômetros todos os dias e são expostos à incerteza das condições meteorológicas. Se chovesse, não teriam os meios adequados para proteger os seus bens, que seriam arruinados. Mas agora eles podem ligar com antecedência para saber como está o tempo e quantos compradores estão no mercado naquele dia para se planejar e se preparar melhor. Essa história vai ao cerne da missão da Ericsson: a sociedade em rede. Todos estão ligados para melhorar a vida das pessoas.

Exemplos de autenticidade na sociedade em rede

Como você pode imaginar, histórias de autenticidade na sociedade em rede são uma fonte de inspiração. Considere os seguintes exemplos do estudo acima sobre o equilíbrio entre a vida profissional e a vida privada. Analisei entrevistas com dez gestores de recursos humanos para compreender melhor a importância da autenticidade dos líderes na adoção do trabalho baseado na tecnologia. Três temas foram recorrentes nas entrevistas: comunicação aberta, foco em resultados e a criação de modelos a serem seguidos.

Comunicação aberta

Vários gerentes de RH enfatizam a importância da atenção e da capacidade de resposta dos gerentes às questões da vida profissional dos empregados através de uma pesquisa na intranet da empresa. Por exemplo, "a alta gestão está envolvida na tomada de decisões e na adoção de políticas de conciliação da vida profissional e familiar. Esta iniciativa teve origem no primeiro questionário sobre o clima organizacional, que indicou a necessidade de um plano sobre modalidades de trabalho flexíveis".

Foco em resultados

O gestor de RH de uma grande empresa informa que "a empresa confia na responsabilidade dos trabalhadores e na gestão focada em resultados". Essa cultura de enfoque em resultados facilita a adoção do trabalho remoto.

Criação de modelos a serem seguidos

Um gerente observa que "o diretor geral vive em Paris e trabalha remotamente em tempo integral. Ele só vem à Espanha uma semana por mês. As duas máximas da empresa são confiança e responsabilidade. Nessas premissas, o diretor geral presume que cada colaborador é independente para gerir o próprio trabalho. Os trabalhadores, por outro lado, respondem com total empenho [à empresa]".

Mostrando vulnerabilidade

Angel enfrentou muitos desafios — desde sua humilde educação em Cuba até o renascimento da Ericsson América do Norte — que moldaram sua liderança e sua vida. Ele sempre compartilhou sua vulnerabilidade e resiliência, servindo de exemplo para outros. Brené Brown, no seu livro *A coragem de ser imperfeito*, diz:[11]

> Devemos entrar na arena, seja qual for — um novo relacionamento, uma reunião importante, nosso processo criativo ou uma difícil conversa familiar — com coragem e vontade de nos envolvermos... Devemos ousar aparecer e nos deixar ver. Isto é vulnerabilidade.

Angel falou muitas vezes da sua batalha pessoal contra o câncer:

— Se eu puder ajudar alguém que esteja em uma situação semelhante a passar por ela mais depressa, melhor ou mais facilmente, vale a pena — diz.

Em remissão desde novembro de 2001, sente-se muito afortunado por estar falando comigo. Os colegas de trabalho frequentemente lhe pedem conselhos. Ele conversa, dá dicas e tenta ajudar. Alguns perseveraram, outros não. Ele acha que a diferença às vezes está na atitude.

— Algumas pessoas não encaram a doença de frente e, em vez disso, a ignoram. — A sua luta contra o câncer reflete a sua personalidade. Ele gosta de estar no controle.

Quando perguntei a Angel como ele gostaria de ser lembrado, ele falou da lição de vida de seu pai — "Eu fiz o que disse que iria fazer". Apesar de reconhecer que algumas pessoas podem achar difícil trabalhar com ele por sua intensidade e obsessão, ele estabelece diretrizes para conseguir grandes feitos em equipe. Gostaria de ser lembrado como alguém que obteve resultados e tratou as pessoas de forma justa. Angel acredita que as pessoas querem ser associadas com os vencedores que fazem as coisas certas.

— As melhores pessoas, grande concentração, execução impecável: de bom a ótimo. Se conseguir essas três coisas, você pode levar a empresa para um lugar fantástico — ele insiste. Angel acredita que se você se dedica, com as pessoas certas, a trabalhar em uma tarefa de forma focada, pode realizar quase tudo.

Mas para ele, o que realmente diferencia um líder que realizou tanto ano após ano de forma sustentável de outro que não o fez é a força da sua história de vida. O fator mais importante é a resiliência. Os líderes autênticos podem ler com precisão o ambiente e ajustar seu comportamento a ele. Essa capacidade de se adaptar o tempo todo vai eventualmente levar um líder autêntico a outro patamar, porque o tornará capaz de entregar bons resultados em uma série de situações. A diferença entre grandes líderes e líderes medíocres é a habilidade de perceber o que precisa ser feito em uma situação particular e estabelecer novos hábitos para executar e alcançar os objetivos coletivos. Grandes líderes conseguem fazer o que precisa ser feito independente das probabilidades e dos desafios que enfrentam, diz Angel. Não é suficiente ter um bom coração com emoções positivas: para permanecer fiel ao seu eu autêntico na liderança e na vida, é preciso gerar hábitos positivos de forma consistente.

Normalmente, Angel está olhando para o futuro, e está preocupado com o desenvolvimento da próxima geração de líderes. Ele acredita que os futuros líderes também precisam entender que a elaboração de seu estilo único e autêntico de liderança é parte do desafio.

— Como o ambiente está em constante mudança, eles precisam tentar ter sucesso não copiando outros líderes bem-sucedidos, mas descobrindo por si mesmos o que é preciso fazer para ter sucesso — conclui.

A Ericsson é uma grande empresa, empregando 120 mil pessoas em 180 países. Mas o grande problema é que o seu valor de mercado, que era de cerca de 35 bilhões de dólares dois anos antes, está agora em 17 bilhões.

— É uma situação muito difícil — explica Angel.

Em agosto de 2016, Angel escolheu um novo campo de batalha — a América Latina — e agora está focado em ajudar a divisão latino-americana da Ericsson, que teve um lucro operacional negativo de 12% em 2016. Ele sabe como vencer batalhas difíceis, permanecendo verdadeiro (quase ao ponto da obsessão) ao seu eu autêntico, disciplinado e justo. Ele está concentrado em fazer com que a América Latina "volte ao azul".

Dez maneiras de permanecer autêntico por meio de resiliência e vulnerabilidade

1. *Tenha controle sobre sua vida.* Lembre-se de que autenticidade vem da palavra grega *authentes*: ser o agente do próprio destino. Desenvolva um comportamento de autocontrole, monitorando foco, tempo e progresso na realização de suas metas. Líderes que enfatizam um locus de controle interno aumentam a esperança e a satisfação no trabalho. Mesmo durante sua luta contra o câncer, Angel ficou muito concentrado e no controle da doença. Ele acreditava que o exercício e a leitura o ajudavam a entender o que estava acontecendo com ele. Essa sensação de estar no controle o ajudou em sua recuperação.
2. *Construa resiliência e força mental.* Não caia na armadilha da generalização excessiva após a adversidade. O que é interessante sobre a história de Angel é que suas primeiras experiências desenvolveram nele uma força mental extraordinária e uma resiliência que o preparou para outros grandes desafios que viriam a surgir em sua vida. A determinação de sua mãe de fazer o melhor para si mesma e para sua família foi um exemplo importante para ele.
3. *Visualize o seu melhor eu possível.* Identifique seus pontos fortes para imaginar como eles podem ajudá-lo a alcançar a melhor versão de si mesmo. Pensar no seu melhor eu autêntico possível aumenta o seu otimismo e as suas expectativas para o futuro. Angel utilizou seus pontos fortes — disciplina, abordagem "mão na massa" e persistência — e uma mentalidade prospectiva para superar com sucesso os muitos desafios que teve de enfrentar.

4. *Expresse vulnerabilidade*. Quando os líderes expressam suas vulnerabilidades, eles se envolvem mais plenamente com seus seguidores, que os consideram uma inspiração e os buscam para orientação. Pratique a autodivulgação compartilhando semelhanças para criar identidades comuns que deixem uma impressão positiva nos outros. Angel falou muitas vezes sobre sua batalha pessoal contra o câncer. Quando você compartilha como superar obstáculos, os demais o verão como confiável e influente. Por meio da revelação da vulnerabilidade, os funcionários se identificam mais facilmente com seus líderes.

5. *Construa uma história com elementos heróicos*. Compartilhe histórias sobre o seu autossacrifício. Líderes bem-sucedidos encontram força em suas histórias de vida. Angel manteve uma perspectiva positiva ao transmitir sua história. Jogar com seus pontos fortes é se autoafirmar, mas experimentar com suas fraquezas é uma história de coragem. Em 2016, completei meu primeiro triatlo, e a lição mais importante que aprendi foi que a vulnerabilidade pode fortalecer a empatia.

6. *Crie uma cultura focada em resultados*. Quando você dá aos seus funcionários maior liberdade para se organizarem, eles não podem ser recompensados com base na sua presença física no local de trabalho. Em vez disso, você deve estar disposto a recompensá-los com base em seus resultados e desempenho. Como líder, você precisa praticar a empatia dura — ser duro nos resultados e fácil com as pessoas. Angel procura ativamente por talentos para alcançar os melhores resultados, dando autonomia e orientação aos colaboradores, como um treinador de futebol ou um maestro de orquestra.

7. *Desenvolva o pensamento estratégico e sistêmico*. Como os eventos estão interligados, suas metas de curto prazo devem servir às suas aspirações de longo prazo. Para Angel, a estratégia da empresa é como uma partitura: "Se você encontrar os empregados certos, é como criar música". Para isso, a comunicação é crucial. Todos precisam entender a estratégia da empresa.

8. *Derrube a parede de tijolos*. Em um ambiente competitivo, a agilidade é decisiva. Você precisa deixar velhos hábitos e aprender rapidamente. É importante estar atento e aprender com seus erros. Angel aprendeu que ganhar o respeito dos subordinados não é algo automático. Em vez disso, os líderes devem ganhar a confiança de seus seguidores por meio de relacionamentos positivos.
9. *Pratique a flexibilidade comportamental.* Tenha uma ampla gama de respostas e ajuste suas estratégias a diferentes circunstâncias, preservando sua integridade e confiabilidade. Líderes autênticos podem sentir com precisão o ambiente em que estão inseridos e expressar sua autenticidade enquanto ajustam seu comportamento. Angel segue o conselho do pai — "diga o que vai fazer e faça o que disse que iria fazer". Dessa forma, você ganhará credibilidade em sua liderança.
10. *Olhe para as gerações futuras*. Pensar na próxima geração lhe proporciona um propósito maior do que você mesmo. Angel está preocupado com o desenvolvimento da próxima geração de líderes. Ele acredita que o desafio mais importante dos futuros líderes é descobrir por si mesmos o que precisa ser feito e como ser fiel a si mesmos.

Confortável em ser autêntico, Kevin Johnson olha para fora da Starbucks para encontrar talento e inspiração. Como Angel Ruiz, ele enfatiza "misturar os talentos da maneira correta e criar um ambiente em que esse grupo trabalhe como uma equipe unida pela confiança, na transparência e no trabalho em grupo".

Conclusão da parte dois
Resolvendo o paradoxo crescimento-autenticidade no eu possível

Líderes autênticos mostram consistência entre seu eu verdadeiro e suas escolhas comportamentais. No entanto, como vimos nos exemplos de Rakesh Aggarwal, Dena Schlutz e Angel Ruiz, autenticidade não significa comportar-se sempre da mesma maneira. Em vez disso, envolve o equilíbrio e a resolução do paradoxo crescimento-autenticidade.

Os acadêmicos contemporâneos concordam com uma definição ampla de autenticidade. Por exemplo, Michael Kernis, da Universidade da Georgia, e Bryan Goldman, da Universidade Clayton, argumentam que autenticidade é mais do que apenas "conhecer a si próprio e agir em conformidade". Pessoas autênticas estão abertas a novas experiências, se esforçam para ter relações interpessoais gratificantes e tomam uma posição não defensiva em relação a críticas. Herminia Ibarra, da London Business School, escreve sobre o "Paradoxo da Autenticidade", apontando que "uma compreensão simplista do que isso significa pode atrapalhar o crescimento".[1]

Os protagonistas desta segunda parte do livro claramente experimentaram o crescimento, alcançando o seu melhor eu autêntico depois da adversidade: Rakesh deixou a Índia para resgatar uma fábrica de leite abandonada em Longwarry, Austrália, superando desafios imprevisíveis, da crise financeira global a um incêndio que paralisou a produção; Dena Schlutz passou de dona de casa a empresária de sucesso depois que seu jovem marido sofreu um trágico acidente; e Angel Ruiz, um sobrevivente natural, deixou Cuba com seus pais para viver nos Estados Unidos, venceu o câncer de cólon e fez uma Ericsson abatida dar a volta por cima.

Como eles crescem e ainda permanecem fiéis aos seus eus autênticos? Todos os três floresceram após a adversidade, construindo resiliência com uma combinação de otimismo, relacionamentos positivos e psicológico forte. Nesse processo de crescimento, eles se tornaram mais autoconscientes de suas forças e limitações, apaixonados pelo que é relevante, abertos às contribuições dos outros e sensíveis à importância de deixar um legado. Embora os líderes possam experimentar um crescimento gradual, é quando enfrentam desafios difíceis que o crescimento pessoal e profissional é mais perceptível. Vejamos como eles gerem o crescimento e a autenticidade, fazendo da aprendizagem um hábito para tentar alcançar seus possíveis eus.

Rakesh Aggarwal desenvolveu sua autenticidade e seu papel de liderança a partir da luta, resolvendo o dilema das emoções mistas. Em cada situação, os líderes têm a opção de decretar e expressar certos comportamentos. Por exemplo, um líder pode autenticamente experimentar emoções conflitantes como medo e esperança em face da adversidade organizacional. Pôr o eu verdadeiro em prática em tais situações exige que os líderes decidam como podem expressar essa autenticidade complexa. Essa reação mista de ansiedade e confiança foi o que Rakesh experimentou após o incêndio na fábrica. A lição aqui é que, sem o autoconhecimento, ele provavelmente não saberia o quão confiante realmente é e o quanto quer comunicar isso aos outros para encontrar a melhor solução. Gerenciando essa tensão, Rakesh promulgou seu eu verdadeiro "situado" e desenvolveu relações mais fortes com todas as partes interessadas, permanecendo otimista sobre o futuro.

Desenvolvendo relacionamentos autênticos no trabalho e em casa, Dena Schlutz confiou em sua mentalidade de filha de fazendeiro para manter uma perspectiva positiva após o acidente do marido. Ela exerceu a "autenticidade equilibrada" em seus relacionamentos para enfatizar a reconciliação da própria inclinação e dos desejos dos outros. Autenticidade não significa dar prioridade aos nossos desejos sobre os alheios. Um equilíbrio saudável entre o eu e o foco dos outros é a chave para a autenticidade nas relações. Mas, assim como Rakesh Aggarwal, Dena enfrentou o dilema do medo e das esperanças ao decidir deixar seu emprego de executiva na HP para começar o próprio negócio. Ela decidiu decretar sua autenticidade equilibrada para se manter fiel à sua vontade de ter orgulho do trabalho que fazia e, ao mesmo tempo, considerar os desejos e as necessidades de sua família. Como resultado, ela se tornou o seu "melhor eu" nos negócios e na família.

Confortável em ser autêntico, Angel Ruiz passou por uma aprendizagem transformacional. Aspectos profundamente autorreferentes de Angel servem como âncoras para aprender novos hábitos e crescer, expandindo seu repertório comportamental. A chave para a sua autenticidade tem sido desenvolver uma gama mais ampla de estratégias comportamentais para escolher e executar, dependendo da situação. Podemos nos tornar camaleões e continuar a ser autênticos, desde que o nosso repertório comportamental represente a essência do nosso eu verdadeiro. Por exemplo, Angel desenvolveu um estilo de liderança baseado em valores morais e um locus de controle interno que lhe deu uma força mental extraordinária para enfrentar desafios organizacionais como a redução de pessoal. E essa força mental foi fundamental para vencer sua batalha contra o câncer, mantendo-o focado e otimista. No final, expressar suas vulnerabilidades por meio desses múltiplos desafios fez dele um líder mais forte e autêntico aos olhos dos outros.

A autenticidade é um trabalho em progresso. Outros líderes nos mostram que ser e permanecer autêntico é um processo dinâmico que leva tempo. Oprah Winfrey queria ter feito isso muito mais cedo; Amancio Ortega nos pede para ir além dos nossos limites e continuar crescendo; e Kevin Johnson também lamenta não ter aprendido a importância da autenticidade mais cedo em sua carreira. Podemos desenvolver a nossa autenticidade quando nos tornamos o nosso melhor eu possível.

PARTE TRÊS

Harmonia nas responsabilidades e na convivência: Seja fiel a si mesmo e aos outros Construindo contextos autênticos

O perigo de limitar a autenticidade à máxima de "seja você mesmo" ou "torne-se você mesmo" é o narcisismo. Por isso, acrescento uma dimensão moral, para que a autenticidade só se reflita quando se reconhecer e respeitar tanto o próprio eu como o dos outros. Este é o terceiro elemento da autenticidade — a harmonia —, que discuto nesta parte do livro.

A equação da autenticidade

É importante colocar os três elementos da autenticidade — coração, hábito e harmonia — em perspectiva. Eu descrevo suas interrelações no que chamo de Equação da Autenticidade. Ela sugere que os dois primeiros elementos da autenticidade — coração e hábito — se somam para aumentar a autenticidade de alguém. No entanto, o último elemento — harmonia — tem um efeito multiplicador para prever a autenticidade. Isso significa que, se o elemento de harmonia for igual a zero, a autenticidade resultante também estará próxima de zero; mesmo quando a pessoa pontua bem nos outros dois fatores. O desafio da autenticidade é, então, realizar os desejos interiores em harmonia com os dos outros.

$$\textbf{Autenticidade} = \frac{\text{fator coração} + \text{hábito de aprendizado}}{2} \times \text{harmonia}$$

A última característica importante para a autenticidade é ser fiel aos outros para além do aqui e agora. Os líderes autênticos encontram harmonia nas responsabilidades e na convivência, alcançando o equilíbrio de ser fiel a si mesmo e aos outros a longo prazo. Por exemplo, muitos dos líderes que entrevistei estão preocupados com a forma como serão lembrados daqui a vinte anos ou se as suas empresas serão bem-sucedidas dentro de cinquenta anos.

Nas páginas seguintes, apresentarei a família Schwörer, da Alemanha, orgulhosa e apaixonada por liderar a empresa de construção PERI e por deixar um legado que melhora a vida das pessoas, e cujo compromisso com seus mais de 7 mil colaboradores em todo o mundo nos ensina lições de liderança sobre como permanecer fiéis aos nossos negócios e colaboradores.

Em seguida, apresento a fascinante história da Vista Alegre, muito mais do que uma empresa de louça fundada em Portugal em 1824, contada através de Francisco Rebelo, um *millenial* que combina as conquistas do passado e os sonhos das gerações futuras.

Finalmente, Ana Botín nos lembrará que liderar o Santander, um dos maiores bancos do mundo, com mais de 190 mil funcionários, pode ser tão simples, pessoal e justo quanto ajudar as pessoas e as empresas a prosperar.

No processo, espero que você aprenda lições sobre como liderar pelo exemplo, construindo estruturas autênticas com e para as pessoas; como promover uma comunidade que permita que seus funcionários expressem sua autenticidade dentro das limitações de uma organização; e como deixar um legado ao liderar com um propósito social. Você também encontrará alguns questionários para diagnosticar a autenticidade de sua organização. A sua empresa faz questão de que os funcionários saibam o quanto está realmente preocupada com eles? As coisas que você valoriza na vida são semelhantes às coisas que a sua empresa valoriza? E a sua organização está preocupada com o bem-estar das pessoas e o meio ambiente?

7
Exemplaridade: a epidemiologia da liderança autêntica

É sempre bom trabalhar com pessoas que nos façam nos sentir inseguros. Dessa forma, você continuará ultrapassando os próprios limites.

SUNDAR PICHAI

A ascensão meteórica do CEO da Google, Sundar Pichai, surpreendeu a muitos. Ele "não parece fazer parte do grande clube de egocêntricos dos principais líderes do Vale do Silício", relatou a *Quartz India* em 2017. Seu estilo de liderança discreto lhe rendeu a reputação de um cara legal, capaz de unir as equipes e entregar resultados. Mas quem é Sundar Pichai?

Ele cresceu em um apartamento de dois quartos na Índia, estudou engenharia metalúrgica no Instituto de Tecnologia da Índia, depois ganhou uma bolsa de estudos em Stanford, onde obteve seu título de mestre em ciência, e fez seu MBA na Wharton Business School.

Seu mantra de liderança é "Deixe os outros terem sucesso". Em uma entrevista à *Quartz* durante sua visita à Índia, ele comentou:

> Tenho uma excelente equipe de liderança. O segredo é aprender a abrir mão das coisas e realmente capacitar as pessoas em todos os níveis da organização, e confiar nelas para fazer a coisa certa.
>
> Como líder, muito do seu trabalho é tornar essas pessoas bem-sucedidas. É menos sobre [você mesmo] tentar ser bem-sucedido, e mais sobre garantir que você tenha um bom pessoal, e seu trabalho é remover obstáculos para que eles possam ser bem-sucedidos no que fazem.

A liderança colaborativa de Sundar Pichai funciona bem na economia digital com trabalhadores de informação. Podemos traduzir esse empoderamento e estilo de liderança autêntica para indústrias conservadoras como a de construção?

GRUPO PERI: CONSTRUÇÃO DE ANDAIMES SOCIAIS E DIFUSÃO DE UMA IDENTIDADE COLETIVA (ALEMANHA)

A demanda por autenticidade é grande. Uma mudança de geração também reforçou a autêntica natureza pessoal de poder do CEO, como a de Sundar Pichai: os *millennials* querem seguir as pessoas que admiram não só por seu trabalho, mas também pela postura pessoal e moral; querem ver o impacto social do que fazem e exigem desafios significativos e oportunidades de crescimento de seus líderes.

Em suma, se você é um CEO à procura de sucesso com a nova força de trabalho, é melhor fornecer mais do que um contracheque. Líderes autênticos que criam andaimes sociais têm um impacto duradouro. Para construir um poder autêntico, os CEOs precisam mudar a forma como se relacionam com os funcionários. O foco habitual é nas relações transacionais de curto prazo. No entanto, para alcançar uma transformação autêntica e duradoura, é necessário desenvolver relações significativas e empoderadoras. Os CEOs devem ir mais longe e criar redes confiáveis que construam capital social para criar uma organização autêntica.

A PERI é um grande exemplo de organização autêntica. Um dos maiores fabricantes mundiais de cofragem e andaimes, seu nome deriva de um prefixo grego que significa "ao redor de". Tal como os subúrbios se estendem ao redor de uma cidade, a PERI fornece a cofragem utilizada para a colocação de cimento, bem como andaimes de edifícios. Fundada em 1969 por Artur Schwörer, a sede da PERI fica em Weissenhorn, uma pequena cidade perto de Ulm, no sul da Alemanha. A sua atividade principal é a criação, fabricação, aluguel e venda de sistemas modulares de cofragem e andaimes. As soluções que a empresa oferece aos seus clientes têm preços competitivos, são rápidas e garantem a máxima qualidade e segurança. A PERI emprega mais de 7.700 funcionários e gerou uma receita de 1,3 bilhão de euros em 2016.

O desejo de Artur Schwörer de ser independente das mudanças do mercado de construção motivou-o a fazer seu negócio crescer em outros países. Com a reunificação alemã, a PERI mudou-se para a Alemanha Oriental, nos anos 90. Nessa época, decidiu abrir novas subsidiárias no leste da Europa e em outras partes do mundo. Isso fez com que ela se tornasse a líder no mercado global. Esse foi um período de aprendizagem rápida, superação de dificuldades e recuperação para conseguir crescer rapidamente.

Nos últimos dez anos, a PERI cresceu de 35 subsidiárias para 64 grupos mundiais que operam em sete regiões, além de 120 centros de logística. A razão para esta extraordinária internacionalização é a inovação da PERI, que a tornou líder mundial no desenvolvimento de novos produtos no seu setor: a empresa desenvolveu sistemas pioneiros na Europa para cofragem vertical de pilares e alumínio horizontal para colocação de concreto. Os projetos da PERI demonstram a complexidade de sua operação, o seu foco no cliente e a sua vocação inovadora.

Em junho de 2017, falei com Alexander Schwörer, o atual CEO da PERI, para tentar compreender os segredos por trás do extraordinário crescimento e sucesso da empresa. Educado nos Estados Unidos na década de 1990, Alexander assumiu a subsidiária americana em 1999 e fundou uma no Canadá. Em 2003, regressou a Weissenhorn como diretor-geral do Grupo PERI. Ele está orgulhoso e apaixonado por liderar uma empresa que deixa uma marca e melhora a vida das pessoas.

— Estamos orgulhosos de participar em projetos como a expansão do Canal do Panamá ou do aeroporto de Madri — afirma. Ele gosta do seu negócio porque lhe permite transmitir esta paixão aos outros.

A expansão da PERI para os Estados Unidos, por exemplo, exportou uma filosofia focada nos empregados que ressoa com os *millenials*. Oferecendo caminhos para desenvolver a própria carreira e sendo parte dos mais impressionantes projetos de construção, a PERI dos Estados Unidos é um empregador atrativo para engenheiros recém-formados que buscam progredir em suas carreiras.

PERI Espanha

Ouvi falar da PERI pela primeira vez em 2005, quando escrevi um estudo de caso sobre suas políticas de recursos humanos pioneiras e seu investimento no bem-estar dos colaboradores em suas operações na Espanha. O tipo de iniciativas que ela tem em curso são incomuns para a indústria da construção. Naquela época, seu diretor-geral tinha inculcado a gestão orientada para os valores da PERI na subsidiária espanhola. Localizado em Madri, o moderno edifício decorado com obras de arte foi cercado por peças de andaimes em cores básicas, amarelo e vermelho, também dispostos como objetos de arte.

Como filha de um operário que trabalhava em andaimes inseguros, fiquei fascinada com os valores da PERI Espanha. Sua missão era tornar o processo de colocação de cofragens e andaimes mais seguro e melhorar a vida dos trabalhadores da construção civil. A empresa estava criando não apenas estruturas mais seguras, mas também atividades coletivas. A PERI realizou aulas de ginástica e inglês, organizou atividades esportivas de futebol e tênis e promoveu eventos sociais para os colaboradores e seus familiares, como a festa de Natal com presentes para crianças de três a dez anos. A empresa possibilitou que seus empregados incluíssem atividades esportivas em seu horário de trabalho, e eles puderam escolher um plano de exercícios dentre vários disponíveis. Alguns se exercitam entre 7h e 9h, enquanto outros usam a academia entre 14h e 17h. O ginásio também ficava aberto aos fins de semana.

Dez anos mais tarde, entrei em contato o novo diretor-geral da da PERI Espanha, Jorge Morell, para uma atualização. Queria saber não só sobre a evolução da subsidiária, mas também sobre as origens da filosofia de gestão da PERI e o seu futuro.

Jorge entrou na PERI Espanha em 2012, atraído pelos valores da empresa — "Excelência e pessoas estão no DNA da PERI" —, e em 2015 foi promovido a diretor de unidade de mercado do sul e do oeste da Europa. Ele está profundamente comprometido com a empresa. Na sua nova função, faz a interface entre a sede da PERI e as suas operações no sul e no oeste do continente. Como resultado, viaja de Madri a Munique quinzenalmente para elaborar e implementar novas estratégias corporativas.

Em novembro de 2015, Jorge deu uma palestra como parte do meu programa de mestrado, discutindo a vantagem competitiva da empresa e, especificamente, a sua política de saúde e segurança. A taxa de acidentes da PERI é muito inferior à média da indústria de construção. O setor é constituído por muitas pequenas empresas que subcontratam trabalhadores para empresas maiores. Infelizmente, alguns desses trabalhadores não têm a formação necessária para trabalhar em áreas de construção, o que leva a acidentes. Em contraste, os trabalhadores da PERI não estão autorizados a entrar nas locações até terem sido treinados. A PERI oferece cursos de formação em manuseamento de cargas, prevenção de incêndios e utilização de empilhadoras. Trabalhadores que demonstram um interesse especial em uma área podem se inscrever em um estágio supervisionado por um encarregado de obra. Também há a atenção às medidas de segurança: a última geração de andaimes incorpora corrimãos de proteção.

A PERI Espanha passou por alguns momentos difíceis no passado recente. Uma bolha no setor, que começou na década de 1980 na Espanha, arrebentou em 1992. Nessa época, o diretor-geral teve que reduzir os salários dos empregados para lidar com a situação. Ele prometeu que quando a empresa se recuperasse, a PERI lhes pagaria de volta, com um extra. Quando a empresa saiu da crise, ele manteve a sua palavra.

Jorge e eu nos encontramos para almoçar, e perguntei como a PERI Espanha sobreviveu à recente crise econômica global. Ele acredita que a ênfase em investir no bem-estar dos funcionários através do desenvolvimento profissional e de projetos sociais ajudou durante os tempos difíceis da economia. Houve demissões em massa em 2014, mas a segurança e a excelência do trabalho não foram comprometidas. Transparência, equidade e comunicação estavam no centro deste doloroso processo de redução de pessoal.

— Os indicadores de segurança melhoraram durante a crise — diz Jorge.

Os procedimentos de segurança são integrados na formação do pessoal. Não há nenhum supervisor inspecionando cada passo; em vez disso, os funcionários são responsáveis por sua própria segurança e pela dos membros de sua equipe. As iniciativas referentes à saúde dos trabalhadores e à conciliação entre vida profissional e familiar mantiveram-se inalteradas durante a crise; por exemplo, os horários de trabalho flexíveis mantiveram-se em vigor. Os colaboradores continuaram a utilizar o ginásio e as instalações esportivas, embora tivessem que se exercitar sem o acompanhamento de um professor. Essa cultura de segurança, cuidado, empoderamento e aprendizagem ajudou a superar os tempos difíceis. Atualmente, a PERI Espanha está passando por um renascimento.

História de fundação: a origem dos princípios autênticos

Quem criou a PERI? No livro *Artur Schwörer: A portrait*, o fundador da PERI está descrito como "Engenheiro, grande empresário e uma pessoa extraordinária". Nascido em uma grande família rural, ele passou de aprendiz de carpinteiro a líder de uma empresa global. Seu biógrafo relata que 2.500 pessoas foram dizer adeus em 21 de abril de 2009 "a um homem cuja vida e trabalho notáveis tocaram e moldaram os seus próprios".

Schwörer veio de uma família que já operava no ramo da construção civil. Aos 22 anos, ele ajudou seu irmão mais velho Hannes a entrar no negócio de casas pré-fabricadas de madeira, que rapidamente se tornou o produto principal da bem-sucedida empresa familiar. Mas ele estava desconfortável com o estilo autoritário de liderança do irmão, e por isso, aos 35, decidiu criar a própria empresa, a PERI, a partir do zero. Essa ruptura foi uma decisão difícil e poderia ter afastado seus pais e irmãos, mas Schwörer não criou desavenças com a família. Seu irmão mais novo recorda sua natureza positiva:

— Ele sempre foi feliz. Era o Artur que consolava nossas irmãs quando elas estavam tristes.

Seus empregados o descreveram em sua biografia da seguinte maneira: "Ele é carismático. Talvez seja porque ama as pessoas. Ele olha para elas sem preconceitos. Talvez porque, apesar da sua brilhante carreira e da sua riqueza, ele está completamente livre da arrogância e confia nos outros". Este herói anônimo combinou carisma com uma forte dose de humildade. "O seu comportamento modesto pode ser em parte devido ao fato de uma doença grave na sua juventude tê-lo deixado surdo do ouvido esquerdo. Ele sofre dessa deficiência durante as reuniões de negócios, mas age como se tudo estivesse bem."

Ser diagnosticado ainda jovem influenciou a sua personalidade. Introvertido e reflexivo, escreveu o seguinte texto aos 17 anos, reproduzido em sua biografia:

> A doença grave que me afetaria para o resto da vida começou inocentemente. No outono de 1946, quando eu tinha treze anos, comia maçãs verdes de árvores à beira da estrada. Desenvolvi uma dor de estômago. No início, não parecia ser tão ruim. Fui ao médico, que diagnosticou apendicite. Como os franceses tinham fechado a clínica cirúrgica em Tübingen, fui levado para a clínica oftalmológica no

topo da colina, onde fui examinado e levado para o hospital feminino. Infelizmente, vários pacientes em macas já estavam na fila em frente à sala de cirurgia. Tive de esperar. Eu estava com uma peritonite séria. Demorei seis semanas para me recuperar da peritonite e da difteria. Finalmente, fui autorizado a ir para casa.

E o sofrimento continuou:

Depois de cerca de quatro semanas — estava voltando da ambulância para o meu quarto — desmaiei no corredor. Dessa vez, o diagnóstico foi de meningite. O chefe do departamento otorrinolaringológico removeu todo o meu ouvido interno esquerdo, ferindo meu nervo facial no processo. Como resultado, o meu rosto ficou em grande parte paralisado. Minha irmã Hedwig me disse mais tarde que queria chorar quando me viu no hospital com a boca torta; para ela, eu sempre fui um garoto muito bonito.

Anos mais tarde, Schwörer revelou como essa experiência de vida precoce com a doença o afetou.

— Só conseguir ouvir de um lado me afetou seriamente durante a vida e mudou significativamente o meu comportamento com as pessoas. Depois disso, nunca mais me senti confortável em grandes multidões. Mais tarde, em coquetéis e outros eventos da empresa, sempre me sentia desconfortável com o fato de que aqueles que estavam à minha esquerda não podiam conversar comigo.

Schwörer se recuperou da doença e continuou na escola. No entanto, vindo de uma família modesta, ele não tinha dinheiro para ir para a universidade, e começou sua aprendizagem como carpinteiro depois de se formar no ensino médio. Seu pai e irmãos mais velhos precisavam de sua ajuda na empresa da família. Depois de terminar a sua aprendizagem, matriculou-se em um curso de engenharia em Rosenheim, uma decisão que o pai aprovou na esperança de que mais tarde o filho se juntasse à empresa familiar na área de vendas.

Pelo lado positivo, seus anos de universidade melhoraram sua autoconfiança. Schwörer se formou como engenheiro da indústria da madeira. "A minha educação anterior tinha sido mínima, então eu tinha muita fome de conhecimento, não só sobre a minha especialidade, mas também sobre outros assuntos. Passei muito tempo lendo sobre história e filosofia", escreveu Schwörer. A sua sede de conhecimento tornou-se uma inspiração e levou à sua paixão de apoiar a educação de jovens.

Schwörer, de uma família católica tradicional, tornou-se um pensador independente e rebelde. Casou-se com uma protestante, Christl Baeuerle, algo que a mãe desaprovava. Mas ele se manteve firme quanto às suas decisões. Christl era entusiasmada com tudo o que ele amava, como música, design e vela. Ele se lembra do primeiro encontro:

— Eu mostrei o que meu novo aparelho de som podia fazer, tocando um movimento da Nona Sinfonia de Beethoven. Aquela noite foi o início de um conto de fadas cujo final feliz foi o resto da minha vida. — Em 1967, eles se casaram e logo se tornaram uma equipe de negócios.

No trabalho, o conflito com seus irmãos mais velhos aumentou e Schwörer finalmente tomou a grande decisão de deixar o negócio da família, no qual tinha trabalhado durante doze anos. Em seu seu diário, escreveu uma carta ao irmão Hannes, explicando as razões dessa difícil decisão:

> Você deve reconhecer que eu trabalhei e ainda estou trabalhando para nossa empresa (suponho que devo dizer sua empresa) com o mesmo entusiasmo e a mesma intensidade e paixão que você. As mensagens que recebo quase diariamente me mostram que você não consegue ver isso. Para mim, elas são desrespeitosas tanto no conteúdo quanto no tom. Enquanto você e Hermann sentirem que precisam ser meus senhores e continuarem me dizendo o que eu fiz de errado, não poderemos ter um bom relacionamento. Enquanto não pudermos celebrar nosso sucesso juntos, como poderemos ser felizes?

Assim, Artur pôs fim à relação profissional com seus irmãos e investiu em um novo futuro. Ele começou a trabalhar como consultor, mas logo percebeu que precisava "fazer alguma coisa". A sua força reside no desenvolvimento de produtos. Dadas suas restrições financeiras, ele pensou que a construção de habitações pré-fabricadas exigiria mais capital do que a fabricação de vigas. Assim, fundou a PERI e produziu as primeiras vigas de cofragem em abril de 1969. Cinco décadas depois, a viga PERI é um dos produtos mais importantes da empresa.

No início, Schwörer assumiu riscos calculados e, tal como Rakesh Aggarwal, nunca viveu além da sua capacidade. Negociar com os bancos para obter empréstimos foi uma luta. Christl Schwörer lembrou-se dessas dificuldades do início da carreira em uma declaração inspiradora que deu em dezembro de 2009:

— É difícil acreditar que a PERI tenha realmente sobrevivido aos primeiros meses. Tivemos as taxas de juros mais elevadas e o inverno mais frio dos últimos anos, e o nosso distribuidor não conseguiu vender o produto.

Mas, tendo em mente a sua visão para a empresa, Schwörer foi persistente. Com uma personalidade otimista, "ele era um homem com visão de futuro e o futuro era seu para moldar", recorda um colaborador da PERI de longa data.

O filho de Schwörer, Alexander, lembra-se dele como um pensador independente e um designer inspirado, capaz de fornecer soluções inovadoras para as exigências dos novos arquitetos. Dessa forma, ele definiu o caminho do sucesso para a PERI.

— Meu pai conseguia pensar em soluções mais simples do que as que estavam em vigor na época — diz ele. — Tivemos sucesso porque éramos diferentes; éramos sempre mais caros, mas oferecíamos o melhor serviço.

A campanha de identidade *Nós somos PERI*: a autenticidade difunde-se pela rede social

A PERI ilustra como a autenticidade pode ajudar a difundir valores por uma organização global, criando uma identidade no processo. Artur

Schwörer iniciou uma epidemia de autenticidade em escala global, e seu filho Alexander está atualmente supervisionando uma campanha de identidade para incutir os valores da PERI em todos os colaboradores, que leva às fábricas da PERI em todo o mundo, onde os funcionários seguem a mesma filosofia, as mesmas diretrizes e os mesmos princípios. Uma das iniciativas mais importantes para a divulgação da identidade autêntica da PERI é o *Nós somos PERI*, um curta-metragem sobre os valores e a cultura da empresa utilizando a narração de histórias.

Além de um filme, a gerência desenvolveu um protocolo com materiais de apoio, como apresentações em PowerPoint e orientação de ensino para garantir que os gerentes entreguem a mensagem: "Nós somos PERI". Histórias que se "autodivulgam" facilitam a "difusão" da autenticidade através das redes sociais. Alexander me diz que o objetivo dessa campanha de identidade é aproximar a empresa dos funcionários para que eles sintam que também podem mostrar seu eu autêntico.

Em fevereiro de 2017, o evento de lançamento do *Nós somos PERI* foi realizado na sede, na Alemanha, com mais de 140 executivos seniores. "Como você gostaria de comunicar esses valores ao seu pessoal?", Alexander questionou. Para lidar com a diversidade cultural da PERI, ele apela para valores como proximidade ao cliente, inovação, abertura de espírito, família, qualidade, segurança e paixão.

Jorge Morel, diretor da PERI Espanha, tinha acabado de assistir ao workshop do *Nós somos PERI* na Alemanha. Organizamos uma reunião no meu escritório na IE Business School para assistir ao vídeo. Quando ele chegou, por volta das sete da noite, vindo diretamente do aeroporto, o seu entusiasmo era contagiante. O vídeo inclui funcionários da PERI falando orgulhosamente sobre a empresa e compartilhando seus melhores momentos. A combinação de histórias pessoais da Ásia, da Europa e dos Estados Unidos com música animada, edifícios bonitos e luzes brilhantes faz do filme uma experiência emocionante. A única diretora executiva no Líbano mostra a sua paixão por trabalhar na PERI e a sua força como boxeadora; um dos engenheiros seniores da sede combina a sua paixão pela PERI com tocar bateria.

CARISMA: A CENTELHA DE UMA EPIDEMIA DE AUTENTICIDADE

Líderes autênticos criam uma visão que pode se espalhar como um vírus. Os valores morais de um líder podem não ser automaticamente aparentes para os seguidores, portanto uma história de fundação ajuda a articular a visão de valores morais e éticos específicos. A visão do líder segue as regras das epidemias até atingir um ponto de inflexão e se difundir amplamente dentro do sistema social. Esta é a ideia por trás da obra-prima de Malcolm Gladwell, *O ponto da virada*.[1]

No final dos anos 80, Jim Meindl, psicólogo social da SUNY, propôs uma abordagem inovadora à liderança carismática chamada Teoria Social Contagiosa do Carisma, que foi fundamental para mudar os pontos de vista de muitos especialistas em liderança. As teorias convencionais de liderança focam nos atributos do líder ou na relação entre líder e seguidores. Saindo desta perspectiva radical centrada no líder, Meindl desloca a atenção para as relações entre os seguidores e como as suas idcias sobre o líder são transmitidas através da sua rede social.

Alguns líderes acreditam que a chave para o sucesso está nas suas próprias qualidades pessoais. Mas ao formar impressões sobre seus líderes, os funcionários não baseiam suas opiniões apenas na interação individual, também são influenciados pelas informações sociais disponíveis para eles. Por que a campanha de identidade da PERI foi tão bem-sucedida? O principal ponto sobre os líderes autênticos é que eles não são fontes passivas de informação. O que os diferencia é que, uma vez que descobrem sua mensagem, querem transmiti-la ativamente, como um vírus, por toda sua rede.

Há alguns anos, tive a honra de ter Jim Meindl como meu orientador de doutorado. Como parte de um projeto de pesquisa sobre contágio social, realizamos um estudo para testar parte de sua teoria do contágio.[2] Examinamos as opiniões de 55 funcionários sobre seu líder, um policial sênior. Os participantes também forneceram informações sobre suas interações sociais uns com os outros — com que frequência eles conversavam e quem consideravam seus amigos. Usando técnicas analíticas de rede, descobrimos que as percepções de carisma dos funcionários seguiam os padrões de seus laços de amizade. A força policial em questão tinha grupos pequenos e altamente coesos, cujos membros sentiam de forma semelhante o apelo carismático do líder.

Houve uma espécie de epidemia de liderança. Ou seja, o carisma do líder era em parte fundamentado em pessoas de dentro da rede de amizade. Os amigos tinham opiniões semelhantes sobre o apelo carismático do líder. Os indivíduos mais populares, aqueles que ocupam posições centrais na rede social, refletiam a visão média do líder, enquanto os da periferia tinham visões mais extremas.

A implicação desses resultados é que os sentimentos das pessoas sobre seus líderes estão, em parte, emocionais e socialmente embutidos. Eles são influenciados pela sua interação com as pessoas da mesma rede de relações sociais. É precisamente por isso que é extremamente importante que os líderes, para serem eficazes, administrem o contexto social para transmitir os valores fundamentais e autênticos de sua organização.

Líderes eficazes incentivam seus subordinados a se comunicarem para além dos grupos de trabalho. Buscando compreender os benefícios da comunicação fora do ambiente empresarial, eu e minha colega Maria Kakarika analisamos a rede externa de 24 grupos de trabalho compostos por 234 funcionários de uma empresa de produção global com sede nos Estados Unidos.[3] Os resultados mostraram que as equipes que tinham um maior número de laços informais com líderes de outros grupos foram mais eficazes, porque trouxeram recursos essenciais para a equipe, como informações estratégicas e apoio político. Como ilustrado na figura 7.1, são os laços instrumentais que os membros da equipe têm com os líderes de outros grupos que tornam a equipe mais eficaz, porque aumentam seu capital social. Fazendo a ponte entre grupos de pesquisa, apresentamos os resultados desse projeto em um simpósio no Havaí, presidido por Andreas Richter, da Universidade de Cambridge.

Valores de autenticidade PERI

O meu próximo contato com a empresa foi através de uma conferência telefônica com Marc Kimmerle, que se juntou à PERI em 2009 e era agora o chefe do departamento de recursos humanos. A nossa conversa centrou-se nos valores e na cultura da empresa. Marc acredita que o filme *Nós somos PERI* reflete a forte identificação organizacional da força de trabalho.

Perguntei a ele como os colaboradores aprendem sobre a identidade e os valores PERI; ele explicou o efeito dominó de iniciativas como o *Nós somos PERI*: valores que começam com a alta gestão, passando para diretores executivos, supervisores e trabalhadores da linha de frente. Foi criado um grupo de trabalho chamado Equipe de Cultura para criar medidas com o intuito de manter a identidade PERI sustentável. Os valores são compartilhados com os colaboradores através de uma campanha de identidade realizada em fases e que começa com a gestão na Alemanha. A alta administração convidou os diretores executivos das subsidiárias para sua sede; juntos, participaram de um workshop sobre o que os valores fundamentais da PERI significam em cada cultura, fornecendo folhetos e cartazes sobre os valores e a cultura da empresa. Uma vez que os diretores executivos compreendem e concordam, a campanha passa para os funcionários. A tarefa dos diretores executivos é transmitir a identidade da PERI às suas equipes.

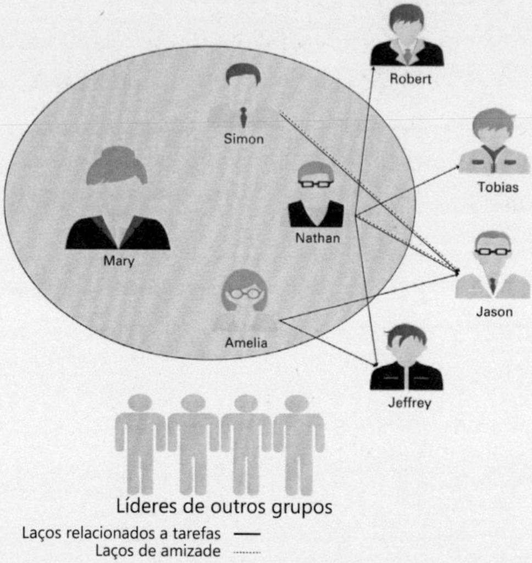

Fonte: figura 7.1. Líderes eficazes encorajam a comunicação relacionada à realização de tarefas com líderes de outros grupos.

Os diretores executivos das subsidiárias podem escolher uma versão longa ou curta da oficina de identidade PERI. A abordagem mais longa e detalhada requer cerca de quatro horas e meia, durante as quais os funcionários participam ativamente de atividades para compreender os valores da empresa e seus fatores de sucesso. A versão mais curta leva cerca de duas horas, durante as quais há uma oportunidade de apresentar os valores e fatores de sucesso e discuti-los brevemente com os funcionários. Em ambos os casos, no final do workshop há uma reunião aberta, geralmente frequentada por centenas de pessoas, na qual *Nós somos PERI* é exibido. Depois, as pessoas socializam.

A arte de contar histórias é utilizada para ilustrar os valores da empresa. Marc explicou que a história da fundação da PERI é uma parte fundamental de sua campanha de identidade. Em um evento recente da empresa, a esposa do fundador fez um discurso inspirador sobre a história de sucesso da empresa e de sua família.

— Foi muito emocionante ver como passamos de zero para um grupo de 1,3 bilhão de euros em apenas uma geração — diz Marc.

As pessoas que aparecem no *Nós somos* PERI são uma mistura diversificada de pessoas muito conhecidas e experientes com colaboradores mais jovens e mais velhos; pessoas de diferentes origens, bem como líderes femininas. No filme, eles são os verdadeiros protagonistas. Marc acredita que o que diferencia a PERI de outras empresas é que seus valores não são comissionados por terceiros. Na PERI, as pessoas são os atores no palco. A mensagem final é "A PERI não é uma empresa alemã, mas uma empresa internacional".

O filme começa com as origens dos valores da PERI, estabelecidos por Artur Schwörer em 1969, quando criou o conceito "construção light": a ideia de que o trabalho de construção não precisa ser difícil. A liderança pode ser exercida através de relações positivas com a força de trabalho. Um forte adepto da mentalidade de "puxar" ao invés de "empurrar" as pessoas para motivá-las, Alexander Schwörer me disse que seu pai tinha escrito o "Folheto do princípio fundamental", explicando a importância e a natureza desses valores essenciais. Marc explica que Artur Schwörer queria pessoas que fossem orientadas para o cliente e que respeitassem os outros funcionários. Ele procurou pessoas que apoiassem esses valores fundamentais para reduzir o tempo que passava explicando como funciona o negócio da construção civil.

Marc acredita que Artur Schwörer foi muito estratégico na definição desses valores iniciais fundamentais para a empresa. Ele aproveitou a oportunidade, juntamente com a mulher, Christl, para abrir uma nova empresa. Ao fazê-lo, era muito importante para ele desenvolver relações positivas e de confiança com os colaboradores. Este valor fundamental está descrito no site da empresa: "A cooperação baseada na parceria e na confiança é um valor fundamental na nossa empresa, que, por consequência, constitui também a base das nossas relações com os clientes."

Esses valores orientados para as pessoas existem ainda hoje e são o núcleo da *Nós somos* PERI. Com base em conversas entre a família e os principais *players* da empresa, os valores originais foram articulados em uma declaração de missão, quatro fatores-chave de sucesso e quatro valores fundamentais.

— Embora esses valores tenham sido renovados e reformulados ao longo dos anos, eles ainda estão na base da empresa porque os funcionários se alinham a eles — explica Marc.

Os quatro valores renovados na PERI são:

1. Empreendedorismo — manter uma mente aberta, nobre e orientada para o exterior, e reter a curiosidade sobre o negócio.
2. Confiança — trabalhar diligentemente e ser justo.
3. Mente aberta — ser respeitoso e nutrir relacionamentos positivos com os outros.
4. Paixão — mostrar comprometimento emocional, dedicação e uma mentalidade criativa.

Com base nesses valores renovados, há quatro pilares que sustentam a empresa e são seus principais fatores de sucesso:

1. Proximidade do cliente — solucionar problemas e focar no cliente com presença local em suas operações internacionais.
2. Poder de inovação — compreender o que o cliente quer e desenvolver novos produtos para atender a essas necessidades.
3. Empresa familiar — ter uma visão de longo prazo, estabilidade financeira e independência.
4. A melhor qualidade — ter funcionários de destaque e processos eficientes que resultem nos melhores produtos e serviços.

Estes valores e fatores de sucesso sustentam a missão da empresa de tornar a construção civil mais eficiente e segura, ao mesmo tempo que proporciona o melhor serviço aos clientes.

Apoiamos os nossos clientes na concorrência cada vez mais feroz com a qualidade dos nossos produtos e serviços. Medimos nossos feitos em função do sucesso dos nossos clientes e da sua satisfação.

Criar esta filosofia de gestão foi um trabalho árduo, diz Marc.

— Discutimos cada palavra. A gerência também criou uma metáfora visual: uma casa. A casa é uma metáfora que reúne tudo — diz ele. O porão simboliza os valores, os pilares são os fatores de sucesso, e o telhado representa a missão da empresa. Se você olhar de cima, pode ver a casa completa. — É extraordinário — conclui. Essa liderança baseada em valores é a estrutura usada para elaborar a estratégia da empresa para 2025.

— Como esses valores se manifestam nas operações cotidianas da PERI? — pergunto a Marc.

A empresa está comprometida com a segurança, a inovação e a internacionalização. Priorizar a segurança deu a ela uma vantagem competitiva. A PERI tem um departamento de saúde e segurança responsável por garantir que todos os procedimentos e regulamentos de segurança estejam em vigor e sendo seguidos. Seus gestores procuram otimizar o local de trabalho, recebendo feedback regular nas reuniões se algo acontecer às pessoas no escritório ou no local de obra. Há uma discussão e análise da situação para avaliar se algo precisa mudar para tornar o ambiente mais seguro. Além disso, há uma avaliação contínua das formas de tornar o trabalho mais fácil e ergonômico.

Houve também um enorme investimento em inovação. O departamento de gestão de inovação emprega mais de trinta pessoas dedicadas a incentivar o pensamento inovador. Eles ouvem sugestões de funcionários e clientes em uma tentativa de compreender melhor o que o mercado exige. Marc acredita que este pensamento inovador é uma grande parte do que faz da PERI uma empresa que cria tendências em uma indústria tão conservadora como a da construção civil.

Finalmente, a internacionalização ajudou a empresa a lidar com a crise financeira global. É precisamente isso que significa "proximidade do cliente", combinada com uma perspectiva de longo prazo do negócio. Em 2014, o CEO Alexander Schwörer revelou a um jornal que "nove em cada dez euros de receita provêm de negócios estrangeiros". Por exemplo, quando a crise atingiu a Espanha e Portugal mais duramente do que em outras regiões, a PERI concentrou-se nos mercados mais prósperos naquele momento, como o Oriente Médio, trabalhando em projetos em Dubai e no Qatar, enquanto o mercado do sul da Europa se recuperava.

O CARISMA POSITIVO CONSTRÓI UNIDADE DENTRO DA DIVERSIDADE

O carisma do fundador da PERI e de seu filho não só ajuda a difundir os valores autênticos da empresa, mas também constrói unidade dentro da grande diversidade de pessoas que a compõem.

— A diversidade é fundamental para nós — diz Alexander, que se orgulha da natureza internacional da força de trabalho e do fato de mais líderes da equipe de alta gestão virem de fora da Alemanha, como do Canadá, da África do Sul e da Espanha, trabalhando em conjunto de forma colaborativa.

A diversidade pode ser uma faca de dois gumes, oferecendo oportunidades e desafios. Como a diversidade pode ser uma vantagem estratégica? Com a minha equipe de pesquisa, avaliamos os últimos 22 anos de pesquisa em diversidade.[4] Nossa revisão crítica revelou quatro explicações para os efeitos da diversidade nas equipes organizacionais, resumidas na figura 7.2. No lado positivo, há duas explicações para a diversidade ser uma fonte de sucesso nas organizações. A primeira é a variedade de conhecimentos no processamento de múltiplos pontos de vista (informação) e a segunda é a variedade de redes externas que trazem recursos e apoio político (acesso). A diversidade pode ser uma influência positiva quando as diferenças de perspectivas e contatos estimulam uma compreensão mais profunda das questões em causa, juntamente com soluções mais inovadoras para problemas e decisões.

Fonte: figura 7.2. Quatro explicações para os efeitos da diversidade em equipes.

No lado negativo, uma terceira explicação alternativa dos efeitos da diversidade diz respeito à identificação social e à lealdade das pessoas com subgrupos, em vez do grupo principal, o que diminui os sentimentos de confiança e cooperação e aumenta a tensão entre subgrupos (separação). Finalmente, a quarta possibilidade é que as diferenças de status criam um pensamento único que inibe a livre troca de informações (disparidade).

Como os líderes podem maximizar os benefícios da diversidade? Esta é a questão que discuti com Daan van Knippenberg, um dos principais pesquisadores de liderança da Universidade de Drexel e co-editor da *Academy of Management Annals*. No fim da nossa conversa, concordamos em estudar como os líderes podem "manipular" a ativação cognitiva (por exemplo, a distinção) de certos tipos de diversidade, influenciando os efeitos positivos ou negativos da diversidade na equipe.[5] Com base nos *insights* da pesquisa realizada com inteligência artificial, propusemos uma técnica para capturar a distinções de diferentes categorizações sociais em equipes, como gênero ou raça.

O que significa gerir a diversidade? Pedimos a 239 funcionários que trabalham em 38 equipes de uma grande empresa de manufatura localizada no norte de Nova York e Nova Jersey para completar uma pesquisa. Os participantes indicaram o nível de carisma de seu líder imediato e suas percepções de diversidade na equipe. Além disso, registramos a composição demográfica da equipe e calculamos o chamado Índice de Diversidade de Blau.

O resultado fascinante foi que líderes carismáticos positivos, que vão além de seu próprio interesse para o bem do grupo, podem inspirar a cegueira sobre diversidade até certo ponto, evitando vieses negativos e promovendo uma troca de informações em equipes demograficamente diversas. O que nosso estudo sugere, como ilustrado na figura 7.3, é que o carisma positivo dos líderes pode fazer com que as pessoas se tornem cegas para as diferenças demográficas, como gênero e raça. Veja como a linha mais escura se aplana em direção a zero. Este efeito pode ser usado para melhorar as identidades relacionadas com o trabalho, como a organizacional.

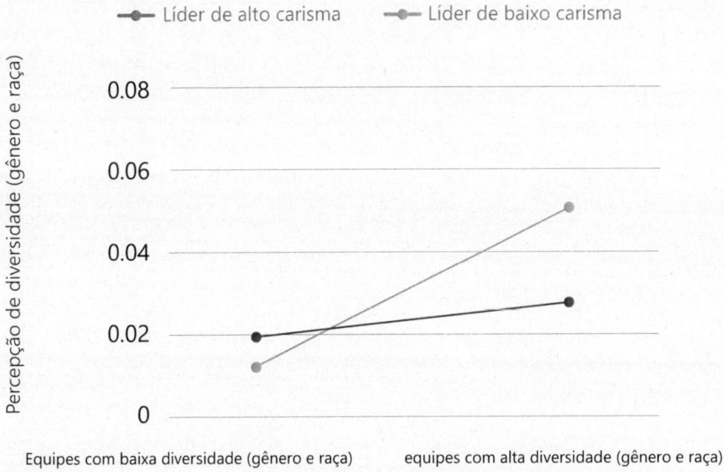

Fonte: figura 7.3. Líderes carismáticos tornam as pessoas cegas para a diversidade.

Como criar uma organização autêntica e diversificada

O sistema de apoio PERI é semelhante a um andaime social que cria e mantém uma organização autêntica. A seção "Crescer com a PERI" no site da empresa reflete a sua filosofia centrada nos colaboradores:

> A nossa chave para o sucesso: desenvolvimento de potencial e crescimento — criados pelas pessoas da nossa empresa. Porque por trás dos melhores produtos e das soluções inovadoras, há pessoas comprometidas que trabalham sendo responsáveis por si mesmas e adicionam seus pontos fortes à equipe. Por trás dos membros da equipe, há um conselho de administração que sabe que cada indivíduo na empresa importa: suas personalidades, suas capacidades, seu desenvolvimento e, portanto, sua satisfação.

Perguntei ao gerente de recursos humanos sobre práticas de contratação, treinamento, comunicação e iniciativas de bem-estar. Com uma forte presença internacional, me perguntei como a PERI integra a sua cultura em todas as subsidiárias.

— Este é um grande desafio; e a seleção do diretor-geral de uma subsidiária é crucial para nós — respondeu Marc.

A gestão da PERI quer ter certeza de que o diretor-geral partilha os valores fundamentais da empresa. Os diretores-gerais devem ter uma formação sólida no setor de construção com experiência executiva na gestão de uma filial. Mas o requisito mais importante é estar alinhado com os valores da empresa.

Em 2012, para facilitar ainda mais a unidade e a coordenação entre as subsidiárias, a PERI criou o cargo de diretor regional para cada uma das sete áreas centrais do negócio — por exemplo, Jorge Morell supervisiona o sul e o oeste da Europa. Eles servem como interface entre a sede e os diretores executivos das subsidiárias. Além das questões de liderança, esses diretores regionais trazem a dimensão da tecnologia de última geração para as subsidiárias. Com cursos de formação regulares para diretores executivos e engenheiros estratégicos na sua sede, a PERI tenta normalizar os principais procedimentos técnicos.

Os cursos de formação podem durar até três semanas. Para além dos aspectos técnicos, os diretores executivos são inculcados com o espírito PERI o e levam de volta às suas equipes.

Eu perguntei como a formação ajuda a apoiar os valores PERI entre os colaboradores, e Marc explicou que o treinamento é organizado para apoiar os valores da organização em relação a questões técnicas, bem como fornecer orientação cultural para garantir a sustentabilidade da cultura PERI. Todos os colaboradores da PERI podem apoiar o seu desenvolvimento profissional e pessoal, participando de vários seminários e workshops internos na Academia PERI. Eles também podem complementar sua formação se inscrevendo em cursos externos. Os tópicos abordados internamente variam de *know-how* técnico e *software* a competências linguísticas. Estes seminários internos incluem a participação interdisciplinar de especialistas de diferentes departamentos e muitas vezes resultam em novas ideias. A internacionalização contínua da empresa também oferece a oportunidade de expandir suas habilidades interculturais através da participação em missões no exterior. O departamento de recursos humanos, responsável pela implementação dos valores chave da empresa em todos os níveis de gestão, tem agora uma prioridade — difundir a campanha de identidade PERI em todas as subsidiárias.

A PERI não tem nenhum questionário de clima organizacional, mas os colaboradores podem expressar as suas opiniões através do programa de melhoria contínua. A comunicação de baixo para cima funciona por canais abertos a supervisores e gestores. Marc acredita que a metodologia de pesquisa não é a mais adequada para uma empresa como a PERI, devido à sua natureza única.

— Questões importantes podem não aparecer em um questionário anual — diz ele. A comunicação entre os membros da equipe e a direção parece ser um fluxo natural por meio do feedback diário realizado no trabalho. A porta da gerência está sempre aberta e todos têm a oportunidade de fazer sugestões.

O investimento no bem-estar dos colaboradores é uma prioridade máxima na PERI. Para eles, "Colaboradores saudáveis resultam em negócios saudáveis" não é um mero slogan. A empresa criou o próprio sistema de gestão de saúde para promover a longevidade dos funcionários, baseado em três pilares — exercício, nutrição e relaxamento. Existe uma sala fitness, a Sala PERIfit, em Weissenhorn e em muitas subsidiárias, onde esportes como spinning, boxe, back fitness ou zumba estão disponíveis. Além das atividades individuais, há grupos como a equipe de ciclistas patrocinada pela empresa.

— A equipe de ciclismo faz uma viagem da Alemanha para uma filial europeia uma vez por ano — diz Marc.

Há também outras equipes, como a náutica, a de futebol, a de badminton e a de tênis, que se reúnem regularmente. Essas atividades são complementadas por palestras e seminários sobre relaxamento, gestão do estresse e nutrição. Para promover hábitos alimentares saudáveis, a empresa aprimorou o seu serviço de buffet.

— Estamos abrindo uma nova sala de jantar para oferecer comida saudável a um preço razoável.

"O trabalho é importante, mas a sua vida pessoal também", diz o site. A gestão da PERI reconhece que o modelo familiar tradicional está mudando. Como resultado, a empresa apoia a sua força de trabalho com horários de trabalho flexíveis e outras iniciativas. Por exemplo, os empregados podem trabalhar horas reduzidas após a licença parental para melhor ajustar o trabalho e as responsabilidades familiares. Eles também podem tirar um tempo livre para cuidar de um membro da família. Como uma empresa familiar, a PERI está empenhada em acomodar as necessidades das famílias.

Devido a estas políticas de recursos humanos, a PERI tem baixas taxas de rotatividade de pessoal. Marc diz que, desde que entrou para a empresa em 2009, viu apenas um diretor administrativo, entre outros sessenta, deixar a empresa por motivo de carreira.

Liderança autêntica compartilhada em ação

Quando perguntei a Alexander por que ele achava que a PERI tinha tido êxito, ele voltou à base da filosofia pessoal do pai, baseada na confiança e na bondade das pessoas:

— Não fazemos microgestão, lideramos pelo exemplo, damos independência e responsabilidade à nossa força de trabalho.

Ele compara o seu papel de liderança com o de um treinador de futebol.

— Você precisa das melhores pessoas, das que fazem o trabalho melhor do que você — diz ele.

Usando uma metáfora esportiva semelhante à de Angel Ruiz no capítulo anterior, Alexander enfatiza que as melhores pessoas são os jogadores da equipe. Então, seu papel como líder é escolher os melhores e motivá-los, dando-lhes a responsabilidade de tentar coisas novas, cometer erros, aprender e ter sucesso; e, em seguida, lhes dar crédito e reconhecimento — "deixe o mundo saber sobre o seu sucesso". Ele gosta de se concentrar nos pontos fortes de cada funcionário mais do que em corrigir seus erros.

— Liderança significa inspirar os funcionários a dar o seu melhor — diz Marc Kemmerle. Isto significa delegar responsabilidade aos membros da sua equipe. — Eles sabem que, se tiverem algum problema, podem vir falar comigo. — Um líder modesto, ele aprecia os pontos fortes e as contribuições de outras pessoas: — Não estou convencido de que possa fazer melhor sozinho. — Supervisionando cerca de trinta pessoas no departamento de recursos humanos, ele lhes atribui tarefas desafiadoras e os orienta enquanto as realizam, com a intenção de torná-las responsáveis pelo que estão fazendo. — O objetivo é que eu me torne desnecessário; é isso que eu busco — diz, e conclui: — Estou feliz por fazer parte desta história de sucesso.

A empresa passou por muitos momentos marcantes desde 1969. Apenas cinco anos depois, a PERI abriu suas filiais na Suíça e na França. Em 1984, a primeira filial fora da Europa foi estabelecida, nos Estados Unidos. Os avanços tecnológicos do início dos anos 90 incluíram um sistema auto-elevador que utilizava um acionamento hidráulico sem a necessidade de um guindaste, bem como um *software* de design chamado CAD. O 25º aniversário foi marcado por treze filiais na Alemanha, 22 filiais em todo o mundo e um portfólio de mais de 2 mil produtos.

Em 1998, a PERI foi contratada para ajudar na construção das Torres Petronas em Kuala Lumpur, o edifício mais alto do mundo na época, com 452 metros. A utilização do sistema de auto-elevação PERI assegurou um progresso suave. Em 2005, a empresa expandiu a sua área de produção em 80%, investindo aproximadamente 80 milhões de euros nas instalações de Weissenhorn. A continuidade da empresa após a morte do seu fundador, Artur Schwörer, em 2009, foi garantida pelo seu filho.

Alexander assumiu o cargo de presidente. Em 2011, a PERI juntou-se ao projeto de construção do século, a extensão do Canal do Panamá, que liga as costas do Atlântico e do Pacífico. Refletindo o seu compromisso com a proximidade ao cliente, a PERI lançou em 2012 o portal online My PERI para clientes.

Como desenvolver uma liderança autêntica e compartilhada

A liderança compartilhada ocorre quando a influência é distribuída uniformemente entre os membros do grupo ou da organização. A liderança muda da influência unidirecional de uma única pessoa para a influência recíproca e mútua entre os membros de uma equipe de negócios, política ou esportes. Pode assumir múltiplas formas à medida que os membros da equipe assumem funções específicas de liderança. Por exemplo, os membros da equipe esclarecem o que o time deve fazer para alcançar seus objetivos, assumindo responsabilidade compartilhada pelo estabelecimento de metas. Quando os membros da equipe compartilham recursos e conhecimentos, eles exercem liderança e aprendem uns com os outros. Esta abordagem colaborativa melhora o desempenho ao longo do tempo, incentivando a confiança mútua nas habilidades da equipe, lhes dando orgulho do grupo em que trabalham, e ganhando elogios uns dos outros por seus esforços e suas realizações.

Aprendendo com os métodos de equipes de alpinismo, Andrew Hill, do *Financial Times*, escreve sobre o valor de não apenas seguir uma única pessoa, mas sim considerar as diferenças individuais em equipes.[6] Usando a música como metáfora, Richard Hackman, professor de psicologia da Universidade de Harvard e meu mentor durante meu ano na Fulbright, estudou os benefícios da liderança compartilhada na orquestra Orpheus de Nova York.[7]

Até que ponto a sua empresa compartilha liderança autêntica?

Considere as seguintes afirmações, adaptadas do Inventário de Autenticidade escrito por Michael Kernis e Brian Goldman, indicando como as pessoas em geral se sentem, pensam e se comportam nas empresas.[8] Avalie até que ponto você acha que a afirmativa caracteriza com precisão as pessoas da sua organização usando uma escala de 1 ("Discordo totalmente") a 5 ("Concordo totalmente").

As pessoas da minha empresa...

Processamento imparcial

1. ...se sentem confortáveis considerando as suas limitações e deficiências.
2. ...acham muito fácil se autoavaliar criticamente.
3. ...acham fácil abraçar as coisas que realizaram e se sentir bem com elas.
4. ...aceitam a validade de quaisquer elogios que recebam.

Consistência comportamental

1. ...tentam agir de uma forma que seja consistente com os seus valores pessoais, mesmo que outros as critiquem ou rejeitem por isso.
2. ...costumam se comportar de forma a expressar seus valores, suas necessidades e seus desejos pessoais.
3. ...raramente usam, ou não usam, uma "máscara" na frente dos outros.
4. ...estão dispostos a sofrer consequências negativas por expressar suas opiniões verdadeiras.

Autenticidade social

1. ...fazem questão de expressar aos outros o quanto realmente se importam com eles.
2. ...podem descrever com precisão as pessoas com quem convivem de perto.
3. ...querem compreender o verdadeiro "eu" e não apenas a personalidade pública ou a "imagem" dos outros.
4. ...dão muita importância a relacionamentos abertos e honestos.

Se falarmos sobre liderança autêntica dessa forma — compartilhada entre os funcionários — é possível entender como algumas organizações podem ser classificadas como autênticas. O primeiro elemento é o processamento imparcial, algo como humildade compartilhada, quando as pessoas frequentemente assumem seus aspectos positivos e negativos. O segundo elemento é a consistência comportamental, agir de acordo com os valores, as preferências e as necessidades de cada um, em vez de agir apenas para agradar aos outros. O elemento final é a autenticidade social, que pressupõe que as pessoas da organização valorizam e alcançam relações abertas e verdadeiras umas com as outras.

Dez maneiras de permanecer autêntico liderando pelo exemplo

1. *Construa poder pessoal, em vez de poder hierárquico, em torno da sua autenticidade.* Forneça mais do que um salário, ajudando os funcionários a ver o impacto social e o significado do seu trabalho. Por exemplo, a PERI oferece ferramentas de desenvolvimento de carreira e faz parte dos mais impressionantes projetos de construção. Esta filosofia de colocar o funcionário em primeiro lugar ressoa com uma força de trabalho *millenial* que apreciaria, por exemplo, a paixão e o legado transmitidos por Alexander Schwörer.
2. *Crie estruturas autênticas por e para as pessoas.* Os trabalhadores são os mais afetados pelos aspectos cotidianos da gestão de uma empresa: são responsáveis e, por conseguinte, são os que mais têm a perder. Construa um "andaime social" que melhore o bem-estar dos seus funcionários. A PERI está criando não só estruturas mais seguras, mas também uma vida melhor para os seus colaboradores. Organiza aulas de ginástica e inglês, atividades esportivas, oferece flexibilidade no horário de trabalho e organiza eventos sociais para os funcionários e suas famílias.
3. *Dedique tempo para conhecer os outros.* A proximidade com seus *stakeholders* — clientes e funcionários — lhe ajuda a desenvolver relacionamentos autênticos. Por exemplo, Artur Schwörer passou algum tempo conhecendo as complexidades dos novos edifícios, concebidos por uma nova onda de arquitetos. Fornecer soluções não convencionais para novos problemas ainda é a chave para o sucesso da empresa. Da mesma forma, as relações de confiança com a força de trabalho mantêm os líderes da PERI em sintonia com as necessidades dos colaboradores, tais como o equilíbrio entre trabalho e vida pessoal.

4. *Envolva-se em ações socialmente responsáveis com os colaboradores.* Fornecer políticas de RH flexíveis e orientadas para a segurança demonstra preocupação com os funcionários. Esta ênfase em investir no bem-estar dos empregados através do desenvolvimento profissional aumenta o engajamento e o compromisso dos funcionários com a empresa, o que pode ajudar em tempos economicamente difíceis. A cultura da PERI de cuidado, empoderamento e aprendizagem ajudou a superar os tempos difíceis de 2012 na filial espanhola, onde a segurança e a excelência do trabalho não foram comprometidas.

5. *Tenha fome de conhecimento.* A curiosidade vitalícia é contagiosa. Fique em sintonia com as pessoas com quem você interage e escute suas necessidades sociais e de desenvolvimento para que possa criar um espaço onde outros possam aprender e crescer. A "sede de conhecimento" de Artur Schwörer foi uma inspiração para toda a sua vida, assim como a sua paixão por apoiar jovens nos anos fundamentais da educação. Schwörer tornou-se um pensador independente e rebelde numa indústria conservadora.

6. *Seja um visionário.* Fuja de estratégias orientadas para a operação, porque a sua empresa não consegue sobreviver apenas com processos e procedimentos. Você precisa agir de forma altruísta e estratégica. Adote agendas sociais não só porque são economicamente benéficas para a empresa, mas também por seu valor moral, ou seja, porque é a coisa certa a fazer. Alexander Schwörer concebeu uma visão estratégica para a empresa na qual os colaboradores desempenham um papel de liderança.

7. *Crie um contexto em que as pessoas possam ser contaminadas pelo vírus da autenticidade.* Não limite o seu papel estratégico à definição da visão da empresa. Em vez disso, ajude as pessoas a se "contaminarem" com o vírus da autenticidade. Encoraje uma rede densa através da qual a sua mensagem possa ser difundida com facilidade e sucesso entre todos os membros da organização. Alexander Schwörer investiu tempo e energia em uma campanha de identidade para ajudar a difundir os valores PERI.

8. *Faça da diversidade uma estratégia competitiva.* Uma força de trabalho diversificada é uma fonte de benefícios potenciais, mas também traz desafios. Líderes que usam seu carisma para ativar as diferenças relevantes como fontes de conhecimento e redes maximizam os benefícios potenciais da diversidade, enquanto minimizam a tensão por causa das identificações sociais e de status. A equipe de alta gestão da PERI faz vista grossa às diferenças culturais em favor de uma identidade organizacional de ordem superior.
9. *Compartilhe a liderança com seus funcionários.* Não dependa demais da sua experiência e autoridade. Contrate um grupo diversificado de talentos e recorra aos seus conhecimentos para resolver problemas e tomar decisões de forma criativa. Tal como acontece com a orquestra Orpheus, deixe os seus funcionários "terem um solo" às vezes e ofereça crédito e reconhecimento.
10. *Lidere pelo exemplo para construir um clima de autenticidade.* As ações falam mais alto que as palavras. Se você quiser criar uma cultura de autenticidade, pratique os três elementos da liderança autêntica compartilhada: processamento imparcial, consistência comportamental e autenticidade social. A PERI é, essencialmente, uma empresa construída em torno dos princípios da autenticidade. Os principais líderes da PERI querem estar perto de pessoas que possam fazer o trabalho melhor do que eles próprios; viajam pelo mundo para estarem perto das suas equipes e dão muita importância às relações de confiança.

Para Sundar Pichai, "uma pessoa feliz não é feliz porque tudo está certo em sua vida, mas porque a sua atitude em relação a tudo em sua vida está certa". Artur Schwörer fundou a PERI com a atitude certa, fazendo os colaboradores felizes, e os seus valores são agora transmitidos ao seu filho Alexander Schwörer e às futuras gerações de executivos.

8
Comunidade: criando momentos de autenticidade verdadeira

Se os empregados estão em primeiro lugar, então estão felizes... Um funcionário motivado trata bem o cliente. O cliente contente continua voltando, o que agrada os acionistas. Não é um dos maiores mistérios de todos os tempos, é apenas como funciona.

HERB KELLEHER

Como ex-CEO da Southwest Airlines, Herb Kelleher foi nomeado o melhor CEO dos Estados Unidos pela revista *Fortune*. Ele é conhecido por criar uma cultura única na Southwest, onde os funcionários são incentivados a se divertir enquanto levam o trabalho a sério. Criar uma união entre os funcionários é fundamental para o seu sucesso.

— É a coisa mais difícil de imitar para um concorrente — diz ele. — Eles podem comprar todas as coisas físicas. O que não se pode comprar é dedicação, devoção e lealdade; a sensação de que você está participando de uma cruzada.

E os *millennials* querem "se alinhar com uma causa autêntica", relatou recentemente o *Washington Times*.[1] "Isso vai para os *millenials*: você não tem que ser incrível. Mas tem que ser autêntico". Da mesma forma, o *Huffington Post* diz que os *millennials* "não são movidos por propagandas chamativas, grandes promessas ou pelo fator 'uau'. Eles querem mensagens autênticas, marcas autênticas e interações autênticas".

VISTA ALEGRE: A PROMULGAÇÃO E A MODELAGEM DA LIDERANÇA AUTÊNTICA (PORTUGAL)

Liderança é tanto sobre seguidores quanto sobre líderes. Os líderes que têm o poder de se renovar estão em sintonia com as necessidades de seus seguidores. As pessoas gostam de líderes que se preocupam genuinamente com elas. Quando os líderes estão cientes das necessidades sociais e emocionais de seus funcionários e respondem a elas, eles são vistos como autênticos. Veja o exemplo da Vista Alegre, uma empresa cujos líderes construíram uma comunidade para os empregados em uma aldeia economicamente desfavorecida de Portugal.

A Vista Alegre tem uma rica tradição e história. Após a turbulência que se seguiu à independência do Brasil, Portugal viveu um período de prosperidade na década de 1820. Aproveitando este fato, e influenciado pelas ideias liberais da época, José Ferreira Pinto Basto pediu a D. João VI uma Licença Real para construir uma fábrica de porcelana no norte rural do país.

Em 1824, foi fundada a Vista Alegre: a sua sede e primeira fábrica situavam-se a cerca de 250 quilômetros da costa de Lisboa, em Ílhavo. A fábrica produzia jogos de prato e de chá de alta qualidade, bem como outros utensílios de mesa. A empresa cresceu rapidamente em reputação e começou a visar o mercado de luxo em Portugal e toda a Europa, servindo hotéis de luxo e até mesmo a família real britânica.

Em 1832, Augusto Ferreira Pinto Basto, filho do fundador, viajou à França para conhecer os segredos da massa de porcelana, plantando as sementes para a expansão internacional da empresa. Em 1867, a Vista Alegre ganhou prêmios na Exposição Universal de Paris. Este foi um período de rápido crescimento que incluiu a introdução de novos estilos e de novas técnicas decorativas.

Na virada do século XX, a empresa experimentou um renascimento artístico ao adotar estilos como art déco e funcionalismo, se adaptando a uma estética em mudança. Em 1964, a Vista Alegre inaugurou um museu para mostrar a longa e rica história da empresa como produtora de peças exclusivas. Vinte anos depois, dois marcos colocaram a Vista Alegre no mercado de arte: uma exposição no Metropolitan Museum of Art em Nova Iorque e a abertura do Vista Alegre Art and Development Centre em Portugal. Durante esse período, a empresa esteve sob a liderança da família Pinto Basto.

Uma perspectiva *millenial* da Vista Alegre

Francisco Rebelo é membro da família Pinto Basto. O consultor júnior de 25 anos da Deloitte em Londres pretende se juntar ao negócio da família no futuro. Quando conheci Francisco, que foi meu aluno, ele me impressionou com um inspirador vídeo de quatro minutos sobre a história da Vista Alegre. Eu estava convencida de que ele iria liderar a empresa em algum momento no futuro. Na minha turma de 2014, ele compartilhou uma história comovente sobre a empresa:

> Portugal, 1824: um país poderoso com um vasto crescimento econômico proveniente das suas muitas colônias. Pessoas ambiciosas com espírito empreendedor agitado devido às muitas oportunidades que este momento excitante proporcionava. É nessa época que, no norte de Portugal, José Ferreira Pinto Basto começa a imaginar uma fábrica para produzir a melhor qualidade de cerâmica. Depois de pedir permissão ao Rei, ele pôde montar uma fábrica real nacional em Ílhavo. Com isto, nasce a Vista Alegre.

O processo de produção original era extremamente moderno e eficiente na época. A fábrica empregava quase 1.700 pessoas e a produção era constante para atender a alta demanda. A Vista Alegre rapidamente se tornou sinônimo de prestígio e qualidade. Cem anos depois, é possível ver que o processo ainda é muito baseado nessa atenção ao detalhe, fazendo uso do grande talento que a empresa reúne.

Para garantir a qualidade em um ambiente tão competitivo, a Vista Alegre inicia a produção de novos produtos pesquisando e projetando um molde que será preenchido com a mistura correta para entregar um produto robusto. A peça é depois montada pela equipe de escultura e levada para o forno. É um processo que leva vários dias. Finalmente, um pintor fornece os toques finais para tornar essa peça disponível para venda ao público em geral.

Mas a Vista Alegre cresceu e tornou-se muito mais do que uma simples marca de cerâmica. Ao longo dos anos, a empresa cresceu em família, proporcionando grandes vantagens aos funcionários. Construiu escolas para os seus filhos frequentarem, investiu em clubes de esporte e até criou um teatro dentro do complexo fabril. A fábrica estava localizada em uma zona rural pobre de Portugal, e a empresa ficou feliz por poder dar alguma ajuda a essas pessoas. A Vista Alegre construiu casas para os funcionários mais necessitados. Uma grande lealdade foi desenvolvida para com esta empresa.

Há alguns anos, a Vista Alegre enfrentou grandes mudanças. Enquanto tentava se manter financeiramente estável, a empresa investiu em campanhas de marketing, métodos de produção e políticas empregatícias novas. Essas mudanças impactam o futuro da empresa, e hoje ela está se perguntando o que fazer a seguir.

Em maio de 2001, a Vista Alegre fundiu-se com o Grupo Atlantis para aproveitar potenciais economias em crescimento e aumentar a sua presença no mercado global, criando o Grupo VAA (Vista Alegre Atlantis).

Em 2009, o VAA passou a fazer parte do Grupo Visabeira. A família que havia cuidado do negócio durante dois séculos não tinha outra opção durante a crise financeira global a não ser entregar a empresa a um grande e diversificado grupo de investimento. As razões que levaram a família a vender a empresa foram externas e internas. A globalização do mercado e a concorrência de países como a China fizeram com que os preços caíssem significativamente. Além disso, houve importantes mudanças culturais na sociedade portuguesa que fizeram da Vista Alegre uma vendedora de produtos de luxo "supérfluos". Um exemplo é que, antes, quando um membro da classe média e alta portuguesa se casava, recebia um conjunto de pratos feitos especificamente para o casamento; à medida que o mundo evoluía, essa tradição perdia importância. Internamente, algumas decisões de investimento desastrosas resultaram em grandes perdas, como os investimentos no Brasil.

Mudança de gestão

Com um novo proprietário, muitas coisas mudaram. No passado, o CEO da empresa viajava de Lisboa a Ílhavo uma vez por mês para falar com os trabalhadores. Os líderes da empresa se preocupavam com o bem-estar de seus funcionários e investiam neles para criar uma comunidade. Ao longo dos anos, a Vista Alegre construiu moradias para os funcionários, uma escola, um teatro e até mesmo um centro desportivo. Com o passar do tempo, os filhos de gerações mais velhas de funcionários ingressaram na empresa, criando uma força de trabalho leal.

Em novembro de 2014, Francisco Rebelo entrevistou a força de trabalho, juntamente com ex-empregados e seus familiares, alguns dos quais não trabalhavam mais para a empresa. Muitos queixaram-se de que a nova direção só visitava a fábrica quando era absolutamente necessário. Como resultado, a relação de proximidade entre trabalhadores e gestores tinha desaparecido e houve uma ruptura entre os trabalhadores e a direção.

Um empregado queixou-se:

— Hoje, em vez de uma família que trabalha em conjunto, isto é apenas um emprego. Eles só querem saber dos números e não valorizam a qualidade.

Outro disse:

— A gerência costumava se preocupar conosco. Éramos os melhores de Portugal e tínhamos orgulho da Vista Alegre. Havia uma ligação diferente com a empresa.

Outro observou:

— Antes, o trabalho era recompensador. Hoje, eles estão tirando o pouco que temos. Que prazer nos dá o trabalho? Que tipo de incentivo eu tenho? Hoje em dia, eles não investem em nós. Quando a família costumava visitar, também trazia os filhos. Jogávamos futebol juntos. Agora, menos pessoas vêm e não sabemos quem são.

A maioria dos funcionários sentiu que tinha perdido o controle de seu trabalho.

— Com o avanço da tecnologia, a empresa modernizou seus processos produtivos, tornando-os mais eficientes e competitivos. Os trabalhadores receberam tarefas automatizadas e padronizadas, que eram mais simples e levavam a menos erros. Isso contrastava com a abordagem artesanal anterior, que dava aos trabalhadores mais liberdade e um sentido de propriedade do trabalho. Os funcionários sentiam que seu conhecimento e sua experiência não estavam sendo valorizados — explicou Francisco.

Um dos funcionários da equipe altamente qualificada que pinta à mão as louças de mesa recorda:

— Trabalho aqui há quase quarenta anos. Meu pai trabalhou aqui durante 53 anos e minha mãe, durante 47. Toda a minha família esteve aqui. Rapidamente, me tornei o professor dos novos funcionários. O diretor da empresa [avô de Francisco Rebelo] vinha todos os meses perguntar como estavam os novatos. Isso mostrava que ele valorizava o crescimento profissional.

Sob a nova gestão, alguns benefícios dos funcionários foram cortados para reduzir custos. Por exemplo, "a concessão de descontos aos empregados para comprar produtos da Vista Alegre foi interrompida, o que fez com que muitos trabalhadores não pudessem pagar por esses itens" e "as tradições empresariais há muito estabelecidas, como a festa de Natal, terminaram, assim como os presentes anuais", diz Francisco. Esses cortes tiveram um impacto negativo na moral dos colaboradores de longa data. Um funcionário da área de moldagem afirmou o seguinte:

— Tínhamos o nosso coração e alma aqui.

Francisco explica como esses rituais eram uma parte muito importante da identidade e da cultura da empresa:

— A família cuidou dos trabalhadores, ajudando-os com alojamento, creche, atividades esportivas, escola, teatro e igreja, e também por meio de atividades comunitárias. Essas festas se tornaram uma tradição na região — diz ele.

Quando a Visabeira assumiu a Vista Alegre, seu objetivo era "tratar de várias questões financeiras, assegurando que os trabalhadores permanecessem produtivos e leais à empresa". O resultado foi que a força de trabalho se sentiu enfraquecida. O gerente de recursos humanos, que trabalhava na empresa há 25 anos, disse a Francisco que "a antiga equipe de gestão sentia que não tinha a confiança da nova gestão". As mudanças mais notáveis foram a substituição do conselho de administração e a centralização de departamentos-chave, como finanças e contabilidade, marketing, compras e recursos humanos.

A nova gerência logo entendeu que não estava capitalizando em sua maior fonte de conhecimento: os antigos gerentes e os funcionários de longa data.

— O grupo de investimento começou a compreender que a indústria de cerâmica tinha especificidades muito particulares e estava empenhado em aprender esses pormenores — recorda Francisco.

Entrando em contato com a cultura profundamente enraizada da empresa, os executivos da Visabeira conseguiram reintegrar parte dos gerentes seniores, que retomaram suas funções anteriores no conselho de administração. Alguns dos gestores mais antigos se mostraram relutantes em voltar à Vista Alegre, mas outros tiveram o prazer de ajudar e compartilhar seus conhecimentos. No final, "houve uma sensação de calma e estabilidade após o regresso dos antigos gestores; foi criado um ambiente mais colaborativo".

O diretor industrial da Vista Alegre, Teodorico Pais, reconhece a vantagem competitiva da cultura da empresa:

— O segredo da marca está em nossa cultura e valores mais antigos. Os estilos de vida mudaram, mas continuamos produzindo com a mesma qualidade e o mesmo espírito. Transformando a tradição em uma vantagem competitiva, a Visabeira está empenhada em recuperar os edifícios que contam a história da empresa — explica Teodorico. Tradições e antigos benefícios para os colaboradores foram recuperados e estão em vigor até hoje, como as festividades relacionadas com N. S. da Penha, a padroeira da fábrica, juntamente com um jantar para os funcionários aposentados e o presente de Natal para todos os colaboradores.

Valorizar a congruência para promover a autenticidade

Uma maneira de entender de que forma uma congruência de valores como a que foi construída na Vista Alegre pode promover uma autenticidade duradoura é com a teoria chamada de Encaixe Pessoal-Organizacional, de Jennifer Chatman, uma acadêmica líder em gestão. Com base nessa noção de Encaixe Percebido, Shainaz Firfiray, da Warwick Business School, conduziu um experimento como parte de sua tese de doutorado na IE Business School sob minha supervisão.[2] O objetivo do experimento foi tentar descobrir o que os candidatos a um emprego valorizam na vaga.

O estudo consistiu em um cenário de propaganda de recrutamento em que os candidatos a um emprego (189 estudantes de MBA) revelaram sua atração pela empresa que poderia vir a ser sua empregadora.[3] Os alunos pertencem a dois grupos geracionais — *millennials* e Geração X — e foram escolhidos aleatorimente para uma das duas condições experimentais: benefícios profissionais-pessoais e benefícios de saúde.

Benefícios profissionais e pessoais: Para além de um salário competitivo, oferecemos também os seguintes benefícios profissionais e pessoais para permitir que os nossos colaboradores atinjam os objetivos do negócio tendo em conta as suas necessidades pessoais: (1) horários flexíveis, (2) trabalho remoto, (3) divisão de tarefas, (4) creche no local de trabalho, encaminhamentos e subsídios para creches e (5) licença parental prolongada.

Benefícios de saúde: Para além de um salário competitivo, oferecemos também os seguintes benefícios de cuidados de saúde e seguros: (1) plano de saúde e plano dental, (2) seguro doença e de invalidez, (3) seguro de vida, (4) seguro de acidentes pessoais e (5) seguro viagem.

Os candidatos ao emprego decidiram se uma organização estava ou não alinhada aos seus valores pessoais com base nos benefícios que elas ofereciam. Eles foram convidados a avaliar o quanto se encaixavam na empresa que representava um potencial empregador. Conforme ilustrado na figura 8.1, descobrimos que os candidatos percebem mais "valor agregado" nas organizações que complementam a remuneração com benefícios de vida profissional e pessoal, em comparação com organizações que complementam apenas com benefícios de saúde ou só oferecem salário. Além disso, os candidatos da geração *millenial* são mais atraídos por organizações que se encaixam em seus próprios valores do que os da Geração X.

A lição da Teoria do Valor Ajustado não é que as organizações autênticas devam desistir da mudança. A questão é simplesmente que as coisas que motivam os funcionários mudam ao longo do tempo. É por isso que o caso da Vista Alegre é tão interessante e relevante para o problema da autenticidade: nos mostra a natureza dinâmica da criação de organizações autênticas.

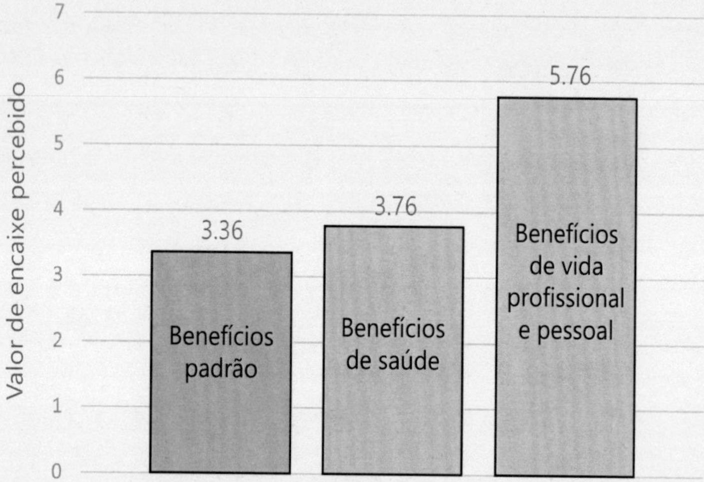

Fonte: figura 8.1. Encaixe do valor de encaixe percebido pelos candidatos levando em conta os benefícios oferecidos.

As empresas que permitem a expressão da autenticidade dos trabalhadores nas esferas laboral e não laboral aumentam a percepção de valor que eles têm em relação à organização, atraem mais candidatos e eventualmente recrutam e retêm os melhores talentos, porque os trabalhadores podem expressar melhor o seu eu autêntico. E se a motivação, em vez de seguir a abordagem transacional da liderança, seguir os princípios da autenticidade?

A sua empresa promove a congruência de valor com os funcionários? Pense no quanto você concorda ou discorda com as seguintes afirmações, de 1 ("Discordo totalmente") a 7 ("Concordo totalmente").[4]

1. As coisas que os empregados valorizam na vida são muito semelhantes às coisas que esta empresa valoriza.

2. Os valores pessoais dos colaboradores correspondem aos valores e à cultura desta empresa.
3. Os valores e a cultura desta empresa se encaixam bem com o que os funcionários valorizam na vida.

INTEGRIDADE COMPORTAMENTAL: PROMULGAÇÃO DE UMA LIDERANÇA AUTÊNTICA

Há uma segunda teoria, proposta por Donna Ladkin, da Cranfield School of Management, e Steven Taylor, do Worcester Polytechnic Institute, chamada Liderança Autêntica Incorporada, que ressalta as percepções dos seguidores sobre a autenticidade dos líderes.[5] Sua ideia chave é que "embora a liderança autêntica possa estar enraizada na noção de um eu verdadeiro, é particularmente a expressão desse eu que faz com que os líderes pareçam autênticos ou não". Os seguidores usam sinais como expressões faciais e movimentos corporais para tirar conclusões sobre os motivos, valores e crenças dos líderes, e depois julgá-los como autênticos ou não. Ladkin e Taylor escrevem:

> Os líderes com um elevado nível de personificação, que prestam atenção às suas emoções, pistas somáticas dos seus corpos e, o que é importante, ao feedback que recebem do mundo exterior, têm um melhor sentido da sua própria identidade e, por conseguinte, cumprem o critério mais importante da liderança autêntica.

Em um experimento, por exemplo, um grupo de estudiosos alemães de liderança, chefiados por Anna Weischer, da Universidade de Hagen, gravou dois vídeos de cinco minutos de um ator interpretando o papel de um CEO de cinquenta anos.[6] Os dois vídeos ofereceram modelos de liderança contrastantes: forte e fraco.

No vídeo com uma forte promulgação de autenticidade, o ator "ajustou os seus gestos às suas afirmações, combinando suas expressões faciais com suas emoções, mostrando um sorriso genuíno". Em contraste, no vídeo da liderança fraca, "ele parecia não muito confiável, inconsistente, um pouco distraído (movimentos corporais desajeitados) e distante (falando monotonamente). Ainda assim, a promulgação foi consistente com o retrato de um CEO".

Os resultados mostraram que, no caso do líder "forte", os participantes identificaram consistência entre ações, palavras e emoções, percebendo o líder como mais autêntico e transparente, com mais integridade comportamental, abertura a feedbacks e autoconsciência. Os resultados desse experimento sugerem que a capacidade do líder de "expressar o 'eu verdadeiro'" é uma influência importante no julgamento dos seguidores sobre a sua autenticidade.

A liderança autêntica pode ser aprendida e desenvolvida?

Há duas implicações da teoria da Liderança Autêntica Incorporada. Primeiro, se os líderes parecem autênticos aos outros quando mostram consistência entre suas ações, palavras e valores, eles devem gerar interações simbólicas percebidas pelos funcionários, como visitar o local de trabalho e serem atenciosos. Esses gestos geram feedback dos seguidores, que fazem julgamentos sobre a autenticidade do líder. Esse feedback mostra ao líder "quem ele/ela é" na percepção deles.

A segunda lição é que ele permite uma abordagem mais preparada para o desenvolvimento da liderança. Um ator pode ser treinado para ser autêntico aos olhos dos outros, o que é consistente com uma técnica recente, teatral, para desenvolver qualidades de liderança. Não basta *sentir-se* autêntico (o estado fenomenológico) para que outros o percebam como autêntico. Os líderes devem *parecer* autênticos, mostrando consistência entre gestos e expressões faciais por meio de declarações, motivações e intenções. A expressão comportamental de uma liderança autêntica pode ser ainda mais reforçada pela adição do elemento verbal de contar histórias. Em um segundo experimento, foi descoberto que quando o CEO, agindo no modelo de liderança forte, também revelou algumas informações pessoais sobre sua vida, era considerado ainda mais autêntico.

Francisco Rebelo: um relato pessoal

Em 2017, contatei Francisco Rebelo para uma atualização sobre como a empresa manteve os seus principais valores autênticos, ou congruência de valores, e para um relato mais pessoal de sua história. Francisco ficou emocionado por eu estar acompanhando a história da Vista Alegre: sua identidade pessoal e profissional estão ligadas a ela.

Neto do CEO que dirigiu a empresa até a aquisição da Visabeira, o relato pessoal de Francisco sobre a história da Vista Alegre traz lembranças de quando ele tinha nove anos e foi com seu avô visitar a fábrica e brincar com os filhos dos funcionários.

Ouvindo as histórias de familiares ao longo dos anos, surgiu um retrato do fundador da Vista Alegre como um verdadeiro empreendedor, um membro da classe alta da época que viu a oportunidade de criar uma nova empresa. Quando José Ferreira Pinto Basto construiu uma fábrica na zona rural de Ílhavo, tinha mais em mente do que apenas uma empresa — ele queria criar uma comunidade para os seus empregados. A ideia era dar a eles a sensação de pertencer a um lugar do qual sentissem orgulho.

Nessa época, todos os produtos eram feitos à mão. O processo de fabricação era altamente artístico, com pouca automatização. Os trabalhadores tinham orgulho do que faziam, particularmente os pintores, que prestavam atenção a cada pequeno detalhe.

— As pessoas que pintam e criam os desenhos têm muito orgulho do que fazem. Torna-se uma coisa inata: eles se consideram artistas. — Mas Francisco também observa que a empresa teve que deixar para trás os seus ideais artísticos originais: — Uma vez iniciada a competição, foi preciso mudar essa abordagem artística para se tornarem competitivos. A bonificação que os clientes pagavam por essa arte era muito cara.

Em maio de 2001, quando a Vista Alegre se fundiu com a Atlantis, houve debate e discussão na família. Olhando para trás, a fusão trouxe economias de escala e reintroduziu o vidro na linha de produtos da empresa, mas não atendeu às expectativas e, com o advento da crise financeira global, a empresa se deparou com problemas financeiros.

Hora da verdade

Os funcionários da Vista Alegre valorizam a expressão do seu eu verdadeiro no trabalho. Eles têm orgulho e um senso de propriedade de cada pedaço de porcelana que produzem. Como os colaboradores podem se expressar dentro das restrições das regras organizacionais e diante das mudanças imprevisíveis?

Dois psicólogos israelenses, Dana Yagil, da Universidade de Haifa, e Hana Medler-Liraz, da Faculdade Acadêmica de Tel-Aviv, realizaram um estudo qualitativo com funcionários em funções de atendimento ao cliente para tentar entender o que elas apelidaram de "autenticidade duradoura versus transitória".[7] Yagil e Medler-Liraz concluíram que a autenticidade não é um traço predispoto, mas sim algo consideravelmente influenciado pela situação, ou pelo que elas chamam de autenticidade "transitória". A autenticidade transitória, escrevem elas, oferece "uma visão mais dinâmica dos indivíduos, variando no grau em que decretam os seus verdadeiros sentimentos e valores...". Baseado na noção de que a autoexpressão oscila devido a fatores específicos que são mutáveis e contextuais, o conceito de autenticidade refere-se a expressões temporais do "eu verdadeiro".

As autoras concluíram que o sentido momentâneo de autenticidade dos funcionários quando atendem os clientes é vivido como "autonomia psicológica" e expresso como "honestidade, encarando a tarefa como um esforço pessoal e envolvendo-se em interações interpessoais estreitas". As vantagens desses momentos de autenticidade incluem a dedicação dos colaboradores, as emoções positivas e a boa interação com os clientes.

Elas também constataram um paradoxo: "a preocupação genuína não pode ser alcançada recompensando os trabalhadores por a demonstrarem". Devido ao impulso dos indivíduos para a autenticidade, os casos de autoexpressão espontânea e autêntica ocorrem "mesmo no contexto restrito do serviço". A lição aqui é que os líderes devem se esforçar para construir organizações autênticas nas quais os empregados possam se expressar para satisfazer a sua necessidade psicológica básica de autenticidade. Este é particularmente o caso durante períodos desafiadores de mudança, quando as empresas podem criar momentos de autenticidade transitória.

Gerir a mudança: autenticidade transitória

A pesquisa de Francisco Rebelo em 2014 teve como foco o ano de 2009, após a aquisição da Vista Alegre pelo Grupo Visabeira. Encontrando-o novamente em 2017, fiquei intrigada ao ouvir que ele agora tinha uma perspectiva diferente, menos emocional e mais estratégica.

— A empresa estava em uma situação delicada, quase falindo. Ela precisava que alguém viesse socorrê-la — explicou. Francisco vê a aquisição como necessária para a sobrevivência da empresa. — A Visabeira viu uma oportunidade e foi em frente.

Durante esse período de mudança, Francisco reconheceu que, tal como o resto da força de trabalho, tinha um investimento emocional na empresa. Os empregados estavam acostumados a realizar um trabalho artístico do mais alto nível, mas não conseguiam ver o panorama geral. Quando ele entrevistou gerentes e funcionários que estavam trabalhando na fábrica, muitos disseram que se sentiam abandonados pela família. Pessoas que trabalharam arduamente para a empresa durante gerações sentiam que o seu futuro era incerto, um medo que Francisco compreendeu:

— Quem não compreende esse sentimento de abandono?

Francisco também aprecia que a Visabeira estivesse tentando tornar o negócio rentável para dar um futuro à força de trabalho. Ela introduziu medidas de redução de custos para resolver problemas financeiros e tornar a empresa mais simples. O resultado é que, para o exercício de 2017, foi previsto que a Vista Alegre deveria voltar a ter lucro. Implementar mudanças muitas vezes significa que as coisas pioram antes de melhorarem. A longo prazo, foi uma boa decisão estratégica de negócios, mas um processo doloroso do ponto de vista emocional.

Mas após a Visabeira assumir o controle da empresa, a produção diminuiu e o os funcionários se sentiram desmotivados. Muitos trabalhadores disseram que eram mais bem tratados no regime de propriedade familiar. Alguns empregados ainda se lembram de como o avô de Francisco usava seu tempo para falar com os funcionários, perguntando-lhes sobre os filhos.

Francisco lembra-se de como, quando criança, costumava ir à festa anual da empresa, em maio. Sua família tinha uma casa ao lado da fábrica, conhecida como "o palácio". Ele e sua família eram acordados pela banda dos bombeiros, que tinha marchado da fábrica. As crianças se vestiam com suas melhores roupas, enquanto o avô encabeçava o desfile, seguido por seus netos, as meninas segurando ramos de flores e os meninos, uma bengala. Depois do desfile, havia comida.

— Sentia que estava em casa, porque as pessoas nos tratavam muito bem.

Hoje em dia, é difícil imaginar laços tão estreitos entre os proprietários e os trabalhadores. Em retrospecto, Francisco diz que agora entende o apego emocional dos funcionários da Vista Alegre à empresa.

Sem compreender plenamente a cultura da empresa e a força do sentimento que os funcionários tinham em relação às suas tradições, foi difícil implementar as modificações necessárias. Em pouco tempo, a nova gerência da Visabeira decidiu entrevistar alguns dos gerentes e funcionários mais antigos para entender melhor os valores e a identidade da Vista Alegre.

Funcionou. Entendendo a visão dos colaboradores e a força da cultura empresarial, foi mais fácil implementar mudanças. Os gestores da Visabeira seguiram várias estratégias de sucesso. Eles tiveram uma reunião na câmara municipal para explicar a nova estratégia e para dar aos funcionários uma melhor compreensão das razões pelas quais havia necessidade de mudança. Eles então organizaram reuniões bimestrais com os funcionários para compartilhar notícias sobre o progresso da empresa e também reintroduziram tradições como a festa de Natal. A resposta rápida da nova equipe de gestão ajudou a orientar o processo de mudança.

A Visabeira compreendeu a importância de os trabalhadores expressarem a sua autenticidade e a necessidade de respeitarem a cultura e as tradições da empresa, adaptando-se aos novos tempos. A empresa entendeu a importância da marca e da cultura da Vista Alegre para o seu sucesso, tanto que estão interessados em preservá-la, como observa seu site: "Hoje em dia, a Vista Alegre é mais do que uma mera unidade industrial. Também faz parte do patrimônio português, ostentando edifícios de inegável interesse arquitetônico e um repositório de memórias sociais e artísticas essenciais à construção de uma identidade portuguesa".

Modelo de liderança autêntica

Francisco disse que seu sonho é chefiar a Vista Alegre algum dia. Sempre que ele visita uma loja da Vista Alegre em algum lugar do mundo, aprecia o fato de terem fotografias da fábrica e da casa da família em Ílhavo.

— Fico muito orgulhoso, embora reconheça que não fiz nada na empresa — admite.

Ele se lembra de uma anedota de quando tinha onze anos e estava morando com uma família americana nos subúrbios de Nova Jersey. Quando ele chegou, a primeira coisa que notou foram três pratos Vista Alegre no armário da sala de estar. Ele ficou encantado. Foi ótimo ir para o outro lado do mundo e ver uma peça da sua cidade natal. Ele também levou para seus anfitriões um livro sobre a Vista Alegre, junto com um prato.

Francisco diz que seu avô era um modelo importante. Embora tenha falecido quando ele tinha apenas catorze anos, o neto guarda boas recordações e ouviu dele muitas histórias sobre a empresa. Ele diz que a lição mais importante foi que "Os números são importantes, mas o aspecto humano do negócio faz a diferença".

— Como CEO, ele tinha um interesse genuíno nas pessoas. Ele queria saber como elas estavam se saindo em todos os níveis da organização.

A história favorita de Francisco sobre o avô é sobre uma funcionária que não tinha dinheiro para mandar o filho para a universidade. O avô de Francisco imediatamente arranjou um empréstimo para cobrir os custos, deduzindo o pagamento em pequenas quantias do seu salário.

Tal gesto só foi possível porque o CEO estava preparado para fazer uma viagem de duas horas de Lisboa até à fábrica para conhecer os problemas dos trabalhadores e fazer algo que fizesse a diferença em suas vidas. Como resultado, as pessoas estavam comprometidas com a empresa e dispostas a dar o seu melhor. Os trabalhadores se preocupavam com a empresa porque a empresa se preocupava com eles. Não era apenas um trabalho; todos eram apaixonados pela Vista Alegre.

Outro exemplo importante para Francisco foi o seu patrão na Deloitte. Quando começou a trabalhar na empresa de consultoria, o seu pensamento era: "ele é um diretor, nunca conseguiria falar com ele". Mas a sua visão mudou:

— Ele é a personificação de um líder — diz, explicando como o chefe era acessível. Quando ele tinha um problema, não tinha medo de falar com o gerente e não se sentia julgado. Como treinador, seu chefe estava disposto a empurrá-lo, tirando-o de sua zona de conforto e orientando-o, dispondo seu tempo para explicar as coisas. Francisco sentiu-se valorizado na empresa quando o chefe pediu a sua opinião sobre um projeto importante: — Ele tem uma mente aberta, é uma pessoa com quem se pode falar. Se você tem um problema, não deve escondê-lo do seu patrão.

Francisco descreve a si próprio como "um líder com um toque humano".

— Vou tentar compreender os números e o mercado, mas o mais importante, especialmente em uma empresa de consultoria como a Deloitte, são as pessoas. Falar é a única forma de os gestores aprenderem e de impactarem os seus subordinados e a empresa. Os empregados gostam de ver uma pessoa real no líder. Quando isso acontece, um emprego torna-se mais do que um emprego, porque você está envolvido com o seu trabalho.

Estou realmente motivado para liderar?

Jovens líderes como Francisco são inspirados a copiar o comportamento de CEOs do passado e do presente. Por que olhamos para os nossos próprios líderes? É provavelmente o resultado da forma como os seres humanos desenvolvem a sua própria imagem — em relação aos outros. Por exemplo, os psicólogos que estudam aprendizagem e motivação desenvolveram uma teoria de comparação social que sugere que a informação sobre o eu só é significativa quando comparada com outras pessoas relevantes.

Mas a teoria da comparação social é verdadeira para a liderança? Nossa nova pesquisa sugere que os líderes fazem dois tipos de comparações sociais para desenvolver uma motivação autêntica e aprender mais sobre o papel de liderança. Com meus colegas da ESMT em Berlim, examinamos as comparações do eu com os líderes, que indicam até que ponto as opiniões dos indivíduos sobre os atributos que caracterizam os líderes correspondem aos atributos que eles dão a si mesmos.[8] Por exemplo, quando os gestores são convidados a definir o que ser um líder significa para eles, costumam usar vários elogios, tais como inteligente, engraçado, criativo, visionário, eloquente, perfeccionista, decisivo, sociável, justo, humilde, eficiente e assim por diante. Os participantes então indicam até que ponto eles correspondem a essas representações típicas de líderes, assim como quem tinha sido o líder mais significativo para eles no passado e no presente, atuando como seu modelo. Eles descreveram este indivíduo com dez afirmações e avaliaram o quão bem cada uma delas correspondia às suas próprias características. Essas descrições incluíam "encoraja as pessoas a crescerem" ou "carismático", o que chamamos de *comparações autoexemplares.*

O que este estudo sugere é que as habilidades reais dos líderes, no fim das contas, são menos importantes para orientar suas ações do que os modelos positivos que encontraram em sua experiência de trabalho. Descobrimos que quanto mais os gestores partilhavam as características de liderança dos seus modelos, mais confiantes se sentiam na candidatura a cargos de liderança e maior era a sua vontade de liderar de forma autêntica. Isso não significa que o *conhecimento* não seja importante para explicar a eficácia e a autenticidade da nossa liderança. Uma vez que compreendemos o aspecto técnico, no entanto, os modelos típicos e exemplares podem servir para impulsionar ou minar o nosso autêntico eu de liderança.

A vista alegre da Vista Alegre

Em 2014, Francisco intitulou a pesquisa sobre o negócio de sua família "A vista triste da Vista Alegre", um jogo de palavras com o nome da empresa. Em 2017 foi mais otimista, em grande parte porque o valor central da empresa era a harmonia entre tradição e modernidade. O fator de sucesso mais enfatizado no site da empresa é "atividades de fabricação altamente especializadas baseadas no *know-how* dos seus artesãos e nas suas tradições centenárias". O gosto e os estilos de vida mudam, e os designs precisam ser alterados de acordo. A empresa tem conseguido evoluir com a mudança de gostos. Por exemplo, em sintonia com as tendências culturais, "o logotipo da Vista Alegre mudou ao longo da história para refletir os valores estéticos e culturais de cada época. Isso denota uma preocupação constante com a modernidade e um esforço de adaptação à evolução do design e dos movimentos artísticos, também refletidos nos produtos da empresa", diz o site.

A Vista Alegre quer se diferenciar das demais unidades de negócio do Grupo Visabeira, mantendo um importante patrimônio cultural português. Como fonte de memórias sociais e artísticas, a marca contribui para a criação de uma identidade portuguesa, e é consistentemente classificada nas pesquisas como uma das marcas mais reconhecidas do país. A empresa está fechando parcerias com os melhores chefs do mundo para desenvolver e criar edições limitadas que consolidem a reputação da marca a longo prazo. Os produtos da Vista Alegre já agraciaram as mesas da Casa Branca e do Palácio da Alvorada. Como uma organização autêntica em harmonia com o seu contexto, a marca tem sido reconhecida mundialmente: foi premiada com o Status de Excelência pela prestigiada organização Superbrands.

Quando seus funcionários exigiram maior autenticidade dos líderes, a nova diretoria da Vista Alegre entendeu a importância da marca e da cultura que haviam adquirido e decidiu preservá-las. A empresa ainda não retornou totalmente ao seu esplendor anterior, mas é uma empresa internacional em crescimento, criando não apenas produtos de luxo, mas uma comunidade de luxo.

Dez maneiras de se manter autêntico ao construir uma comunidade

1. *Preocupe-se verdadeiramente com os empregados.* Líderes que se preocupam verdadeiramente em atender às necessidades dos funcionários criam uma comunidade que torna a organização mais eficaz a longo prazo. A Vista Alegre é uma empresa cujos líderes construíram uma comunidade para os seus colaboradores em uma pequena aldeia de Portugal, com escolas, clubes de esporte, casas e até um teatro.
2. *Incentive a congruência de valores entre a empresa e os funcionários.* Quanto melhor o encaixe entre os valores organizacionais e os valores dos funcionários, mais eficaz será o negócio. Os valores da Vista Alegre têm sido internalizados por seus colaboradores ao longo de muitos anos e estão no centro de sua cultura, história e sucesso.
3. *Pratique a integridade comportamental.* Como líder, use expressões faciais e movimentos corporais que mostrem uma correspondência entre seu comportamento, mensagem e motivos. O avô de Francisco fez várias viagens à fábrica para falar com os empregados sobre o trabalho e suas famílias. Esse comportamento foi interpretado como autêntico.
4. *Promova a sua liderança autêntica.* É fundamental compreender as percepções de autenticidade dos seguidores. Respondendo a questões sociais importantes com programas de RH progressivos, os líderes podem combinar as demandas sociais e psicológicas dos funcionários para expressar mais plenamente sua autenticidade no trabalho. Investimentos socialmente responsáveis em funcionários constroem um recurso que resulta em uma forte vantagem competitiva.

5. *Crie a "hora da verdade".* Fomente a expressão da autenticidade transitória dos colaboradores. Por exemplo, durante o processo de mudança na Vista Alegre, tradições antigas foram recuperadas e permanecem em prática até hoje. Rituais e símbolos, como as festividades relacionadas à N. S. da Penha, um jantar para os empregados aposentados e presentes de Natal para todos os colaboradores, promovem a expressão da autenticidade dos funcionários.
6. *Aborde o verdadeiro "eu" dos funcionários nas esferas laboral e não laboral.* Dessa forma, você aumentará a percepção de valor deles em relação à organização, atrairá mais candidatos e, eventualmente, recrutará e reterá os melhores talentos, pois os funcionários poderão expressar melhor o seu valor autêntico. Quando os executivos da Vista Alegre demonstraram preocupação com o trabalho e com a vida pessoal dos funcionários, eles ganharam a sua confiança.
7. *Sinalize aos candidatos os valores e a cultura da empresa.* Se você quer uma imagem autêntica, verifique se a sua empresa promove eficazmente os seus valores fundamentais para atrair e reter talentos. É importante fornecer informações sobre os valores da organização em anúncios e websites. A Vista Alegre "mudou ao longo da história da empresa para refletir os valores estéticos e culturais de cada época", segundo o site.
8. *Evite compensação moral; alcance consistência moral.* Ter uma política de investimento nos empregados não substitui outros benefícios. Em vez disso, os líderes que alcançam coerência moral "agregam iniciativas sociais de autenticidade" como parte de uma constelação de "melhores práticas autênticas". Por exemplo, a Vista Alegre também financia a restauração de edifícios históricos.
9. *Desenvolva uma prática de comparação do eu com o líder.* Comparações sociais positivas entre você e seus líderes ideais esclarecerem sua própria identidade de liderança e o ajudam a ser verdadeiramente motivado para um papel de liderança. Francisco Rebelo admira o seu atual patrão na Deloitte, que o encoraja a sair da sua zona de conforto e a aprender coisas novas.

10. *Seja você mesmo um modelo a seguir*. Ofereça inspiração aos outros, enfatizando semelhanças que aumentam sua autoestima e validam seu papel de liderança. Quando você promove a identificação pessoal, seus empregados se relacionam mais dentro da organização.

Herb Kelleher, co-fundador da Southwest Airlines, compartilhou recentemente como construir uma cultura humanista para alcançar lealdade e sucesso — produzir funcionários com "um espírito guerreiro, um coração de servo e uma atitude divertida e amorosa".[9] A Vista Alegre está a caminho de retornar aos seus dias de glória, construindo uma comunidade de colaboradores fiéis.

9

Legado: um clima de autenticidade para um impacto duradouro

Não é possível fornecer valor sem ancorar os valores da empresa. Os valores criam um navio inafundável.

INDRA NOOYI

Na Índia, Indra Nooyi é considerada "uma verdadeira lenda viva global".[1] Em seu discurso inspirador, Nooyi parafraseia Malcom Gladwell em *Fora de série* dizendo: "Quem você é não pode ser separado de onde você veio." Ela é grata pela sua maravilhosa educação na Índia, que lhe permitiu ter sucesso mais tarde nos Estados Unidos como CEO da Pepsico.

Indra Nooyi dá três lições que se assemelham aos 3 Hs da liderança autêntica: "Nunca deixe de ser um estudante, mantendo sua curiosidade de infância", o elemento de autenticidade do *hábito* de aprender; "coloque sua mente, suas mãos e o seu coração em tudo que faz", o elemento de autenticidade do *coração* apaixonado; e "ajude os outros a ascender", o elemento de *harmonia* da autenticidade.

BANCO SANTANDER: CRIAÇÃO DE UM "CÍRCULO VIRTUOSO" ENTRE TODOS OS *STAKEHOLDERS* (ESPANHA)

Da mesma forma, Ana Botín, presidente executiva do Grupo Santander, tem o respeito e a admiração das pessoas de sua terra natal, a Espanha, e é ainda mais respeitada em Santander, sua cidade natal, localizada no norte do país. Na Cerimônia de Premiação de Projetos Sociais, em 2015, Ana Botín lembrou a todos os funcionários a missão socialmente amadurecida da empresa: "É por isso que acordamos todos os dias e gastamos o nosso tempo no banco."[2]

As organizações autênticas devem lutar por mais do que apenas um objetivo de negócio: elas devem estar em um processo contínuo de transformação para alcançar uma harmonia virtuosa entre suas muitas partes interessadas. O Banco Santander está imerso em uma grande transformação há dois anos, liderada por Ana Botín. A sua missão é "ajudar as pessoas e as empresas a prosperar", explica ela no Relatório Anual de 2016.

A transformação do Santander vai além da obtenção de resultados, concentrando-se no *como* alcançar esses resultados considerando a comunhão entre seus diversos *stakeholders* — clientes, acionistas, empregados e sociedade. A relação positiva entre eles forma um círculo virtuoso em que todas as partes ganham: "Em 2016, prestamos um serviço maior e melhor aos nossos clientes, gerando mais valor para os acionistas e apoiando os nossos colaboradores e as comunidades de forma sustentável e inclusiva."

O Banco Santander é um bom exemplo de como avançar passo a passo para se tornar uma organização autêntica.

— Nossa transformação é global e vai além das métricas. Trata-se principalmente de como nos organizamos e como nos comportamos para ter sucesso em um mundo que muda a uma velocidade exponencial — diz Botín. O círculo virtuoso do Santander inclui 190 mil funcionários comprometidos que atendem a 125 milhões de clientes, proporcionando dividendos a 3,9 milhões de acionistas e que ajudou 1,7 milhão de pessoas em 2016.

Meu interesse em estudar o Banco Santander em contraste com a referência de autenticidade surgiu de um projeto de pesquisa da IE Business School sobre *branding* de funcionários no setor de seguros e no setor financeiro. Como especialista em liderança, fui convidada para fazer parte desse projeto, cujo objetivo era entender por que esses setores projetam uma imagem impessoal e distante que em muitos casos não corresponde à realidade. Pessoalmente, posso me identificar com a percepção dos céticos sobre o mundo financeiro, por isso decidi investigar a história e a transformação cultural do Santander. É um dos bancos líderes na Espanha e o de maior presença internacional, dirigido desde 2014 por uma das mulheres mais influentes do mundo.

O site do Banco Santander oferece uma janela para a empresa, na qual valores como "simples, pessoal e justo" refletem sua identidade renovada. A empresa acaba de receber o selo Melhor Empregador Europeu de 2017 por suas práticas de recursos humanos na Espanha e em outros cinco mercados. Para obter essa certificação, teve que atender aos padrões mais exigentes de uma pesquisa, em que são avaliadas e auditadas externamente práticas de recursos humanos como retenção de talentos, planos de treinamento e desenvolvimento de pessoal, gestão e melhoria da liderança, além de planos de carreira, políticas e benefícios de remuneração e cultura geral da empresa. Na seção de sustentabilidade, o Grupo Santander aparece como a empresa Fortune Global 500 que mais investe em responsabilidade social corporativa relacionada a educação: em 2016, investiu 170 milhões pelo programa Santander Universidades para apoiar o empreendedorismo, a pesquisa e o desenvolvimento. O blog Santander Impact Education compartilha as experiências dos clientes com o banco.

Minha impressão do Banco Santander é de uma organização que empreende um projeto cada vez mais positivo de transformação cultural para se tornar uma referência internacional de autenticidade em um setor que, na mente de muitas pessoas, tem muitos aspectos negativos. Além disso, sou familiarizada com o banco. A Cidade Financeira Santander, sede do banco na periferia oeste de Madri, fica a apenas dez minutos da minha casa. Fiquei encantada por poder entrevistar dois gerentes seniores do banco e aprender os detalhes de sua liderança transformacional com foco na autenticidade.

Em 7 de março de 2017, quando cheguei à sede do banco, a primeira coisa que me impressionou foram as três colunas de cimento com as palavras "simples", "pessoal" e "justo" inscritas em cada uma delas.

Os executivos que me receberam explicaram que estavam em processo de mudança, puxando divisórias e removendo portas para dar ao prédio um *layout* mais aberto. Senti-me privilegiada por ouvir como essa transformação cultural se originou e está sendo moldada dia após dia, desde a CEO até aos 190 mil empregados.

História do Banco Santander

A história do Santander está presente na cultura e nos negócios do banco. Ele foi criado na cidade costeira de Santander em 1857, há 160 anos. Tinha uma missão internacional desde o início, criada para financiar o comércio do norte da Espanha com as Américas. Esta missão durou muitos anos. Durante décadas, o banco permaneceu apenas na Espanha. O primeiro escritório fora da Cantábria foi na vizinha Palência, em 1926. Na década de 1940, a expansão começou com alguns escritórios no México, em Cuba e na Argentina, sempre seguindo o comércio espanhol. Então, na década de 1970, os primeiros bancos foram comprados na América Latina: no Chile, em Porto Rico, na Argentina e no Brasil. Na década de 1990, a expansão da região foi liderada por Ana Botín.

Na sequência da fusão com a BCH em 1999, uma importante fase de expansão se iniciou. A fusão conferiu ao banco o poder necessário para manter seu crescimento internacional.

A partir de 2000, o Santander iniciou um período de aquisições na Europa — na Alemanha e na Escandinávia, bem como no Reino Unido, onde em 2004 comprou a Abbey, investindo na Sovereign nos Estados Unidos no ano seguinte. Em seguida, veio a aquisição do Banco Real, no Brasil, reforçando fortemente a presença do banco no país.

Essas aquisições seguiram diretrizes estratégicas claras para consolidar a presença do banco nos dez principais mercados em que atua: cinco nas Américas (Brasil, México, Chile, Argentina e Estados Unidos) e cinco na Europa (Reino Unido, Portugal, Espanha, Polônia e Alemanha). Esta presença geográfica reforça a presença do banco na América Latina e na Europa. Por exemplo, na Alemanha, o banco se concentra no financiamento de automóveis e é agora o quarto maior banco do país em ativos de crédito ao consumidor. Dentro desse processo de diversificação, o Brasil e o Reino Unido são os maiores mercados.

O DNA do Banco Santander

Ao longo de seus 160 anos de história, as duas metades do DNA do Banco Santander foram sua diversidade internacional e sua identidade como banco comercial.

— A diversificação geográfica na Europa e nas Américas nos dá um perfil altamente atraente e diferenciado — disse Ana Botín aos acionistas do Santander na Assembleia Geral Anual do banco em abril de 2017. — Em primeiro lugar, nos dá um equilíbrio entre economias maduras e emergentes. Ao longo dos anos, vimos os nossos negócios na Espanha, no Reino Unido e no Brasil se revezarem como os principais contribuintes para os lucros do grupo. Em segundo lugar, graças a este equilíbrio, os nossos resultados são mais estáveis e previsíveis, o que significa que precisamos de menos capital do que os nossos concorrentes.

Alguns críticos dizem que estar presente em tantos mercados cria um risco de extensão excessiva. Mas, ao contrário de outros bancos, que têm presença global, mas com uma pequena participação em muitos mercados, o Santander busca uma participação expressiva em seus dez principais mercados, que variam de 10% a 14%. Isso permite manter seu foco e alcançar as economias de escala necessárias para competir localmente (a única exceção são os Estados Unidos, um mercado bancário muito fragmentado onde a participação de mercado do banco ainda é de 4% na região nordeste).

Esta é a história da crise financeira internacional. Começou nos Estados Unidos, e quando as coisas começaram a se recuperar por lá, ficaram difíceis na Europa; mas a América Latina continuou a ter um bom desempenho. No entanto, o Banco Santander sofreu desproporcionalmente com a crise devido à sua associação com a Espanha. Apesar da sua significativa diversificação geográfica, os mercados viram o banco como uma instituição muito espanhola. Em 2012, no auge da crise econômica na Espanha, o negócio do Santander no país representava apenas 10% do seu fluxo de receitas. Em 2017, com a recuperação econômica, a Espanha representava 14% do seu negócio. Por esta razão, o banco registrou lucros a cada trimestre durante a crise e poderia continuar a pagar dividendos aos seus acionistas.

A outra parte do DNA do Santander é sua abordagem centrada no cliente: "Nosso objetivo é ser o melhor banco comercial e de varejo, que conquiste a lealdade duradoura do nosso pessoal e de clientes, acionistas e comunidades", escreveu Ana Botín em sua carta de 2016 aos acionistas. "Em 2016, ganhamos a confiança de mais quatro milhões de pessoas, elevando o nosso número total de clientes para 125 milhões. Fizemos isso melhorando o serviço e os produtos que oferecemos em cada um dos nossos dez principais mercados". Em comparação com outros bancos do mesmo porte, uma proporção muito alta dos lucros do Santander vem do banco de varejo — 76%. Uma outra forma de medir isto é quanto do seu saldo é constituído por empréstimos (cerca de 75%). Em alguns grandes bancos europeus, esse valor pode ser inferior a 50%, uma vez que se dedicam à negociação e a outras atividades de mercado.

Dito isso, o banco é financeiramente conservador. O Santander vem crescendo lentamente e só adquire outro banco quando são cumpridos rigorosos critérios financeiros e de negócio. Os executivos contam a história de uma proposta de fusão com outro grande banco europeu no início dos anos 2000. O Santander se retirou quando viu que havia muitos produtos derivativos que não estavam em linha com os seus princípios financeiros conservadores.

Simples, pessoal e justo

Os bancos de todo o mundo passaram por uma grande crise, que não é apenas econômica, mas também de valores: a sociedade em geral questionou o valor dos bancos. Além disso, o futuro é incerto e está mudando: a globalização pode desacelerar com Trump na Casa Branca. A pergunta de Ana Botín é: "Como queremos estar neste ambiente de mudança e desconfiança?"

Em 2014, quando assumiu o cargo, Ana levou com ela novos valores, adquiridos durante seu tempo como CEO no Reino Unido: ser simples, pessoal e justa. Em 2016, ela disse aos acionistas:

> Trabalhamos arduamente para melhorar a forma como trabalhamos: Nosso sucesso neste momento de mudança exponencial dependerá de uma cultura cada vez mais forte de que os clientes estão em primeiro lugar, unindo nossos bancos na Europa e nas Américas. Queremos ganhar a confiança dos clientes agindo de forma simples, pessoal e justa. Estes são os nossos principais objetivos, hoje, amanhã e tão longe quanto possível no futuro.

Além disso, esses valores proporcionam uma identidade comum para as subsidiárias do Banco Santander. O modelo internacional do banco é, ao mesmo tempo, local, pois suas subsidiárias em outros países são bancos locais. O Banco Santander Brasil é um banco brasileiro, sujeito às leis do país e administrado localmente, e não uma agência do banco espanhol. As filiais financiam a si próprias e gerem os seus negócios localmente. O desafio para Ana Botín foi unir bancos de culturas tão diferentes: isso foi conseguido através de valores comuns, daí o lema — Simples, Pessoal, Justo — que é reconhecido em todo o grupo.

Este lema serve como um guarda-chuva cutural e uma marca comum dentro do grupo. Com base nessa identidade única, a matriz oferece políticas comuns e o intercâmbio das melhores práticas, desde a gestão de recursos humanos e de riscos até a sustentabilidade. O objetivo é assegurar que todas as subsidiárias cumpram princípios comuns e que, em vez de apenas satisfazerem os critérios financeiros, elas cumpram as normas do grupo.

QUE PAPEL OS VALORES DESEMPENHAM NOS LÍDERES AUTÊNTICOS?

Nos últimos anos, os estudiosos da liderança passaram muito tempo estudando líderes autênticos pela simples razão de que eles têm padrões e valores morais que enfatizam o interesse coletivo de seus grupos ou organizações dentro de uma sociedade maior. Susan Michie e Janaki Gooty, da Oklahoma State University, argumentam que um nível mais elevado de integridade moral é um elemento-chave da liderança autêntica:

— Os estudiosos da liderança sugerem que os líderes autênticos são guiados por um conjunto de valores orientados para fazer o que é certo e justo para todas as partes interessadas.[3]

Esses valores são conhecidos como "autotranscendentes" e incluem valores da benevolência (preocupação com os mais próximos) e do universalismo (preocupação com o bem-estar de todos). Considere este pequeno questionário sobre valores autodidatas adaptado da Pesquisa de Valor criada por Shalom Schwartz na Universidade Hebraica de Jerusalém.[4] Pense no quanto eles são importantes para você, em comparação com os valores de autoprogresso, como realização pessoal ou poder, usando uma escala de 1 ("Não muito importante") a 5 ("Muito importante")

Os valores universais são:

Justiça social

Igualdade
Ter uma mente aberta

Os valores de benevolência são:
Honestidade
Lealdade
Responsabilidade

Michie e Gooty sugerem que os líderes autênticos têm tanto o autoprogresso como a autotranscendência, mas dão maior prioridade aos valores transcendentes. Elas afirmam:

> As duas dimensões da autotranscendência refletem a noção de que os líderes devem estar preocupados com o interesse tanto dos *stakeholders* internos como dos externos. Os valores universalistas enfatizam a compreensão, apreciação, tolerância e proteção para o bem-estar de *todas* as pessoas e o meio ambiente. Os valores benevolentes enfatizam a preservação e o aumento do bem-estar das pessoas com as quais o líder mantém contato pessoal frequente.

Os novos valores de Ana Botín, de ser simples, pessoal e justa com todos os *stakeholders*, se enquadram claramente na categoria de valores autotranscendentais.

O círculo virtuoso: as partes interessadas na transformação cultural
Ser simples, pessoal e justo são valores transversais que têm a ver com o inter-relacionamento dos múltiplos *stakeholders* do banco, ou seja, funcionários, clientes, acionistas e sociedade: os quatro quadrantes deste círculo virtuoso.

Se começarmos com o quadrante dos *funcionários*, no relatório anual de 2016 Botín diz: "O talento, o compromisso e a motivação dos nossos 190 mil profissionais são a base do nosso sucesso". De acordo com a pesquisa anual de compromisso do Santander, "Mais de 75% de nossas equipes apoiam a cultura do simples, pessoal e justo".

Como isso se manifesta internamente? Através de maior transparência, maior envolvimento e mais feedback. Por exemplo, pesquisas de engajamento, que costumavam ser realizadas a cada três anos, passam a ser realizadas anualmente, enquanto outros canais estão sendo considerados para uma comunicação mais fácil e eficaz com os colaboradores. A reforma da sede em Madri proporcionará espaços mais abertos e menos escritórios, em linha com a cultura interna simples, pessoal e justa.

Além disso, o Santander está iniciando um trabalho flexível, implementado por meio de líderes de equipe. O líder da equipe faz um balanço das necessidades de flexibilidade de cada membro do grupo. Por exemplo, quase todos os funcionários têm um laptop e podem trabalhar em casa; alguns precisam de uma tarde ou dia por semana de trabalho remoto. Além disso, as pessoas podem trabalhar de casa de vez em quando, se precisarem fazer algo mais detalhadamente. A flexibilidade da programação inclui alternativas como trabalhar das 8h às 17h, das 9h às 18h ou das 9h30 às 18h30.

O outro aspecto importante na gestão de pessoas é a formação e o desenvolvimento. O Banco Santander conta com uma universidade corporativa com acesso a uma ampla variedade de cursos, tanto em habilidades gerenciais como em coaching sobre como ser um chefe melhor, quanto cursos mais gerais e técnicos sobre estratégia bancária.

Além disso, um programa de diversidade para mulheres é implementado em todo o banco. Este programa de formação, tutoria e rede visa impulsionar a carreira profissional das mulheres. O conselho de administração passou de 10% de mulheres para 40%. A última adição é Homaira Akbari, uma especialista em tecnologias inovadoras, como a nova diretora independente. Juntas, essas novas práticas de gestão de pessoas levaram o Banco Santander a ganhar o prêmio Melhor Empregador Europeu de 2017.

Voltando ao quadrante do *cliente* dentro do círculo virtuoso, o foco do banco é aumentar o número de clientes fiéis, clientes digitais e de satisfação geral do cliente. Como aponta Ana Botín, dos 125 milhões de clientes do

Santander, apenas 15,2 milhões são "fiéis", consumindo múltiplos produtos e considerando o Santander como seu principal banco.

— Um cliente leal é quatro vezes mais lucrativo do que um que não é — disse ela aos acionistas este ano.

Uma forma de aumentar o número de clientes fiéis tem sido através da conta 1/2/3, criada no Reino Unido, exportada para Espanha e espalhada por todo o grupo. A fórmula 1/2/3 recompensa os clientes que utilizam múltiplos produtos, por meio, por exemplo, de descontos nas compras com cartão a 1%, 2% ou 3%, dependendo do produto consumido.

O banco também busca clientes digitais, o que requer um relacionamento fluido, mais ajustado às necessidades do cliente e mais eficiente. O banco está investindo em novas tecnologias para enfrentar o novo desafio. Botín aponta em seu relatório que "graças ao nosso investimento em tecnologia, o número de clientes digitais aumentou 25% em 2016, atingindo quase 21 milhões". O objetivo é a satisfação global do cliente. "Hoje, o Santander está entre os três bancos com maior nível de satisfação de clientes em oito de seus nove principais países. Esta foi uma das metas para 2018 que já atingimos em 2016."

Os *acionistas* parecem ser o quadrante mais abstrato do círculo virtuoso, mas desempenham um papel importante para o banco.

— Cerca de 125 milhões de clientes impulsionam o crescimento rentável, aliado à diversificação geográfica e ao modelo das subsidiárias, gerando lucros estáveis e possibilitando uma cultura colaborativa que promove a eficiência e beneficia os acionistas. Quando fazemos nosso trabalho, nossos funcionários crescem profissionalmente e os clientes confiam mais em nós e prosperam junto com os acionistas e as comunidades — disse Ana aos acionistas este ano.

Ao contrário de outros bancos, o Santander tem mais de três milhões de acionistas, a maioria deles é de acionistas varejistas que também são leais ao banco. Para esses acionistas, o dividendo do banco é um rendimento. A lealdade dos acionistas é um objetivo primordial para o Santander, que se orgulha de sempre ter pago dividendos, mesmo durante a recente crise econômica.

No final do círculo virtuoso estão as comunidades, foco do plano de sustentabilidade do banco. Esse aspecto de responsabilidade social corporativa do Santander está centrado principalmente no ensino superior, com acordos com mais de 1.300 universidades em todo o mundo. Esses acordos favorecem o intercâmbio de alunos e professores e promovem a digitalização e a tecnologia nas universidades. O blog Santander's Impact Education inclui histórias pessoais de bolsistas. Os acordos também reúnem universidades, pequenas empresas e empresários.

Em 2016, o Santander foi eleito o melhor banco europeu por seu compromisso com a sustentabilidade e sua contribuição para o progresso social, e a proteção ambiental foi reconhecida pelo Índice Dow Jones de Sustentabilidade. "Os projetos de responsabilidade social corporativa incluem a concessão de mais de 35 mil bolsas de estudo para o ensino superior, 250 mil projetos de microcrédito e a participação em programas de voluntariado de mais de 60 mil funcionários para apoiar os mais desfavorecidos" observa Botín no relatório anual de 2016.

Como parte de sua estratégia de quatro quadrantes, o banco iniciou uma medição e um acompanhamento mais detalhados de como suas atividades comunitárias contribuem para melhorar a vida das pessoas. Além de metas numéricas, o banco está interessado em saber como ele tem beneficiado todas essas pessoas e em compartilhar histórias sobre o impacto positivo que está tendo. Isso efetivamente está no círculo virtuoso, fazendo com que os funcionários se sintam orgulhosos de pertencer a um banco que contribui para melhorar a sociedade.

FAZER BEM FAZENDO O BEM: HARMONIA NOS NEGÓCIOS E NOS FUNCIONÁRIOS

O pensamento gerencial passou por uma mudança sutil, mas importante, nos últimos anos, no sentido de atender às necessidades dos funcionários para expressar seu eu verdadeiro através do equilíbrio entre trabalho e vida pessoal. É cada vez mais reconhecido que, a menos que as organizações ofereçam um ambiente de apoio, os funcionários terão dificuldade em cumprir suas responsabilidades profissionais e pessoais. Esta linha de pensamento representa uma mudança significativa da visão das questões dos funcionários como preocupações privadas para o reconhecimento de que os gerentes desempenham um papel fundamental.

O Santander é pioneiro em realizar uma importante mudança de negócio para atender às necessidades psicológicas e sociais dos empregados. Ao fazê-lo, é um exemplo da influência dos líderes seniores na criação de organizações autênticas que cuidam do bem-estar dos funcionários. Realizei pesquisas para examinar como a construção de um contexto autêntico não só é boa para os funcionários, mas também pode beneficiar a empresa como um todo. A minha premissa era que as empresas podem "fazer bem fazendo o bem".

Como parte de um grande projeto de pesquisa em parceria com o governo espanhol durante 2007 e 2008, minha equipe de pesquisa examinou o mecanismo pelo qual as políticas de vida profissional (PVP) influenciam a autenticidade dos funcionários dentro da organização e, finalmente, a competitividade empresarial, indexada pelo crescimento das vendas.[5]

As PVPs fornecem aos funcionários tempo e recursos para cuidar de suas vidas pessoais: tempo livre, licença de ausência, redução das horas de trabalho, flexibilidade e fim de horários rígidos de trabalho, bem como na programação de viagens de negócios e tecnologia online para facilitar o trabalho remoto. Estudos mostram que as PVPs ajudam os funcionários a conciliar suas identidades e seus papéis profissionais e não profissionais. Essas políticas permitem que os funcionários personalizem seus horários de trabalho, de outra forma padronizados, para que possam se expressar melhor e desempenhar suas funções, tanto na esfera profissional quanto na pessoal.

As empresas foram recrutadas dentre os participantes de um concurso de premiação nacional patrocinado pelo governo espanhol. O comitê de premiação pré-selecionou os candidatos e selecionou setenta empresas para serem elegíveis para o prêmio. A informação sobre o nível de disponibilidade de PVPs da organização, juntamente com os dados da empresa, foram recolhidos por meio de uma entrevista telefônica com o diretor de recursos humanos de cada uma delas. Em seguida, uma amostra aleatória de funcionários de cada empresa completou uma pesquisa, incluindo todas as nossas medidas de nível de funcionário. Esse procedimento resultou em um conjunto de dados de fontes múltiplas de 3.262 funcionários em setenta organizações. Além disso, comparamos nossa amostra de organizações com informações de crescimento de vendas disponíveis no banco de dados da SABIA por três anos.[6] Encontramos crescimento de vendas em 39 das empresas, para as quais tivemos um total de 1.872 respostas de funcionários. As empresas representavam uma grande variedade de indústrias.

Talvez a descoberta mais interessante seja o que se poderia chamar de "caso de negócio da autenticidade dos trabalhadores". Os resultados, ilustrados na figura 9.1, mostram que os empregados que trabalham em empresas que oferecem PVPs relataram mais momentos de autenticidade, expressos pela autonomia e pela satisfação. Eles experimentaram 53% mais controle sobre seu trabalho e, por sua vez, expressaram 16% mais satisfação. Além disso, demonstramos que um clima de autenticidade, expresso pela satisfação profissional partilhada entre os colaboradores, beneficia a organização, o que se reflete em um aumento de 16% nas vendas em três anos. Um sentimento partilhado de satisfação cria um clima de autenticidade que ajuda os colaboradores a expressar e a concretizar seu eu, conservar sua energia, utilizar seu tempo de forma mais eficiente e se concentrar em tarefas importantes. Essas atitudes positivas do "empregado feliz" podem servir para criar uma cultura de confiança, colaboração, alta moral e segurança psicológica que, coletivamente, leva a resultados organizacionais positivos.[7]

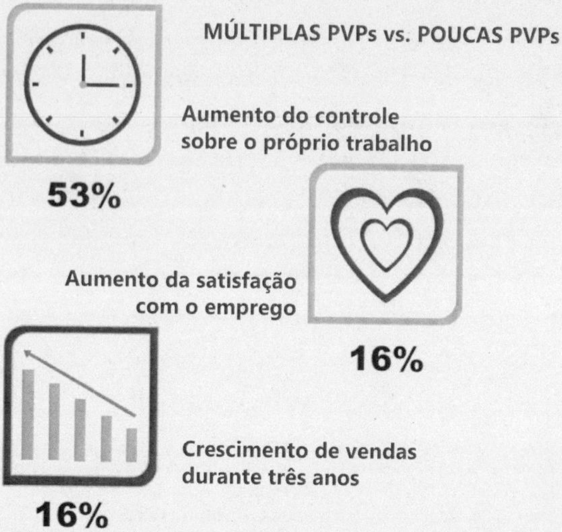

Fonte: figura 9.1. As políticas de conciliação da vida profissional e familiar (PVPs) aumentam a autonomia dos trabalhadores e a satisfação no trabalho, bem como o crescimento das vendas de uma empresa ao longo de três anos.

Isso significa que os líderes que constroem um contexto acolhedor no qual os funcionários podem expressar a sua autenticidade, gerindo o trabalho e os papéis pessoais podem perceber a máxima de "fazer bem fazendo o bem". As empresas vão encontrar harmonia entre as responsabilidades e a convivência ao focarem tanto no resultado final para o negócio quanto no bem-estar de seus funcionários.

As raízes da autenticidade: uma identidade territorial

Outro ingrediente da autêntica liderança do Santander é sua identidade territorial. O banco continua ligado à cidade em que foi fundado e cujo nome ostenta. Lá, é realizada a reunião anual, assim como algumas reuniões do conselho de administração. A maioria dos gestores faz a "peregrinação" para Santander pelo menos uma vez por ano.

Isso significa que o banco olha para o futuro sempre mantendo um pé no passado.

— Meu pai gostava de dizer que o Santander tem a sabedoria da experiência e o espírito da juventude — disse Ana Botín, referindo-se a Emilio Botín, presidente do banco de 1986 a 2014. Ana se reúne regularmente com representantes de empresas locais, políticos e líderes comunitários, sublinhando o compromisso do banco com a região. A empresa também contribui significativamente para projetos educacionais, culturais e sociais na área.

— Às vezes, se diz que as empresas não têm sentimentos, nem alma, nem casa — disse Ana Botín no início deste ano para o *El Diario Montañes*, de Santander. — Isso está errado. No banco, devemos muito a Santander e a Cantábria. Não estaríamos onde estamos hoje sem o trabalho e os esforços de tantos executivos, funcionários e acionistas do Banco Santander e de Cantábria. Esta é a nossa casa e continuará sendo no futuro.

Mas é a sede do Santander em Boadilla del Monte, nos arredores de Madri, que melhor encarna essa liderança autêntica. O Santander construiu a sede e se mudou para cá em 2004, depois de ter sido fragmentado em 21 edifícios no centro da capital espanhola. Embora os questionários aos trabalhadores mostrassem algumas dúvidas iniciais sobre a mudança do centro da capital, as vantagens do novo complexo rapidamente convenceram a maioria dos funcionários dos benefícios da mudança. As instalações incluem salas de jantar, instalações desportivas, um centro de treinamento e conferências com salas de aula e uma residência de 120 quartos, um centro médico, uma loja e muitas outras comodidades. Era parte da transformação do banco, e sua expressão física era a nova sede na Cidade Financeira.

O logotipo da marca é outro símbolo importante para o grupo. A chama Santander, adotada na Espanha em 1989, é o único logotipo do grupo desde 2007, seu 150º aniversário. Ao mesmo tempo, o grupo começou a se anunciar como uma instituição e não apenas um banco local, usando pela primeira vez meios de comunicação como o *Financial Times*, o *The Economist* e o *Wall Street Journal*.

Para valorizar ainda mais a marca, o Santander criou patrocínios esportivos, com destaque para o acordo de Fórmula 1 com a Ferrari. O banco também patrocina a primeira divisão de futebol da Espanha, a La Liga, que é seguida por milhões de espectadores em todo o mundo, e hospeda o Santander Triathlon Series. Como uma pessoa que participou em vários triatlos de curta distância no ano passado, posso garantir que este é um dos mais bem organizados. O lema "simples, pessoal e justo" também se aplica aqui. O triatlo Santander é simples e pessoal — inclui muitas distâncias e tipos, como o triatlo feminino, e é justo: são atribuídos prêmios a todas as faixas etárias.

Ana Botín sempre enfatiza que o propósito do Banco Santander é ajudar pessoas e empresas a prosperar, contribuindo para tornar a sociedade mais sustentável e inclusiva. Essa inclusão é tanto demográfica, nomeadamente orientada para o gênero, como financeira; por exemplo, através de bolsas de estudo para os economicamente desfavorecidos. Com base no sucesso dos projetos de microcrédito no Brasil, outros estão sendo lançados no México para promover a inclusão social.

As subsidiárias do Santander colaboram ativamente: os altos executivos se reúnem quatro vezes ao ano, bem como os presidentes do banco em cada país, no que a organização chama de "Promontorios", uma referência à cidade de Santander.

A empresa também está focada em incentivar os colaboradores a cumprirem os seus valores corporativos através de seu comportamento.

— Não se trata apenas do que fazemos, mas de como fazemos — disse Ana Botín aos funcionários do Santander.

Isso é medido por meio de pesquisas de avaliação envolvendo gerentes, colegas e subordinados. Os cinco comportamentos corporativos que o Santander quer que seus empregados apliquem incluem o compromisso de ouvir, respeitar, cumprir promessas, abraçar a mudança e apoiar as pessoas. Ana Botín destaca a importância desses comportamentos para a sustentabilidade do banco no Relatório Anual 2016: "Como equipe de gestão, estamos totalmente empenhados em adotar os nossos comportamentos corporativos e liderar pelo exemplo. Sabemos que temos que alcançar resultados financeiros excepcionais, mas o que nos fará se sobressair verdadeiramente será a nossa cultura."

Ana projeta uma abordagem moderna, digital e inovadora. Ela tem vasta experiência internacional, incluindo morar e estudar nos Estados Unidos e no Reino Unido. Ela também participa de vários fóruns internacionais onde líderes empresariais trocam ideias e *insights*.

A gestão corporativa bem definida e bem comunicada proporciona agilidade: as linhas estratégicas da transformação cultural política, incluindo as políticas de risco financeiro e os valores corporativos, trabalham de cima para baixo. No entanto, os Indicadores-Chave de Desempenho (ICD) são decididos com base na contribuição dos responsáveis das subsidiárias. Cada quadrante do círculo virtuoso tem ICDs para facilitar a implementação de mudanças culturais em cada um dos países das subsidiárias. Por exemplo, no quadrante dos trabalhadores, um ICD afirma: "Queremos estar pelo menos entre os três melhores bancos para se trabalhar." Por conseguinte, cada país deve se assegurar de que cumpre este objetivo. Botín conclui no relatório anual de 2016: "Na base da nossa transformação está uma cultura de ser local em cada um dos nossos mercados e, ao mesmo tempo, incentivar uma forma compartilhada de fazer as coisas que seja simples, pessoal e justa; essa cultura nos une em nossos dez mercados, promove a inovação e atrai os melhores talentos".

Além de sua transformação digital, o banco está empreendendo uma transformação cultural e humana. Saber contar histórias é uma das ferramentas que Botín utilizou para realizar essa transformação. Uma das suas favoritas é sobre uma mulher chamada Sandra:

> Sandra é uma brasileira, moradora de uma favela de São Paulo chamada Paraisópolis. O marido a abandonou, deixando-a com 60 mil dólares em dívidas. Rafael, o gerente da filial que me falou sobre Sandra, disse que a conhecia há anos, e que ela é uma lutadora — inteligente, honesta e confiável.

Emprestamos 250 dólares à Sandra, para que ela pudesse lançar sua primeira loja. Agora ela tem três, e emprega a irmã e as filhas. Acompanhamos de perto o negócio, levando sempre em conta o risco envolvido. Não há dúvida de que a tecnologia desempenhará um papel importante e crescente no nosso negócio. Mas nenhum algoritmo teria feito aquele empréstimo à Sandra. O contato pessoal com nossos 125 milhões de clientes e as 190 mil pessoas em nossas equipes é o que faz a diferença.

Dez maneiras de permanecer autêntico deixando um legado

1. *Lidere com um propósito social.* Dê o exemplo e mostre o caminho a seguir, encontrando uma causa que forneça direção, clareza, significado e energia. Por exemplo, o Banco Santander está imerso em uma grande transformação há dois anos, liderada por sua presidente executiva, Ana Botín, com uma missão com um propósito social — "ajudar pessoas e empresas a prosperar".
2. *Diga a verdade.* A coerência entre palavras e ações dá exemplo e justifica sua liderança servindo a uma causa em vez de interesses pessoais. Por exemplo, a transformação do Santander vai além da obtenção de resultados e foca em *como* alcançar esses resultados, considerando a comunhão entre seus diversos *stakeholders* — clientes, acionistas, funcionários e sociedade.
3. *Perçeba e sinta situações.* Ouça e responda às necessidades, aos valores e aos desejos do grupo, porque o seu nível de entusiasmo e satisfação é o combustível que desencadeia a sua liderança. Valores como "simples, pessoal e justo" refletem a identidade renovada do Santander para "ter sucesso em um mundo que muda a uma velocidade exponencial".
4. *Administre a distância geográfica.* A identificação pessoal com o líder e os seus valores validam a identidade dos colaboradores como membros da organização quando trabalham à distância. Embora a diversificação geográfica do Santander na Europa e nas Américas

ofereça um perfil altamente atrativo e diferenciado, também requer valores de liderança compartilhados.

5. *Dê significado aos eventos.* Especialmente em tempos de crise, porque a incerteza dos funcionários aumenta a necessidade de explicação e de liderança. Por exemplo, os bancos em todo o mundo passaram por uma grande crise, e a sociedade em geral questionou o valor deles. Quando Ana Botín assumiu a presidência do Santander, trouxe com seus novos valores o propósito de "ganhar a confiança dos clientes agindo de forma simples, pessoal e justa".

6. *Esteja presente, especialmente em tempos difíceis.* Eventos carregados de emoção, como crises econômicas, redução do tamanho da empresa, reorganização ou crescimento rápido intensificam a necessidade de liderança — as pessoas ficam famintas por carisma. Garanta visibilidade para lidar com as esperanças e medos dos seguidores. Quando Ana Botín visita Cantábria, reúne-se regularmente com representantes das comunidades empresariais, políticas e culturais locais, sublinhando o compromisso do banco com a região.

7. *Crie interações simbólicas.* Crie um contexto para poder mostrar seu propósito e sua visão de liderança. Como se manifesta internamente a identidade renovada do Santander? Através de maior transparência, maior envolvimento e mais feedback.

8. *Inclua todos na sua causa.* A liderança inclusiva capitaliza os benefícios da diversidade como fonte de capital humano e social, reconhecendo os desafios do conflito e da tensão entre os grupos. As inter-relações positivas dos múltiplos *stakeholders* do Santander — empregados, clientes, acionistas e sociedade — criando um círculo virtuoso são um bom exemplo.

9. *Sirva à causa servindo ao grupo.* A liderança servil em nome da causa comum aumenta a confiança. Por exemplo, a nova iniciativa de trabalho flexível mostra que a empresa responde às necessidades dos trabalhadores. Estes acordos de trabalho flexíveis que promovem o bem-estar dos empregados ao mesmo tempo ajudam a empresa a ter uma imagem positiva e servem de exemplo para outras organizações.

10. *Escreva o seu próprio legado.* Nunca é cedo demais para pensar nas suas contribuições para os outros. Crie a mensagem com humildade: o uso da retórica humilde e da transparência em sua comunicação o aproxima das pessoas.

Indra Nooyi escreve cartas aos pais de seus funcionários para expressar sua gratidão pelas contribuições de seus filhos e filhas à Pepsico, informa a CNBC.[8] As cartas abriram uma "inudação de emoções", com alguns executivos dizendo a ela que "esta é a melhor coisa que aconteceu com meus pais". Ana Botín mostra publicamente seu apreço pelo compromisso de seus executivos com os renovados valores do Santander.

Conclusão da parte três
Resolvendo o paradoxo autenticidade-alteridade no eu social

Ao resolver a tensão entre o eu e os outros, devemos lembrar que, ao longo de nossas vidas, é inevitável que algumas de nossas experiências estejam intimamente ligadas às de pessoas próximas, como nossos parceiros, pais, familiares, amigos e colegas. Aqui, é importante compreender que a autenticidade não é ser "você mesmo" *contra* os outros; é ser "você mesmo" *em relação* aos outros. O eu verdadeiro se desenvolve por meio de interações simbólicas.

Na década de 1930, o psicólogo e filósofo George Herbert Mead defendeu a ideia do interacionismo simbólico, algo revolucionário na época porque argumentava que o eu é socialmente construído.[1] Ou seja, seu eu verdadeiro é parcialmente derivado de suas interações sociais; as suas relações moldam quem você é. Assim, um eu dinâmico e social emerge dessa dialética entre você e os outros através de interações sociais. Essa ideia foi a origem do que mais tarde foi conhecido como Teoria da Identidade Social.

Os pioneiros desta análise de identidade social — do que é chamado de estudos de grupo mínimo — são dois psicólogos sociais chamados Henri Tajfel e John Turner.[2] Em um conjunto de experimentos marcantes dos anos 80, eles examinaram as implicações da identidade social de uma pessoa — a percepção de uma pessoa sobre quem ela é, baseado nos grupos em que se insere (organizações, família, religião, etc.). Pertencer a grupos sociais de alto status é uma importante fonte de orgulho e autoestima.

Mais recentemente, estudiosos de liderança como Raymond Sparrowe recuperaram esta ideia da construção social do eu, argumentando que "o eu verdadeiro não é descoberto ausente dos outros, mas constituído em relação aos outros" e que "a marca de uma liderança não autêntica é o desenfreado interesse próprio que motiva os líderes a tratar os seguidores como meios para seus próprios fins".[3] Da mesma forma, Donna Ladkin e Steven Taylor argumentam que o eu social resulta das:

> [...] interações simbólicas que ocorrem fora do mundo interno. Estes símbolos incluem a linguagem que as pessoas usam para nos falar sobre nós mesmos, nossa localização nas estruturas familiares e organizacionais, os gestos e expressões faciais com as quais nosso comportamento é recebido e respondido; todas as muitas maneiras pelas quais o mundo nos diz "quem somos".

Se você olhar atentamente para os líderes autênticos, as atitudes que os fazem brilhar frequentemente acabam por ser não com foco em si mesmos, mas nos outros. É o caso dos três líderes que acabo de discutir — Artur Schwörer, o futuro líder Francisco Rebelo e Ana Botín. Todos nós queremos acreditar que a chave para a autenticidade está na autoconsciência e no auto-aperfeiçoamento das nossas qualidades pessoais, mas, em nenhum desses casos, o líder limitou sua liderança à autoexpressão. Pelo contrário, todos eles se tornaram e permaneceram autênticos sendo fiéis aos outros e dando o exemplo por meio de valores transcendentais e da construção de estruturas que permitiram que outros brilhassem.

Não é exagero dizer que existe uma forte comunhão entre os valores da PERI e os valores dos seus colaboradores. No filme *Nós somos PERI*, os funcionários enfatizam repetidamente o "nós somos", composto por muitas nacionalidades, mas apenas uma identidade organizacional. Este é um exemplo de uma forte identidade social do eu. Como arquitetos sociais, os executivos da PERI constroem andaimes a partir de práticas sociais com uma mentalidade atenciosa que coloca os colaboradores em primeiro lugar. Cumprindo com sua palavra, a PERI tem práticas progressivas de RH para que os funcionários possam expressar sua autenticidade e identidade social por meio de atividades em grupo, como a equipe de ciclismo. O valor transcendente de deixar algo importante para trás mantém a família Schwörer com a mente nos problemas de hoje e o coração nas gerações futuras.

Você se lembra da comunidade que a Vista Alegre construiu para seus funcionários com casas, escolas, teatro e clube esportivo? Esses valores sociais estão enraizados na cultura e na história da empresa e têm sido o alicerce do seu sucesso há mais de um século. Evoluindo com o tempo para refletir a estética de cada época, os líderes da Vista Alegre tiveram que encontrar maneiras criativas de se adaptar sem quebrar sua cultura com foco nas pessoas. Decidiram preservar rituais e símbolos como festividades, jantares de gala e presentes de Natal que proporcionam aos colaboradores uma "hora da verdade" que lhes permite expressar o seu autêntico eu social. Neste ato de equilíbrio entre responsabilidades e convivência, Francisco Rebelo mantém os olhos e a mente abertos para aprender as nuances da liderança autêntica dentro das restrições da mudança organizacional, a fim de sobreviver em um ambiente global e competitivo.

Atenuando meu ceticismo em relação ao mundo financeiro, fica claro que o Santander é liderado por uma líder competente e atenciosa, cuja missão é "ajudar as pessoas e os negócios a prosperar". Ana Botín se esforça em seu papel de liderança para alcançar uma harmonia virtuosa de responsabilidades e convivência entre os muitos *stakeholders* do banco. E ela está conseguindo. E o mais importante, ela está fazendo da maneira correta — seguindo os renovados valores autotranscendentais de ser simples, pessoal e justo. A promulgação desses valores autênticos cria um ambiente propício para que os colaboradores cumpram seus papéis e identidades profissionais e pessoais. O Santander é um exemplo da máxima "fazer bem fazendo o bem".

Outros grandes líderes nos ensinam que para nos mantermos fiéis a nós mesmos, temos que nos preocupar com os outros. Para muitos, o rápido sucesso de Sundar Pichai como CEO da Google baseia-se na sua capacidade de reunir equipes e estabelecer uma cultura de colaboração. Como um pioneiro, o ex-CEO da Southwest, Herb Kelleher, sabia que quando os funcionários estão em primeiro lugar, eles são felizes; e funcionários felizes significam negócios melhores. E para construir o futuro, Indra Nooyi, CEO da Pepsico, acredita que é sua obrigação puxar os outros para cima para que um dia eles possam ser o centro das atenções.

A retórica da autenticidade: Felipe VI da Espanha

A liderança muitas vezes é menos sobre líderes e mais sobre aspirações e trabalho compartilhados. Se os líderes não deixarem claro que estão agindo no melhor interesse da organização, sua autoridade será questionada. Ver o quadro geral torna os líderes mais autênticos e influentes a longo prazo.

Talvez mais do que qualquer outra instituição espanhola, o sucesso e a sobrevivência da família real dependem da sua reputação e solidariedade com a população. No seu primeiro discurso como monarca, após a sua cerimônia de juramento de 19 de junho de 2014, o rei Felipe VI afirmou:

— A Coroa deve permanecer próxima do povo, adquirindo e mantendo o seu apreço, respeito e confiança.

Em suma, a monarquia moderna da Espanha está em busca de autenticidade para construir credibilidade e respeito pela instituição. Mas essa autenticidade não pode ser criada face a face. Assim, líderes distantes como um monarca ou o CEO de uma multinacional devem projetar uma imagem de autenticidade principalmente através de discursos e aparições públicas.

A oratória de um líder desempenha um papel importante na geração de atributos de autenticidade e aumenta a confiança e a credibilidade no líder. Realizei uma análise temática do primeiro discurso do rei Felipe para identificar os temas de um líder autêntico usando os 3Hs (coração, hábito e harmonia).

Coração

Expressar paixão e vitalidade

No início do discurso, Felipe diz:

— Começo o meu reinado com profunda emoção pela honra de aceitar a Coroa, consciente da responsabilidade que ela implica e com uma grande esperança para o futuro da Espanha.

Depois de fazer referências à emoção e à esperança, ele assinala explicitamente a contribuição da Espanha para a história:

— É uma nação forjada ao longo de séculos pelos esforços de milhões de pessoas de todos os cantos do nosso país, cuja participação é vital para a devida compreensão do curso da humanidade. — Esta afirmação move o discurso para uma "ordem superior" de significado.

O rei então faz uma conexão pessoal com o país, referindo-se ao seu apego emocional à nação:

— Uma grande nação... na qual eu acredito e que amo e admiro; uma nação cujo destino esteve ligado ao meu próprio durante toda a minha vida, como príncipe herdeiro e, a partir de hoje, como rei da Espanha. — Este toque pessoal continua com o seu amor à mãe: — Deixe-me agradecer também à minha mãe, rainha Sofía [...] Tenho confiança de que, durante muitos anos, continuaremos a contar com seu apoio, sua experiência e seu afeto.

A liderança de Felipe não é apenas sobre sentimentos positivos, mas também sobre a intensidade emocional e a vitalidade necessárias para avançar:

— E eu assumo a minha tarefa com energia, com entusiasmo e com o espírito aberto e inovador que inspirou os homens e mulheres da minha geração. — Esta é uma clara tentativa de energizar os que o rodeiam com a sua paixão contagiosa. Felipe apresenta explicitamente sua vitalidade como fruto de sua geração: — Os espanhóis, e especialmente os homens e as mulheres de minha geração, querem revitalizar nossas instituições.

Reforçando a humildade dos heróis anônimos

A liderança de Felipe é sobre muito mais do que o mero cumprimento de funções formais; seu discurso é um convite para vê-lo como uma pessoa acessível que se identifica com seus seguidores.

— Serei um chefe de Estado leal e disposto [...] para ouvir; pronto a compreender, a avisar e a aconselhar; e sempre vigilante para defender o interesse geral.

Assim, sua liderança cria um contexto para alcançar objetivos colctivos.

Líderes autênticos constantemente evocam a importância de um propósito comum nas mentes daqueles que os rodeiam:

— A monarquia parlamentar deve estar aberta e disponível à sociedade que serve; deve ser uma intérprete fiel e leal das aspirações e esperanças das pessoas e deve partilhar — e sentir como se fossem seus — os seus êxitos e fracassos.

Implicado nesta mensagem está também um dever de serviço para com os seguidores e um sentido compartilhado de apropriação dos resultados da liderança. O uso da retórica humilde é elegantemente ilustrado no final do discurso, quando Felipe cita o maior romancista da Espanha:

— Cervantes, falando através de Dom Quixote, disse: “Um homem não é mais do que outro se não faz mais do que outro.”

Contar histórias para construir uma ponte entre o passado e o futuro

A liderança de Felipe baseia-se na sua identidade real. No entanto, para transcender os limites desta posição e tornar-se um líder independente que pode criar um nome para si mesmo, ele deve desenvolver uma identidade única, pessoal; mas deve fazer isso sem prejudicar a contribuição de seu antecessor, seu pai. Isto é o que ele tenta fazer nas seguintes passagens — enfatizar um legado positivo:

— Quero prestar uma homenagem de gratidão e respeito ao meu pai, o rei Juan Carlos I. A partir de hoje, um reinado excepcional passa a fazer parte da nossa história, um reinado que deixou um extraordinário legado político. — Felipe assinala explicitamente que este legado positivo não é apenas uma ligação à pessoa do rei anterior; é também uma homenagem ao sucesso dos seus contemporâneos: — Hoje damos à pessoa do rei Juan Carlos o apreço que ele merece, de uma geração de cidadãos que abriu caminho para a democracia, para a compreensão entre os espanhóis e para a sua convivência em um clima de liberdade. — Assim, esta afirmação também enfatiza a identificação pessoal entre a figura do rei e seus contemporâneos.

Felipe explicitamente apresenta sua própria liderança como fruto das gerações passadas, mas ao mesmo tempo se distancia delas, enfatizando as características dos novos tempos. Ele faz um apelo à sua própria geração para que assuma o comando:

— Os homens e as mulheres da minha geração são herdeiros desse grande sucesso coletivo que tem sido admirado em todo o mundo e de que tanto nos orgulhamos. Cabe a nós agora transmiti-lo às gerações futuras.

Essa visão histórica cria um sentido de progresso entre as pessoas e serve para assumir a responsabilidade pelo futuro. Implicada nessas passagens está a tentativa de Felipe de preencher uma lacuna geracional mostrando gratidão e orgulho pelas conquistas passadas enquanto a usa como base para avançar em direção a um futuro melhor.

Hábito

Renovação para evoluir e adaptar-se a novos tempos

Em seu discurso, Felipe coloca muita ênfase na necessidade de mudança. Ele usa a palavra "novo" nove vezes: novos tempos, novo reinado, novo século, novas oportunidades, novos desafios, novas tecnologias, novos atores, novos riscos e um novo rei. A referência à renovação está também implícita na frase "uma monarquia renovada para os novos tempos", que também é repetida no final do seu discurso:

— Estas são as minhas convicções sobre a Coroa, que a partir de hoje assumirei: uma monarquia renovada para os novos tempos.

A necessidade de mudança implícita nesta afirmação é reforçada pela personificação destas crenças para se adaptar às novas circunstâncias que ele continua a enfatizar:

— Hoje gostaria que olhássemos para o futuro; para a Espanha renovada que, em uníssono, devemos continuar a construir, desde o início deste novo reino.

As referências à mudança são equilibradas entre os desafios e as oportunidades que os novos tempos representam:

— Como todos sabemos, mudanças profundas estão ocorrendo em nossas vidas, nos afastando das formas tradicionais de ver o mundo e nosso lugar dentro dele. Embora isso possa provocar inquietação, incerteza ou medo, também abre novas oportunidades de progresso. — Ao mesmo tempo, Felipe tenta entusiasmar os cidadãos, olhando para os sucessos do passado: — A história nos mostrou que todos os grandes progressos da Espanha aconteceram quando evoluímos e nos adaptamos à realidade dos tempos.

Estas declarações estão abrindo o caminho para a sua visão edificante de um futuro cheio de esperança e confiança.

Construindo confiança no líder e na sua missão

A visão de Felipe gira em torno de valores comuns e de uma tentativa de aumentar a esperança e incutir fé nos espanhóis em uma época em que as pesquisas de opinião mostram que as pessoas estão desencantadas com as instituições do país, incluindo a monarquia.

— Buscamos uma Espanha em que as pessoas recuperem e mantenham a confiança nas suas instituições e uma sociedade baseada em valores cívicos, tolerância, honestidade e perseverança, aberta e construtiva, que atue com um espírito de solidariedade. — Esta frase é dirigida especialmente a pessoas cujo ceticismo em relação à monarquia e outras instituições públicas tem aumentado devido a erros do passado. Para enfrentar os novos desafios, Felipe pede uma "profunda mudança nas mentalidades e atitudes de muitas pessoas e, é claro, grande determinação, coragem, visão e responsabilidade". Assim, estas referências, para além de sensibilizarem o povo para a necessidade de mudança, podem também servir para aumentar a confiança das pessoas nas instituições espanholas.

Superar a adversidade com resiliência

A referência à história segue um padrão progressivo em que os resultados positivos seguiram períodos de adversidade:

— Hoje, se olharmos para o passado, espero que não seja com nostalgia, mas com grande respeito pela nossa história; com a vontade de superar tudo o que nos possa ter separado ou dividido; e, assim, recordar e apreciar tudo o que nos une e nos dá força e solidez para o futuro. — A história recente da Espanha também é usada para enfatizar o mesmo ponto: — Nos últimos anos, e não sem dificuldades, temos vivido juntos em uma democracia, tendo finalmente superado as eras passadas de tragédia, silêncio e escuridão. Preservar os princípios e os ideais em que esta coexistência se baseia, e aos quais me referi anteriormente, não é apenas um ato de justiça para com as gerações que nos precederam, mas uma fonte de inspiração e de exemplo em todos os momentos da nossa vida pública.

Esta sequência de sucesso após o fracasso reforça um sentido de eficácia colectiva — uma força alcançada pela união de forças e do trabalho conjunto para ultrapassar as dificuldades.

Harmonia

Liderar pelo exemplo e pela virtude

A marca registrada da liderança autêntica está na apresentação de princípios morais de conduta e na incorporação desses códigos morais.

— A Coroa deve salvaguardar a dignidade da instituição, manter o seu prestígio e comportar-se de forma simples, honesta e transparente, em conformidade com o seu papel institucional e a sua responsabilidade social. Porque só assim possuirá a autoridade moral necessária para o exercício das suas funções. — Além disso, Felipe se refere ao desejo de muitas pessoas de que seus líderes dêem o exemplo. No discurso, ele diz ao seu público: — Hoje, mais do que nunca, e com toda a razão, as pessoas pedem que os princípios morais e éticos inspirem a nossa vida pública e que o nosso comportamento seja exemplar a este respeito. — Ele também deixa claro que isso começa com a monarquia: — E o rei, como chefe de Estado, não deve só liderar, mas também estar a serviço desta justa e legítima exigência do povo.

Criando uma identidade e uma comunidade coletiva

Felipe quer usar a figura do rei como símbolo de unidade. Em seu discurso, ele tenta proporcionar um sentido de comunidade e cristalizar uma identidade coletiva compartilhada, apesar da grande diversidade cultural. O seu discurso faz várias referências à dimensão de valor que a diversidade agrega: "a Espanha é uma nação forjada ao longo de séculos de história pelos esforços partilhados de milhões de pessoas de todos os cantos do nosso país"; "a diversidade resulta da nossa história, exaltando-nos e nos dando força"; e "historicamente, a Espanha tem sido o lar de diversas tradições e culturas, que enriqueceram todos os seus povos ao longo dos tempos".

Esta ênfase em encontrar força na diversidade aparece em muitas outras partes do discurso. Felipe apela aos seus seguidores:

— Vamos todos trabalhar juntos, cada um com sua própria personalidade, enriquecendo o todo; vamos fazer isso com lealdade, para alcançar os novos objetivos que foram postos diante de todos nós no século XXI. Porque uma nação não é apenas a sua história, é um projeto abrangente, que é sentido e partilhado por todos, que olha para o futuro [...] Os valores políticos são essenciais para a nossa convivência e para a organização e o desenvolvimento de nossa vida em comum.

Estas passagens sobre diversidade exigem não só uma identidade coletiva comum, mas também que as instituições políticas espanholas ponham de lado as diferenças e coordenem a ação coletiva.

Reforçar a sustentabilidade e a transformação

Os líderes autênticos fazem referência a certos valores para elevar a relevância deles na mente das pessoas. No final do seu discurso, Felipe refere-se explicitamente a valores fundamentais como a inovação, o empreendedorismo, a ética, o ambiente e a igualdade:

— Enfrentamos agora o grande desafio de promover novas tecnologias, ciência e pesquisas, que são hoje os verdadeiros dinamizadores da riqueza; o desafio é promover e incentivar a inovação, a criatividade e o empreendedorismo como atitudes essenciais para o desenvolvimento e o crescimento. — E continua: — O século XXI, que é também o século do meio ambiente, deve ser um século em que os valores humanistas e éticos, que temos que recuperar e manter, sejam exercidos para ajudar a eliminar a discriminação, assegurar o papel das mulheres e promover ainda mais a paz e a cooperação internacional.

Com tais declarações, Felipe está tentando alinhar os valores progressistas de seus seguidores com os seus próprios. Esses valores compartilhados ajudam as pessoas a se identificarem com o líder.

Essa ênfase na autenticidade implica confiança mútua para construir um futuro melhor para todos. Felipe mostra essa visão positiva aos seus ouvintes:

— A minha crença no nosso futuro baseia-se em minha fé na sociedade espanhola; é madura e vigorosa, responsável e solidária, uma sociedade que mostra grande fortaleza e que tem um espírito louvável para vencer as suas dificuldades. — Ele conclui o discurso com um forte apelo emocional ao orgulho nacional: — Estou orgulhoso do povo espanhol e nada me honraria mais do que se, através do meu trabalho e do meu esforço, dia após dia, pudesse deixar o povo espanhol orgulhoso de seu novo rei.

Reunindo tudo, os temas descritos acima representam como os líderes autênticos falam. Este é um discurso cujos elementos principais ilustram as os 3 Hs da liderança autêntica: coração, hábito e harmonia. Os temas do coração incluem referências à paixão, humildade e narração de histórias. O discurso expressa sentimentos positivos e intensidade emocional e é trabalhado com paixão e vitalidade para revitalizar as instituições e a nação. Este apelo emocional é transmitido com humildade, o que reforça a identificação pessoal com o líder. Além disso, a narração de histórias é usada para construir a ponte entre as gerações passadas e futuras.

Os temas que englobam o hábito da aprendizagem giram em torno de renovação, confiança e resiliência. A ênfase na necessidade de evoluir e adaptar-se aos novos tempos está presente em muitas partes do discurso. Essa renovação está associada, ainda, à necessidade de criar confiança no líder e nas instituições que ele representa. Especificamente, Felipe apresenta exemplos históricos de quando o país venceu a adversidade pela resiliência e pelo trabalho em conjunto.

Finalmente, os temas de harmonia contêm as marcas da liderança autêntica: dar o exemplo, estabelecer uma comunidade e deixar um legado. Dado o ceticismo de alguns espanhóis em relação à monarquia, o discurso de Felipe enfatiza a integridade e a virtude. Seu discurso é também uma tentativa de criar uma identidade coletiva, unificando forças em torno das diferenças. Ele vê a diversidade como uma fonte de força na construção de uma comunidade de sucesso. As suas declarações finais exemplificam o objetivo de ter um impacto positivo no futuro, reforçando a sustentabilidade e deixando um legado. O discurso de proclamação transmitiu uma mensagem de esperança para o futuro e para a mudança.

Em 15 de junho de 2015, uma pesquisa realizada para o importante jornal espanhol *El Mundo* no primeiro aniversário da proclamação mostrou que 74,7% dos espanhóis tinham uma opinião favorável (52%) ou altamente favorável (22,7%) sobre o rei Felipe VI. E esta é uma tendência crescente. O seu apoio pessoal foi transferido para a instituição que ele lidera. No início de 2017, outra pesquisa revelou que "Felipe coloca a monarquia na sua melhor posição em vinte anos". Com pouco mais de dois anos de governo, o novo rei tinha conseguido restaurar o prestígio da monarquia com sua reputação pessoal e autenticidade.

Agenda para mudança

MUDAR COM AUTENTICIDADE: LIÇÕES DE *DOZE HOMENS E UMA SENTENÇA*

O vice-presidente de finanças de um grande banco europeu em Portugal me disse que, uma vez, na noite anterior a uma reunião muito importante, ele acabou assistindo ao clássico de 1957 *Doze homens e uma sentença*. O filme, que ganhou um Oscar e é estrelado por Henry Fonda, é sobre um júri que deve decidir se um réu é culpado ou inocente com base em dúvida razoável. É um grande *thriller noir* que toca no poder da influência e na construção de consensos. O executivo financeiro mencionou que essas lições estavam frescas em sua mente ao lidar com seu chefe e seus colegas no dia seguinte. Estava claro para ele como fazer com que as pessoas aceitassem as mudanças que ele queria implementar na empresa.

Eu tenho incluído este filme em minhas aulas de desenvolvimento de liderança desde então, para ilustrar a influência eficaz usando o quadro de 3 Hs da liderança autêntica. As lições continuam a ser ainda mais relevantes hoje em dia. O principal desafio que os CEOs enfrentam é ganhar confiança, credibilidade e respeito de seus pares. O script de *Doze homens e uma sentença* é uma obra-prima sobre o gerenciamento de mudanças usando influência sem poder.

Vamos dividir o filme em três partes. A Parte 1 ensina lições sobre como *descongelar* e mobilizar o grupo e conquistar seus *corações*. A Parte 2 centra-se nas lições de como *mudar* o grupo e criar movimento fazendo da aprendizagem um *hábito*. Finalmente, a Parte 3 foca nas lições relativas ao *congelamento* da mudança, à consolidação da dinâmica criada e à procura de *harmonia* social.

Parte 1: Ganhar seus corações

Após uma votação preliminar, o veredicto inicial do júri é de onze culpados e um inocente. O personagem de Henry Fonda vota inocente e propõe a realização de um voto secreto. Se outra pessoa votar inocente, eles continuam a discutir o caso.

- Mova-se lentamente, observando e ouvindo os outros para entender suas motivações interiores e personalidades. Por exemplo, o vendedor fã dos Yankees quer simplesmente fugir a tempo para o jogo de beisebol. Compreender as motivações alheias irá ajudá-lo a conquistar corações e a personalizar suas táticas de influência mais tarde.
- Comece com um pequeno pedido, como "Acho que devemos conversar" e evite grandes pedidos como "Não estou tentando mudar a sua cabeça". Reestruture seu propósito com modéstia. Por exemplo, em resposta à pergunta "Por que estamos aqui?", o pressuposto é que eles só têm de votar culpado no que parece ser um caso claro de homicídio. No entanto, ele responde: "Não

sei, talvez por nada..." e depois: "Precisamos dizer alguma coisa... vamos demorar uma hora".

- Ganhe a confiança dos outros revelando suas próprias fraquezas; por exemplo, "Não é fácil levantar a minha mão". Partilhar as suas dúvidas e ser humilde o aproxima de seus colegas. Por exemplo, "Não tenho nada de brilhante, só sei tanto quanto você". Mas, da mesma forma, questione suposições ao apontar inconsistências nos argumentos de outros. Por exemplo, Henry Fonda questiona a lógica do dono da garagem sobre a mulher que viu o assassinato vindo da mesma direção que o menino — "Como você acredita na mulher, ela é 'um' deles também, não é?"

Parte 2: Definir o hábito de aprender

Depois de uma votação secreta, o velho mudou seu voto para inocente para apoiar Henry Fonda. Então, quatro jurados adicionais mudaram seu voto a favor da absolvição, terminando esta segunda parte do filme com seis vereditos de culpa e seis de inocência.

- Esteja atento a novas ideias e use evidências vindas de seus primeiros apoiadores para promover o seu caso. Por exemplo, o testemunho do homem que morava na favela sobre o velho que testemunhou contra o rapaz foi um ponto de virada no filme. Levante a ideia de que "as testemunhas podem cometer erros". Isto fez com que Henry Fonda dissesse: "Eu gostaria de saber se um velho que arrasta o pé porque teve um derrame pode ir do seu quarto para a porta da frente em quinze segundos". Ele pediu o mapa do apartamento e recriou a cena do velho indo até a porta, criando dúvidas sobre esse testemunho tão importante.
- Seu principal papel como agente de mudança é dar sentido às coisas e ajudar os outros a aprender. Por exemplo, quando Henry Fonda recria a cena do velho indo até a porta, ele conclui: "Eu sei o que aconteceu" e "nós provamos que o velho não podia ter ouvido o que o rapaz dizia". Isso gera movimento por contar

como uma pequena vitória, que ilustra como o apoio geral está do seu lado. Depois, tornar a aprendizagem tangível, sugere ele, "Acho que devíamos ter uma votação aberta".

- Permita que os seus adversários revelem as suas próprias inconsistências. Por exemplo, um membro do júri diz: "Ele era um homem velho, estava confuso". O dono da garagem também diz, "ele nem sequer fala bem inglês". Estes dois exemplos têm um impacto na trama do filme, mostrando como esses dois jurados perdem credibilidade diante dos outros. Eles são, então, socialmente isolados porque outros jurados não querem ser associados a eles.

Parte 3: Construir a harmonia social

Os seis jurados que ainda pensam que o garoto é culpado mudam de ideia um a um, já que Henry Fonda usa três técnicas de influência diferentes para que eles o apoiem na parte final do filme.

- Concentre-se em criar vínculos com as pessoas que tem mais chances de ceder. Elas são facilmente convencidas quando percebem que a conjuntura da situação está do seu lado. No filme, o fã de beisebol, o capataz e o publicitário pertencem a este grupo neutro. Por exemplo, Henry Fonda escuta a história pessoal do capataz como assistente técnico.
- Avance o seu caso com pessoas racionais, tais como o corretor — coloque-se no seu lugar. Proporcione uma experiência empática para que essas pessoas "sintam" seu argumento. Por exemplo, Henry Fonda pede ao corretor para se lembrar de detalhes sobre um filme que ele assistiu com sua esposa — "coloque-se no lugar do menino, você poderia se lembrar de detalhes do filme sob essas circunstâncias?" — e quando o corretor falhou o teste, ele concluiu "[...] e você não estava em uma situação de estresse emocional, estava?"

- Finalmente, isole socialmente aqueles que mostram fortes emoções negativas em relação aos seus objetivos. Por exemplo, o proprietário da garagem é rejeitado pelo resto do grupo. Ao mesmo tempo, guarde as feições de seus oponentes para garantir que os inimigos de ontem serão seus amigos de amanhã. Por exemplo, depois de salientar as declarações estereotipadas, Henry Fonda comenta: "É sempre difícil manter o preconceito pessoal fora de uma coisa como esta". Em seguida, mostre cortesia para oferecer conforto emocional a antigos oponentes, a fim de começar a construir e reparar o relacionamento. Por exemplo, Henry Fonda ajuda outro membro do júri a vestir o casaco.

No final, não se esqueça de celebrar o sucesso com o seu primeiro seguidor. Foi ele quem começou o movimento. Lembre-se da última cena nas escadas entre o arquiteto e o velho.

Sinta, aprenda e construa

As histórias em *Atenciosamente* têm uma coisa em comum: o investimento emocional de seus protagonistas. Rafael de la Rubia não é motivado por um grande salário, nem tem um plano estratégico bem pensado. Ele é apaixonado por viver como atleta, empreendedor e estrela de rock, e é autêntico fora do roteiro de autenticidade. Hiroko Samejima foi designer na Chanel e decidiu criar a sua própria empresa, a andu amet, para realizar o seu sonho de criar produtos de qualidade autêntica, combinando a elegância das melhores marcas de moda globais, o gosto africano e o artesanato japonês.

Esta é a primeira lição de *Atenciosamente*. Ser um líder autêntico requer encontrar paixão e motivação dentro de si mesmo e da sua própria história de vida para ganhar os *corações* de seus seguidores. Se você estiver interessado em desenvolver sua autenticidade, sua motivação deve estar concentrada nos seus sentimentos e no que que te incentiva. Os sentimentos de Carlo Volpi em relação à sua adega o fizeram ver o que os outros não conseguiam, e assim ele fez o que o seu parceiro de negócios na época não queria. Carlo iniciou um processo de internacionalização vendo o seu vinho como parte de uma herança italiana que precisava ser conhecida em todo o mundo. A sua paixão levou-o a um caminho que colocou o vinho Volpi no mapa. Resolver o *paradoxo da autenticidade versátil* requer um equilíbrio entre os eus "verdadeiros" e os eus "múltiplos".

Uma análise crítica desses líderes corajosos mostra que a característica central dos líderes autênticos é a disposição de experimentar com seus "possíveis" eus. Esta é a segunda lição deste livro. Líderes autênticos estão em constante movimento para aprender a criar novos *hábitos*. Em uma narrativa empresarial pontuada por uma potencial crise, Rakesh Aggarwal "fingiu" autoconfiança para transformar sua empresa de leite. Durante o processo, ele desenvolveu a tenacidade e a flexibilidade necessárias para se adaptar e progredir. Dena Schlutz aprendeu a se tornar uma executiva de primeira linha e uma empreendedora de sucesso, desabrochando após a adversidade. Angel Ruiz, por sua vez, assumiu o controle do próprio destino, superando os muitos obstáculos que enfrentou. No entanto, ainda temos uma preferência instintiva pela consistência e a continuidade, querendo ser capazes de prever o mundo à nossa volta. O problema, claro, é que a transformação pessoal envolve um certo grau de contradição. Abraçar essa contradição e suas inevitáveis ansiedades traz os benefícios da autenticidade enriquecida, e é isso que está em causa no processo de *Atenciosamente,* no final das contas. Resolver o *paradoxo crescimento-autenticidade* requer um equilíbrio entre a integridade comportamental e o crescimento.

A liderança autêntica é uma coreografia colaborativa — grandes líderes abraçam a *harmonia* e desenvolvem um contexto em que seus seguidores podem brilhar. Esta é nossa lição final. O sucesso de empresas como a PERI, a Vista Alegre e o Santander, e mesmo o da família real espanhola, depende, em grande parte, da criação de um contexto para que outros cresçam. Resolver o *paradoxo autenticidade-alteridade* requer um equilíbrio entre a sua agência e a sua comunhão.

Em conclusão, ilustrados com exemplos do mundo real, identificamos neste livro o papel essencial de focar nos 3 Hs da autenticidade: coração, hábito e harmonia.

Primeiro, *sinta* e ative a paixão no seu coração e nos dos seus seguidores — para experimentar a autenticidade emocional. Em segundo lugar, *aprenda* e consolide o hábito da aprendizagem — experimente a autenticidade comportamental. Em terceiro lugar, *construa* relações harmoniosas com os outros — experimente a autenticidade social. Esta é uma ferramenta prática e poderosa para qualquer pessoa com o desejo de melhorar a si mesma e o mundo como um todo. Seja você mesmo com uma humildade apaixonada, cultive o hábito de aprender e encontre harmonia entre seus próprios interesses e os dos outros.

Coração, hábito e harmonia são um quadro abrangente de autenticidade que responde às perguntas sobre quem você é, o que faz e como faz, respectivamente. O fator coração se refere à autoconsciência e ao processamento imparcial, que resultam em emoções positivas. O hábito de aprender se refere ao comportamento consistente em relação aos valores, às preferências e às necessidades de cada um, enquanto se abre para novas experiências e torna-se o seu melhor eu. Finalmente, a harmonia nas responsabilidades e na convivência é conseguida através de uma unidade harmoniosa do próprio eu com as relações estabelecidas com os outros.

Em suma, os líderes autênticos sabem quem são e abraçam a sua identidade pessoal com paixão. Eles têm uma mentalidade de crescimento que os ajuda a adotar o hábito de mudar e a expandir seu repertório comportamental. E, finalmente, os líderes autênticos constroem relações harmoniosas com os outros e enriquecem o ambiente social para que outros possam brilhar e se desenvolver.

Lembre-se, para permanecer fiel ao seu eu autêntico *versátil, possível* e *social* na liderança e na vida, abrace seus múltiplos eus com humildade apaixonada, permaneça fiel ao seu autêntico eu, mudando ao longo do tempo, e enriqueça o seu contexto social. Líderes autênticos são atores apaixonados, aprendizes ávidos e arquitetos memoráveis. Têm muitas caras, mas um só coração. Eles melhoram, mas tornam-se humildes com o tempo. Eles constroem projetos que vivem para além de seu tempo.

Notas e referências

INTRODUÇÃO

1. SPARROWE, R. "Authentic Leadership and the Narrative Self". *Leadership Quarterly*, 16(3), 2005, pp. 419-39.

2. Disponível em: <www.edelman.com/trust2017/>. Acesso em: 17 mar. 2017.

CAPÍTULO 1

1. Disponível em: <www.inc.com/jeff-%ADhaden/why-%ADrichard-branson-%ADis-the-%ADmost-important-%ADliving-entrepreneur.html>. Acesso: 17 mar. 2017.

2. VANNINI, P. "Dead Poet's Society: Teaching, Publish-or-Perish, and Professors' Experiences of Authenticity". *Symbolic Interaction*, v. 29, 2006, pp. 235-57.

3. ROGERS, C. *On Becoming a Person: a Therapist's View of Psychotherapy.* Boston: Houghton Mifflin, 1961.

4. Esta escala de dez itens de estresse é publicada em COHEN, S. e WILLIAMSON, G. "Perceived Stress in a Probability Sample of the United States". In: SPACAPAN, S.; OSKAMP, S. (Orgs.). *The Social Psychology of Health.* Newbury Park, CA: Sage, 1988, pp.31-67.

5. LYUBOMIRSKY, S.; LEPPER, H. S. "A Measure of Subjective Happiness: Preliminary Reliability and Construct Validation". *Social Indicators Research*, v. 46, 1999, pp.137-55.

6. As escalas originais de vinte itens estão incluídas em RYFF. "Happiness Is Everything, or Is It? Explotions on the Meaning of Psychological Well-Being". *Journal of Personality and Social Psychology*, v. 57, 1989, pp. 1069-81. Os autores utilizaram as versões curtas das seis subescalas, que contêm três itens cada uma. Nós utilizamos as escalas de 14 itens atualmente recomendadas pelo Instituto de Envelhecimento da Universidade de Wisconsin, com permissão dos autores.

7. Chave de pontuação para autenticidade: baixa: 4 a 14; média: 15 a 25; e alta: 26 a 28.

8. Chave de pontuação para a inautenticidade: baixa: 4 a 7; média: 8 a 18; e alta: 19 a 28.

9. Utilizamos as escalas de 14 itens atualmente recomendadas por Ryff no Instituto de Envelhecimento da Universidade de Wisconsin, com permissão dos autores.

10. Esta relação entre bem-estar psicológico e capital social está limitada à rede de aconselhamento e não é central na "rede de amizade" (por exemplo, as pessoas com quem eles saem para atividades sociais fora da aula, como almoços, jantares ou encontros em bares).

11. SHELDON, K. M. et al. "Trait Self and True Self: Cross-Role Variation in the Big-Five Personality Traits and Its Relations with Psychological Authenticity and Subjective Well-Being". *Journal of Personality and Social Psychology*, v. 73, 1997, pp. 1380-93.

12. Os traços da personalidade Big-Five são medidos pelo Inventário de Personalidade NEO e incluem Extroversão, Neuroticismo, Concordância, Consciência e Abertura à Experiência.

13. SYNDER, M. "Self-Monitoring of Expressive Behavior". *Journal of Personality and Social Psychology* v. 30(4), 1974, p. 526.

14. Em resposta às críticas à escala original de Snyder, Lennox e Wolfe desenvolveram, em 1984, uma escala de auto-monitorização revisada de 13 itens, utilizando uma escala Likert de seis pontos, desde "certamente sempre falsa" até "certamente sempre verdadeira". Sete dos seus itens medem a capacidade do indivíduo de modificar a sua própria apresentação e seis itens envolvem a sua sensibilidade aos comportamentos expressivos dos outros. Aqui incluo apenas a primeira dimensão.

15. Chave de pontuação para automonitoramento: considere que os itens 4 e 5 são códigos invertidos.

16. KAKARIKA, M.; BINIARI, M.; MAYO, M. "Where Does the Heart Lie? Harmonious Versus Obsessive Entreprenurial Passion and Role Identity Transitions". Reunião Anual da Academia de Gestão, Orlando, Florida. 2013.

CAPÍTULO 2

1. CHRISTAKIS, N. A.; FOWLER, J. H. *Connected: The Surprising Power of Our Social Networks and How They Shape Our Lives.* Nova York: Little Brown and Company, 2009.

2. LARSEN, R. J.; DIENER, E. "Promises and Problems with the Circumplex Model of Emotions". In: M. S. Clark (Org.), *Emotion.* Newbury Park, CA: Sage Publications. 1992.

3. Chave de pontuação: o adjetivo da primeira linha refere-se às emoções agradáveis ativadas; o segundo refere-se às emoções agradáveis inativadas; o terceiro refere-se às emoções desagradáveis ativadas; e o quarto refere-se às emoções desagradáveis inativadas.

4. OU, A. Y.; WALDMAN, D. A. A.; PETERSON, S. J. "Do Humble CEOS Matter? An Examination of CEO Humility and Firm Outcomes". *Journal of Management*, 2015.

5. OWENS, B. P.; JOHNSON, M. D.; MITCHELL, T. R. "Expressed Humility in Organizations: Implications for Performance, Teams and Leadership". *Organization Science*, v. 24(5), pp. 1517-38.

6. OWENS, B. P.; HEKMAN, D. R. "How Does Leader Humility Influence Team Performance? Exploring the Mechanisms of Contagion and Collective Promotion Focus". *Academy of Management Journal*, v. 59(3), 2016, pp. 1088-111.

7. Chave de pontuação: some os pontos e divida por 9.

8. JONES, D. N.; PAULHUS, D. L. "Introducing the Short Dark Triad (SD3): A Brief Measure of Dark Personality Traits". *Assessment*, v. 21(1), 2014, pp. 28-41.

9. Chave de pontuação: some os pontos e divida por 9.

10. MAYO, M. "If Humble People Make Better Leaders, Why Do We Fall for Charismatic Narcissists?". *Harvard Business Review.* Abr. 2017.

11. CONGER, J. A.; KANUNGO, R. N. *Charismatic Leadership in Organizations.* Thousand Oaks, CA, e Londres: Sage Publications, 1998.

12. GALVIN, B. M.; WALDMAN, D. A.; BALTHAZARD, P. "Visionary Communication Qualities as Mediators of the Relationship Between Narcissism and Attributions of Leader charisma". *Personnel Psychology*, v. 63(3), 2010, pp. 509-39.

13. PASTOR, J.; MAYO, M.; SHAMIR, B. "Adding Fuel to Fire: The Impact of Followers' Arousal on Ratings of Charisma". *Journal of Applied Psychology*, v. 92(6), 2007, pp. 1584-96.

14. MARTIN, S. R. R.; CÔTÉ, S.; WOODRUFF, T. "Echoes of Our Upbringing: How Growing Up Wealthy or Poor Relates to Narcissism, Leader Behaviour, and Leader Effectiveness". *Academy of Management Journal*, v. 59(6), 2016, pp. 2157-77.

CAPÍTULO 3

1. SHAMIR, B.; DAYN-HORESH, H.; ADLER, D. "Leading by Biography: Toward a Life-Story Approach to the Study of Leadership". *Leadership*, v. 1, 2005, pp. 13-29. SHAMIR, B.; EILAM, G. "What's Your Story? Toward a Life-Story Approach to Authentic Leadership". *Leadership Quarterly*, v. 16, 2005, pp. 395-417.

2. Disponível em: <www.sesp.northwestern.edu/masters-earning-and-organizational-change/knowledge-lens/stories/2013/the-story-of-my-life-eveloping-authentic-leaders.html>. Acesso em: 17 mar. 2017.

3. ZAK, Paul J. "Why Your Brain Loves Good Storytelling". *Harvard Business Review*. Ou. 2014.

4. MCADAMS, D. P. et al."Stories of Commitment: The Psychosocial Construction of Generative Lives". *Journal of Personality and Social Psychology*, v. 72(3), 1997, pp. 678-94.

5. MAYO, M.; KARK, R. "The Psychosocial Construction of Leadership Identity: A Life Story Approach". In: Who Is a Leader? A Follower? New Research on Leadership Identity in Organizations by R. Piccolo and S. DeRue. *Academy of Management Annual Meeting Proceedings*, Orlando, Florida, 2013.

6. GOFFEE, R.; JONES, G. *Why Should Anyone Be Led By You? What It Takes to Be an Authentic Leader.* Cambridge, MA: Harvard Business Review Press, 2006.

CAPÍTULO 4

1. MISCHEL, W.; SHODA, Y.; PEAKE, P. K. "The Nature of Adolescent Competencies Predicted by Preschool Delay of Gratification". *Journal of Personality and Social Psychology*, v. 54, 1988, pp. 687-96.

2. SHODA, Y.; MISCHEL, W.; PEAKE, P.K. "Predicting Adolescent Cognitive and Self-Regulatory Competences From Preschool Delay of Gratification: Identifying Diagnostic Conditions". *Developmental Psychology*, v. 26(6), 1990, pp. 978-86.

3. Adaptado de LOCKWOOD, P.; JORDAN, C.; ZIVA, K. "Motivation by Positive or Negative Role Models: Regulatory Focus Determines Who Will Best Inspire Us". *Journal of Personality and Social Psychology*, v. 83, 2002, pp. 854-64.

4. A pontuação da promoção é a soma total destes itens: 3, 5, 6, 8, 12, 14, 16, 17, 18. As pontuações variam de 9 a 81. Uma pontuação alta indica autorregulação da promoção com foco em ideais, esperanças e considerando novas possibilidades. A pontuação da prevenção é a soma total desses itens: 1, 2, 4, 7, 9, 10, 11, 13, 15. As pontuações variam de 9 a 81. Uma pontuação alta indica a prevenção da autorregulação com foco em deveres, responsabilidades e cumprimento de obrigações.

5. GUILLEN, L. et al. "Understanding Visionary Leadership Perceptions: A Leader Identity Perspective". *Academy of Management Annual Meeting*. Anaheim, Califórnia, 2016.

6. DWECK, C.. *Mindsets: The New Technology of Success*. Nova York: Ballantine Books, 2017.

7. Disponível em: <www.mindsetkit.org/static/files/YCLA_Lesson-Plan_v10.pdf>. Acesso em: 17 mar. 2017.

CAPÍTULO 5

1. Disponível em: <http://content.time.com/time/magazine/article/0,9171,988512-2,00.html>. Acesso em: 17 mar. 2017.

2. Disponível em: <www.nytimes.com/2005/09/23/books/oprahs-book-club- toaddcontemporaryy-writers.html>. Acesso em: 17 mar. 2017.

3. Disponível em: <www.huffingtonpost.com/2008/08/08/the-oprah-effect-one-mill_n_117685. html>. Acesso em: 17 mar. 2017.

4. MAYO, M. et al. "Aligning or Inflating Your Leadership Self-Image? A longitudinal Study of Responses to Peer Feedback in MBA Teams". *Academy of Management Learning & Education*, v. 11(4), 2012, pp. 631-52.

5. Disponível em: <https://hbr.org/2016/08/the-gender-gap-in-feedback-and-self- perception>. Acesso em: 17 mar. 2017.

6. Disponível em: <https://hbr.org/video/5159470991001/even-after-criticism-men-think-highly-of-themselves>. Acesso em: 17 mar. 2017.

7. GABLE, S. L. et al. "What Do You Do When Things Go Right? The Intrapersonal and Interpersonal Benefits of Sharing Positive Events". *Journal of Personality and Social Psychology*, v. 87, 2004, pp. 228-45.

8. WANG, Y. N. “Balanced Authenticity Predicts Optimal Well-Being: Theoretical Conceptualization and Empirical Development of the Authenticity in Relationships Scale”. *Personality and Individual Differences*, v. 94, 2016, pp. 316-23.

9. Chave de pontuação: autenticidade equilibrada (média = 12,15, SD = 1,39), autenticidade centrada no ego (média = 7,14, SD = 2,62) e autenticidade distorcida (média = 9,35, SD = 2,50).

10. GUILLEN, L.; MAYO, M.; KARELAIA, N. (no prelo). “Appearing Self-Confident and Getting Credit for It: Why It May Be Easier for Men than Women to Gain Influence at Work”. *Human Resource Management.*

11. MAYO, M. “To Seem Confident, Women Have to Be Seen as Warm”. *Harvard Business Review.* Jul. 2016.

CAPÍTULO 6

1. Disponível em: <www.businessinsider.com/interview-with-starbucks-new-ceo-kevinjohnson-2017-4>. Acesso em: 17 mar. 2017.

2. SELIGMAN, M. E. P. “Building Resilience: What Business Can Learn from a Pioneering Army Program for Fostering Post-Traumatic Growth”. *Harvard Business Review*, 2011.

3. Para responder à pesquisa completa, acesse <www.authentichappiness.sas. upenn.edu/user/login?destination=node/504>. Acesso em: 17 mar. 2017.

4. MEEVISSEN, Y.; PETERS, M. L., ALBERTS, H. “Become More Optimistic by Imagining a Best Possible Self: Effects of a Two-Week Intervention”. *Journal of Behaviour Therapy and Experimental Psychiatry*, v. 42(3), 2011, pp. 371-8.

5. ROTTER, J. B. “Generalized Expectancies for Internal Versus External Control of Reinforcement”. *Psychological Monographs*, v. 80(1), 1966, pp. 128.

6. A pontuação é a soma destes itens: 1b, 2a, 3a, 4a, 5b, 6b, 7b, 7b, 8a, 9a, 10a, 11a, 12a, 13a. As pontuações variam de 0 a 13. Uma pontuação alta indica um locus de controle interno, enquanto uma pontuação baixa indica um locus de controle externo.

7. ZHOU KOVAL, C.. et al. “The Burden of Responsibility: Interpersonal Costs of High Self-Control”. *Journal of Personality and Social Psychology*, v. 108(5), 2005, pp. 750-66.

8. MAYO, M. et al. “Why Some Firms Adopt Telecommuting While Others Do Not: A Contingency Perspective”. *Human Resource Management*, v. 48(6), 2016, 917-39.

9. WATSON, M. et al. "Locus of Control and Adjustment to Cancer". *Psychological Reports*, v. 66(1), 1990, pp. 39-48.

10. MAYO, M. "Leader Beliefs and CSR for Employees: The Case of Telework Provision". *Leadership & Organization Development Journal*, v. 37(5), 2016, pp. 609-34.

11. BROWN, B. *Daring Greatly: The Courage to Be Vulnerable Transforms the Way to Live, Love, Parent and Lead*. Londres: Penguin, 2012.

CONCLUSÃO DA PARTE DOIS

1. IBARRA, H. "The Authenticity Paradox". *Harvard Business Review*. Jan.-fev. 2015.

CAPÍTULO 7

1. GLADWELL, M. *The Tipping Point: How Little Things Can Make a Big Difference*. Londres: Abacus, 2000.

2. PASTOR, J.; MEINDL, J.; MAYO, M. "A Network Effects Model of Charisma Attributions". *Academy of Management Journal*, v. 45(2), 2002, pp. 410-20.

3. MAYO, M.; KAKARIKA, M. "Cross-Boundary Team Social Capital and Team Effectiveness". In: RICHTER, A. *Exploring the Social Foundations of Effective Team Process and Outcomes*. *Society of Industrial and Organizational Psychology* (SIOP), Havaí, 2014.

4. MAYO, M. et al. "A Metatheoretical Framework of Diversity in Teams". *Human Relations*, v. 70(8), 2017, pp. 1-29.

5. MAYO, M. et al. "Team Diversity and Categorization Salience: Capturing Diversity-Blind, Inter-Group Biased, and Multiple Perceptions". *Organizational Research Methods*, v. 19(3), 2016, pp. 433-74.

6. Disponível em: <www.ft.com/content/c5c577f8-75ce-11e6-b60a--75ce-11e6-b60a-de4532d5ea35>. Acesso em: 17 mar. 2017.

7. HACKMAN, R.; GONZALEZ, A.; LEHMAN, E. "Nobody on the Podium: Lessons About Leadership from the Orpheus Chamber Orchestra". *Harvard Business Review*, 2002.

8. KERNIS, M. H.; GOLDMAN, B. M. "A Multicomponent Conceptualization of Authenticity: Theory and Research". *Advances in Experimental Social Psychology*, v. 38, 2006. DOI: 10.1016/S0065–2601(06)38006–9.

CAPÍTULO 8

1. Disponível em: <www.washingtontimes.com/news/2016/nov/9/millennials-prefer-autenticity/>. Acesso em: 17 mar. 2017.

2. FIRFIRAY, S. MAYO, M. "The Lure of Work–Life Benefits: Perceived Person–Organization Fit as a Mechanism for Explaining Job Seeker attraction to Organizations". *Human Resource Management*, 2016.

3. Este estudo foi parcialmente financiado por uma bolsa de pesquisa do Ministério da Economia e Competitividade da Espanha, #ECO2012-33081, com Margarita Mayo como pesquisadora responsável.

4. Adaptação da escala por CABE, D. M.; DERUE, D. S. "The Convergent and Discriminant Validity of Subjective Fit Perceptions". *Journal of Applied Psychology*, v. 87, 2002, pp. 875-84.

5. LADKIN, D.; TAYLOR, S. "Enacting the 'True Self': Towards a Theory of Embodied Authentic Leadership". *Leadership Quarterly*, v. 21, 2010, pp. 64-74.

6. WEISCHER, A. E.; WEIBLER, J.; PETERSEN, M. "'To Thine Own Self Be True': The Effects of Enactment and Life Storytellings on Perceived Leader Authenticity". *Leadership Quarterly*, v. 24(4), 2013, pp. 477-95.

7. YAGIL, D.; MEDLER-LIRAZ, H. "Moments of Truth: Examining Transient Authenticity and Identity in Service Encounters'. *Academy of Management Journal*, v. 56(2), 2013, pp. 473-97.

8. GUILLEN, L.; MAYO, M.; KOROTOV, K. "Is Leadership a Part of Me? A Leader Identity Approach to Understanding the Motivation to Lead". *Leadership Quarterly*, v. 26, 2015, pp. 802-20.

9. Disponível em: <www.youtube.com/watch?v=8_CeFiUkV7s>. Acesso em. 17 mar. 2017.

CAPÍTULO 9

1. Disponível em: <www.youtube.com/watch?v=24d4rfnsOxg>. Acesso em: 17 mar. 2017.

2. Disponível em: <www.youtube.com/watch?v=AVq_tZOtW78>. Acesso em: 17 mar. 2017.

3. MICHIE, S.; GOOTY, J. "Values, Emotions and Authenticity: Will the Real Leader Please Stand Up?" *Leadership Quarterly*, v. 16, 2005, pp. 441-57.

4. SCHWARTZ, S. H. "Are There Universal Aspects in the Structure and Contents of Human Values?" *Journal of Social Issues*, v. 50, 1994, pp. 19-45.

5. MAYO, M. "Modeling Employee and Business Outcomes of Work-Family Support Policies". *Academy of Management Annual Meeting*. Vancouver, Canadá, 2015.

6. A SABI é semelhante à COMPUSTAT nos Estados Unidos, exceto que também inclui empresas que não são negociadas publicamente. Uma vez que quase todas as empresas públicas participantes são filiais locais de grandes empresas multinacionais cotadas em vários mercados bolsistas em todo o mundo, seguem diferentes regras de relato financeiro. Assim, selecionamos apenas empresas não públicas, de modo a obter uma comparação mais consistente das medidas de crescimento das vendas.

7. MAYO, M. "Don't Call It the End of the Siesta. What Spain's New Work Hours Really Mean". *Harvard Business Review*, Abr. 2016.

8. Disponível em: <www.cnbc.com/2017/02/01/why-pepsico-ceo-ceo-indra-nooyi-writes-letters-toher-employee-parents.html>. Acesso em: 17 mar. 2017.

CONCLUSÃO DA PARTE TRÊS

1. MEAD, G. H. *Mind, Self, and Society.* Chicago: University of Chicago Press, 1934.

2. TAJFEL, H.; TURNER, J. C. "The Social Identity Theory of Intergroup Behaviour". In: S. Worchel and W. G. Austin (Orgs.). *Psychology of Intergroup Relations*, Chicago: Nelson Hall, 1986, pp. 7-24.

3. SPARROWE, R. "Authentic Leadership and the Narrative Self". *Leadership* Quarterl, v y 16(3), 2005, pp. 419-39.